コーポレート・ファイナンス
―理論と現実―

Nakamura Tatsuya
中村 竜哉 著

東京 白桃書房 神田

はしがき

　本書は，私が大学院で指導を賜った北島忠男先生との共著で執筆した『企業財務ファンダメンタルズ』（白桃書房，2000年）の改訂版である。改訂版であるのに，『企業財務ファンダメンタルズ2版』としなかったのは，本書では執筆の際に目的や視点を大きく変えたからである。

　前書を執筆した1999年当時，私はアメリカのWilliam & Mary大学で理論経済学と企業経済学を担当しているD. Campbell教授のもとで在外研究をしていた。少しだけ経済学をかじっただけなのに，30代の若さが原因であったのか有名な経済学者の教授との共同研究を夢見てアメリカまで出かけたのである。今思えばかなりの怖いもの知らずである。教授は未熟な私を暖かくむかえ入れてくれた。このような環境で執筆した前書は理論モデルをかなり意識しており，コーポレート・ファイナンス（＝企業財務）に関する事象を経済学で解明しようという視点をもち，簡単な数値例を多用するという方法を使って，平明に理論の核心を説明するという目的をもっていた。前書のはしがきでは次のように記していることからもそれが感じ取れるであろう。

　「今から十数年前，わが国経済は好景気に沸いていた。給与・ボーナスの上昇により家計の可処分所得は増加し，消費が好調であったために生産も増え，このために過去最高の業績を記録した会社が多く見られた。また，失業率が1％を下回るほどに労働力は不足し，人手不足倒産という言葉も生まれたほどであった。一部の会社には多くの余剰資金が蓄積し，このためにカネ余りという言葉が聞かれるようになった。これらの会社と一部の家計は余剰資金を利用して金融資産を購入し，このために，株価は上昇し，大都市を中心に地価も高騰を続けた。財テクという言葉を新聞や雑誌でよく目にしたものである。また，当時の1年定期預金の金利は年5％を超えていた。高預金金利を預金者に支払っている状態でも，ほとんどの銀行の業績は良好であった。証券会社や保険会社といった他の金融機関の業績も同様であった。

現在の状況は当時と比べると，まるで対極にあるかのようである。家計の可処分所得は減少し，失業率は５％に近いほど高くなり，余剰資金をもつような会社はなくなり，株価も地価も低迷している。人手不足倒産，カネ余りそして財テクという言葉を耳にすることもほとんどなくなった。また，定期預金の金利は１％を下回り，銀行や証券会社，保険会社の業績の悪化や経営破綻の報道が相次いでいる。

このような急激な経済の変化の原因は何であろうか。様々な要因が複雑に絡み合っていてこの質問に明確に答えることは容易ではない。しかし，好景気であった当時，会社や家計が基礎的な企業財務理論の教えとは反する行動をとったことは明らかである。第１に，株価は株式の発行会社の業績と市場の需給関係を主に反映して決定される。ところが，当時，多くの会社や家計は発行会社の業績を考慮せずに株式を購入していたのである。会社の業績を反映した理論株価を上回る部分はまさにバブルであり，やがて消えてしまう運命にあったといえる。第２に，土地は収益性は高いが，流動性が低い資産である。第３に，リターンが高い投資のリスクは高く，リスクの低い投資のリターンは低いのである。当時，地価には右肩上がりの神話があって，地価は上がり続けるものであると考えられていた。土地投資を行っていた不動産会社の当初の業績は良好であった。このために，大手も中小も銀行はこぞってこのような不動産会社に貸出を行った。しかし，企業財務理論が教えるように，リターンが高い投資はリスクも高いのである。その後，不動産会社やここに貸出を行っていた銀行が倒産あるいは経営破綻，経営の悪化を起こしている事実は，企業財務理論の正しさを証明している。また，銀行が貸出の担保として所有した土地がなかなか売却できないという事実も，土地が現金化しにくいという企業財務理論の正しさを示している。

企業財務論は会社の資金に関する学問である。したがって，資金が関連する事象すべてが企業財務論の研究対象に入る。また，企業財務論の研究手法には，企業財務の現実を正確に記述した歴史的接近方法，商法を中心とした法律的接近方法，慣行や慣習を調査した制度的考察方法，貸借対照表や損益計算書を分析した会計的接近方法，数学を駆使したミクロ経済学を用いた経済学的接近方法がある。企業財務論は，研究対象が広く，有力な研究手法が複数存在するために，学習しにくい学問の１つである。本書の目的は，この学習しにくい

学問である企業財務論を，初心者でも理解できるようにやさしく説明することにある。」

　前書の目的は「学習しにくい学問である企業財務論を，初心者でも理解できるようにやさしく説明すること」であり，実際にそうしたつもりであるが，前任校の小樽商科大学や非常勤講師として出かけた札幌の私立大学の学生達から多くの意見や批判をもらった。特に，社会人大学院生のみなさんからは良い意味でいじめられた。例えば，「抽象的すぎる」，「モデルに偏りすぎである」，「現実離れしている」，「もっと実例を取り上げて説明して欲しい」などである。もっともな意見，批判である。確かに，分析の道具（tool）である理論を教えることに集中し過ぎてしまい，その道具である理論を使って現実の出来事を解説することを軽視していた。本書では前書の反省を活かして，現実に起こった企業財務に関する出来事の解説をかなり意識して取り上げている。
　また，アメリカで在外研究をしているときに何度も経験したことであるが，初めて会ったアメリカ人から「どんな仕事をしているのか」と尋ねられて，「大学でコーポレート・ファイナンスを学生達に教えている」と答えると，「どんな資格をもっているのか，会計士か，証券アナリストか，経営コンサルタントか」と尋ねられた。アメリカは資格社会であるし，大学で会計やファイナンスを教えている教授達は何らかの資格を持っていることも多い。日本という社会は，良いか悪いかの判断は別として，アメリカの制度をまねることが多い。実際に，金融，会計，会社法の世界では大改革が起こり，日本の特徴的な制度や仕組みなどがアメリカ流に改められている。次に日本がアメリカの仕組み等をまねるのであれば，それは資格社会であると思う。昨年夏以降のサブプライム・ローン問題は銀行や証券会社だけでなく，非金融法人企業の収益まで圧迫するようになってきた。アメリカやヨーロッパだけでなく，日本やアジアの国々にまでその悪影響は及んでいる。サブプライム・ローン問題で被害を受けた金融機関は，信用の低い家計に資金を貸し出したり，サブプライム・ローン債権を原資にした証券を購入したから，損失を被ったのである。当然，これらの金融機関は貸し出しや証券の購入に慎重になる。他方，収益を稼ぎ出さないわけにはいかない。どうするか。リスクの少ない業務で収益を稼ぎ出そうとするはずである。そのためにコンサルティング業務を重視してくるはずである。

この業務では資金を貸し出す必要も証券を購入する必要もないからである。残念ながら，日本の大学でファイナンスや経営に関するコンサルタントを養成しようというところは少ない。会計の専門家を養成しようというコースだけがたくさん存在している。本書はファイナンスや経営のコンサルタントを目指す学生や社会人を読者として想定して書かれている。私も証券アナリスト，中小企業診断士，ファイナンシャル・プランナー（FP）の資格をもっており，これらのコンサルタントの視点からコーポレート・ファイナンスを分析して本書を書いたつもりである。

　コーポレート・ファイナンスのテキストの多くは，明示的にあるいは暗黙的に，大企業の経営者や企業財務の担当者としての立場から書かれている。将来，大企業の経営陣の一員になる人は圧倒的に少ない。それよりも，コーポレート・ファイナンスに係る出来事，特に配当政策や自社株買い，企業買収などの企業財務政策に直面するのは株式を購入したときである。日本政府も「貯蓄から投資へ」というスローガンを掲げて株式投資を推進しようとしている。しかし，残念ながら日本の大学では株式投資を講義科目においているところは少なく，大学で投資教育をしてこなかったのである。本書は投資家の視点から企業財務政策を論じているところが多い。

　さらに，コーポレート・ファイナンスのテキストの多くが，多様な資金調達手段を使える大企業を前提にして書かれていることが多い。商学部や商学研究科で学生達と話しをすると，将来，起業したいという希望をもった者が多いのに驚かされる。私が学生だった20年前にはベンチャー企業論など講義科目にはなかった。アメリカのMBAでは古くからベンチャー企業論やM&A論が花形であったのに，日本ではこれらを専門にしている研究者は少ない。いまや日本においても実務の世界ではこれらは花形になっている。大体，私がコーポレート・ファイナンスを勉強していると言ったところ，日本には必要ない科目であると断言した金融論と会計学の大家がいたくらいである。やはり，前述したように，数年あとか十数年後かの違いはあるものの，日本はアメリカの仕組み等を導入するようである。本書は起業をめざし，将来はベンチャー企業を大きく成長させたいという夢や希望が現実になるように，コーポレート・ファイナンスにおける中小企業やベンチャー企業の課題とその解決策についても考慮している。

本書は多くの方々の御指導，御協力をいただいた成果として出版できたことは紛れもない事実である。余りにも多くの方々に及ぶのでお名前をあげることはできないが，研究者の機会を与えてくれた小樽商科大学の先生方，特に篠崎恒夫名誉教授に御礼を申し上げる。また，本書を執筆する機会をくれた拓殖大学の先生方，特に岡本治雄商学部長に感謝を申し上げる。白桃書房会長大矢順一郎氏，社長大矢栄一郎氏には大変お世話になった。厚くお礼を申し上げる。最後になったが，いろいろと理由を見つけては研究をさぼりがちな私を励ましてくれた，母八重子と妻千加子には「ありがとう」という言葉で感謝をしたいと思う。

　　　　　　　　　　　　　　　　　　　　　　　　　　　　2008年4月吉日

【目次】

● はしがき

1章 コーポレート・ファイナンスの基礎知識

1 コーポレート・ファイナンスでは何を学ぶか ······················ 2
   1-1 コーポレート・ファイナンスとビジネス・ファイナンス ··· 2
   1-2 社会科学の1つとしてのコーポレート・ファイナンス理論 ··· 3
   コラム―売れる商品の秘訣(1) ······························· 5

2 なぜ大規模経営には株式会社形態が使われるか
     －株式会社形態と証券制度 ···································· 5
   2-1 合名会社，合資会社，有限会社，合同会社 ·············· 5
   2-2 株式会社と証券制度 ······································· 8

3 法律とコーポレート・ファイナンスの関係 ······················ 10
   3-1 会社法の制定 －原則規制から原則自由へ－ ·············· 10
   3-2 創業の簡単化 ·· 11
   3-3 取締役・取締役会 ·· 12
   3-4 配当 ··· 13
   3-5 コーポレート・ガバナンス －企業統治－ ················ 14

4 財務会計とコーポレート・ファイナンスの関係 ·················· 14
   4-1 財務会計の3つの機能 ····································· 14
   4-2 会社法と金融商品取引法 ·································· 15

2章 貸借対照表，損益計算書の読み方

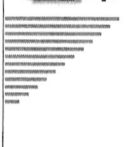

1 連結財務諸表 ·· 17
   1-1 連結財務諸表と個別財務諸表 ····························· 17
   1-2 支配力基準 ·· 18
   1-3 親会社説と経済的単一説 ·································· 18

	1-4 セグメント情報	19
2	貸借対照表の読み方	19
	2-1 流動項目と固定項目の分類基準	19
	2-2 資産の部 －流動資産－	20
	2-3 資産の部 －固定資産－	25
	2-4 繰延資産	27
	2-5 負債の部	28
	2-6 純資産の部	30
3	任天堂の貸借対照表を読む	32
	コラム―売れる商品の秘訣(2)	34
4	損益計算書の読み方	36
5	任天堂の損益計算書を読む	38

キャッシュフロー計算書の読み方

1	キャッシュフロー計算書	41
	1-1 キャッシュフロー計算書とは	41
	1-2 営業キャッシュフロー	42
	1-3 投資キャッシュフロー	45
	1-4 財務キャッシュフロー	46
2	任天堂のキャッシュフロー計算書	47

コーポレート・ファイナンスにおける貸借対照表，損益計算書の読み方
－経営，会計，コーポレート・ファイナンスの関係－

1	株価と株式価値	49

2 ブランド価値　50
　　3 株式価値（＝企業価値）の評価　53
　　4 損益計算書から株式価値を算出する　54
　　5 投資ファンド　55
　　　コラム─企業再生ファンド(1)　57
　　6 政府系ファンド（SWF）　59
　　　コラム─企業再生ファンド(2)　59

5章 日本企業を取り巻く金融環境

　1 マクロ金融　61
　　1-1 部門別資金過不足　61
　　1-2 直接金融，相対型間接金融，市場型間接金融　63
　　　コラム─バブル景気崩壊後，なぜ不良債権は増加したのか？　66
　　1-3 証券市場の仕組み　67
　　1-4 取引所における株価の決まり方　69
　　1-5 日経平均株価とTOPIX　70
　　1-6 株主構成　73
　2 ミクロ金融　─企業部門─　74
　　2-1 資金調達手段　74
　　2-2 資金調達の現状　76

6章 株式会社の資金調達手段(1)　株式発行

　1 株式の発行　79
　　1-1 株主の権利　79
　　　コラム─売買単位は100株に集約　80
　　1-2 株式の発行方法　81

1-3　種類株式 ………………………………………………… 82
　　　コラム—優先株式の消却と普通株式への転換 ………… 85
　　　　　　　無議決権優先株式上場 ……………………… 86
　　　1-4　有償増資 ………………………………………………… 87
　　　1-5　無償増資 ………………………………………………… 88
　　　1-6　新株予約権 ……………………………………………… 88
　　　コラム—新株予約権の発行と株式併合 ………………… 90
　　2　株式の発行状況 ………………………………………………… 91
　　　コラム—預託証券（DR：Depositary Receipt）………… 92

株式会社の資金調達手段(2) 社債発行と証券化

1　社債の発行 ……………………………………………………… 95
　1-1　社債保有者の権利と社債の種類 ……………………… 95
　1-2　社債の発行に関する規制緩和 ………………………… 97
　コラム—新株予約権付社債（CB）を発行して
　　　　　一部を自社株買いにあてる ………………………… 98
　1-3　公募と私募 ……………………………………………… 101
　1-4　社債発行の現状 ………………………………………… 102
　1-5　私募債の利用 …………………………………………… 104
2　資産の証券化 …………………………………………………… 104
　2-1　証券化とは ……………………………………………… 104
　2-2　アセット・バック証券 ………………………………… 105
　2-3　モーゲージ証券 ………………………………………… 106
　2-4　ローン担保証券 ………………………………………… 107
　2-5　売掛債権の証券化 ……………………………………… 107

8章 株式会社の資金調達手段(3) 銀行借入

- **1 銀行借入** 109
  - 1-1 銀行借入の現状 109
  - 1-2 銀行借入の方法 111
  - 1-3 担保について 112
  - 1-4 個人保証 112
  - 1-5 中小企業向け公的信用保証制度 113
  - 1-6 売掛債権担保融資保証制度と売掛債権の買い取り ... 115
  - 1-7 動産担保融資 115
  - 1-8 無担保ローン 116
- **2 新たな大企業向け貸出方法** 116
  - 2-1 協調融資 116
  - 2-2 市場金利連動型融資 117
  - 2-3 融資枠（コミットメントライン） 117
  - 2-4 新株予約権付きローン 117
  - コラム―銀行の投融資 119
- **3 ファイナンス・リース** 120

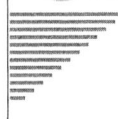

9章 資本コスト

- **1 現在価値と証券の理論価格** 123
  - 1-1 資金の時間的価値 123
  - 1-2 債券の理論価格 124
  - 1-3 配当割引モデル（DDM） 125
  - 1-4 一定成長配当割引モデル 127
  - 1-5 配当割引モデルの応用 128
  - 1-6 PERとEPS 129
- **2 CAPM** 129
  - 2-1 金融資産への投資にかかわるリスク ... 129

	2-2 CAPMの前提	130
	2-3 ベータ（β）	130
	2-4 数値例	132

3 資本コスト ……………………………………………… 134
   3-1 機会費用概念 …………………………………… 134
   3-2 コーポレート・ファイナンスにおける資本コスト … 135
   3-3 普通株の資本コスト …………………………… 137
   3-4 銀行借入の資本コスト ………………………… 138
   3-5 普通社債の資本コスト ………………………… 139
   3-6 優先株の資本コスト …………………………… 140
   3-7 内部留保，減価償却の資本コスト …………… 140
   3-8 転換社債，新株引受権付社債の資本コスト … 141
   3-9 リース，短期負債の資本コスト ……………… 141
   3-10 加重平均資本コスト …………………………… 141

10章 最適な設備投資政策

1 投資案の分類 …………………………………………… 143
2 回収期間法 ……………………………………………… 144
3 平均投資利益率法 ……………………………………… 146
4 正味現在価値法（NPV法） …………………………… 146
5 内部利益率法（IRR法） ……………………………… 149
6 IRR法の限界 …………………………………………… 150
   コラム―IRRを使った企業の売却決定 ……………… 153

11章 最適な資本構成政策

1 資本構成理論の基本 ………………………………… 155
  1-1 レバレッジ効果 ………………………………… 155
  1-2 経営リスクと財務リスク ……………………… 157
  1-3 最適資本構成に関する伝統的見解 …………… 158
  1-4 MMの無関連命題 ……………………………… 160
  1-5 MMの無関連命題の一般化 …………………… 163
2 資本構成理論の現実化 ……………………………… 165
  2-1 法人税が存在するときのMMの無関連命題 … 165
  2-2 個人所得税を考慮したときのMMの無関連命題 … 168
  2-3 財務的困難に伴うコスト ……………………… 169
  2-4 エージェンシー・コスト ……………………… 170
  2-5 最適な資本構成 ………………………………… 174
  コラム―最適資本構成理論の応用事例 …………… 175

12章 最適な配当政策

1 MMの配当無関連命題 ……………………………… 177
  1-1 配当政策とは …………………………………… 177
  1-2 配当性向，株主資本配当率（DOE），総配分性向 … 178
  1-3 MMの配当無関連命題 ………………………… 179
  1-4 自家製の配当 …………………………………… 181
  1-5 第4の仮定を置く理由 ………………………… 182
  1-6 株式配当，株式分割，無償交付 ……………… 182
2 MMの無関連命題の現実化 ………………………… 183
  2-1 手中の鳥理論 …………………………………… 183
  2-2 差別的な個人所得税 －配当課税率とキャピタルゲイン課税率－ … 183
  2-3 配当のシグナリング効果 ……………………… 184
  2-4 配当の顧客効果 ………………………………… 185

2-5　取引コストの影響 ·· 185
　　2-6　まとめ ·· 185
　3　自社株買いの理論 ·· 186
　4　現実の配当政策と自社株買いの事例 ····························· 188
　　4-1　分配可能配当額の計算 ····································· 188
　　4-2　大東建託の事例 ·· 188

13章 M&A

1　M&Aに関する基礎知識 ·· 191
　1-1　M&Aとは ·· 191
　1-2　M&Aの理由 ·· 192
　1-3　日本におけるM&A ··· 193
　1-4　M&Aを促進させる制度 ·· 193
　1-5　合併対価の柔軟化 ·· 194
　1-6　簡易組織再編行為と略式組織再編行為 ······················· 196
2　TOB，LBO，MBO ·· 197
　2-1　TOBとは ·· 197
　2-2　買収防衛策と委任状争奪戦 ··································· 198
　2-3　王子製紙による北越製紙への敵対的TOB ······················ 199
　2-4　ブルドックソース事件 ·· 200
　2-5　MBOとは ·· 205
　2-6　LBOとは ·· 207
　　コラム―JTのM＆A戦略 ·· 208

目次　xiii

14章 付加価値創造経営とEVA，MVA

1 付加価値創造経営とキャッシュフロー創造経営 ……… 211
2 新しい経営指標としてのEVA ……………………………… 212
 2-1 EVAとは何か ……………………………………… 212
 2-2 数値例 ……………………………………………… 214
 コラム―EVAをはじめて採用したコカコーラ社 ……… 215
 2-3 EVAと経営戦略 …………………………………… 216
 2-4 EVAと投資効率性 ………………………………… 216
 コラム―東北電力におけるEVAの利用 ……………… 218
3 新しい経営指標としてのMVA ……………………………… 218
 3-1 MVAとは …………………………………………… 218
 3-2 株式時価総額経営とMVA ………………………… 220

15章 オプション取引と財務政策

1 オプション取引の基礎 ……………………………………… 221
 1-1 オプションとは何か ……………………………… 221
 1-2 コール・オプションの損益図 …………………… 222
 1-3 プット・オプションの損益図 …………………… 223
 1-4 ブラック＆ショールズ・モデル ………………… 225
2 オプションと財務政策 ……………………………………… 226
 2-1 株式会社とオプション …………………………… 226
 2-2 設備投資決定理論とオプション ………………… 229
 2-3 リアル・オプション―経営戦略への応用― …… 230

- 参考文献 ……………………………………………………… 232
- 索引 …………………………………………………………… 234

1章
コーポレート・ファイナンスの基礎知識

　本章ではコーポレート・ファイナンスの基礎知識を学習する。まず，企業経営にはモノやヒトの流れと資金の流れがあることを理解する。そして，モノやヒトの流れを資金の流れで読み替えたときには，企業経営を資金の観点から分析，把握できることを学ぶ。続いて，経営と会計，法律，金融の間には現実には密接に絡み合った関係があることをコーポレート・ファイナンス理論と関連づけて説明する。

図表1－1　経営システム

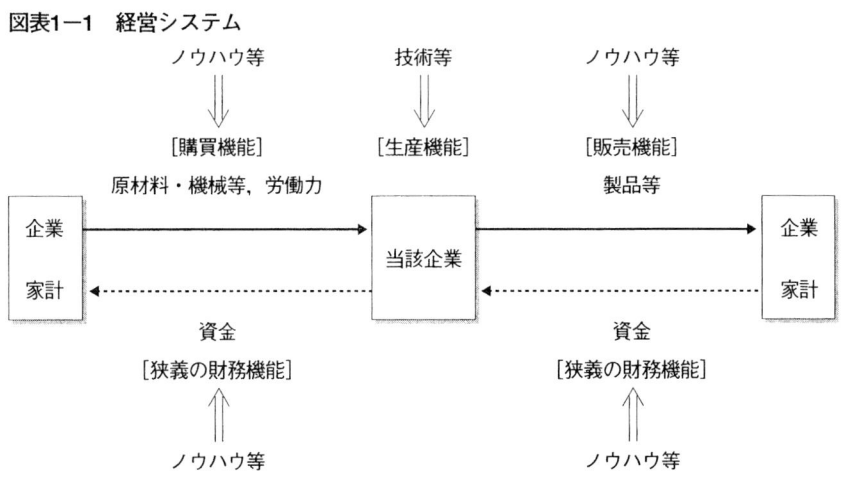

注：実線はモノ，ヒトの流れを，点線はカネ(資金)の流れを表している

1 コーポレート・ファイナンスでは何を学ぶか

1-1　コーポレート・ファイナンスとビジネス・ファイナンス

　コーポレート・ファイナンス（corporate finace）では何を学ぶのであろうか。この問いに答えるために，ビジネス・ファイナンス（business finance）とは何を意味しているかを考えてみる。ビジネスという英語は企業，会社，企業経営，会社経営と訳される。ファイナンスという英語は金融，財政，財務と訳される。したがって，これらの組み合わせによってビジネス・ファイナンスには，企業金融とか経営財務など9つの日本語訳が存在することになる。

　ファイナンスは機能を表している。ファイナンスの語源はラテン語にあり，元々は「終わりにする」，「決着をつける」という意味であった。その後，「貨幣（money）を使って決着をつける」という意味を持つようになって，現在は企業等の経済主体における貨幣の流入と流出，これらを統一した貨幣の調整行為を意味するようになった。貨幣のうち何かを購買する目的をもって保有されているものを資金という。日本語で金融とは「資金の融通をつける」という意味で使われており，資金調達を表した言葉である。財政とは「資金の流入と流出の状態や調整行為」を意味している。財務という日本語は資金調達と資金運用，これらの調整行為を表した言葉であり，金融と財政をほぼ含んだ意味で使われている。

　ビジネスは行為の主体を意味している。企業とは営利を目的とした組織である。会社とは暗黙的に企業の形態である株式会社を意味していることが多い。経営とは1つのシステム（仕組み）である。図表1－1は製造業を営む企業を前提として経営というシステムを表している。経営を行うためには経営者が4つの機能を果たす必要がある。第1に，当該企業は他の企業から原材料や部品，機械等を購入し，また家計から労働力を雇い入れる。この機能を購買機能という。次に，購買したモノとヒトの力を有機的に組み合わせて製品を生産する。これを生産機能という。続いて，製品を他の企業や家計により多くより好条件で販売する。これを販売機能という。最後に，販売した製品の代金を回収し，原材料等の代金を他企業に支払い，家計には賃金等を支払う。これらを狭義の財務機能という。非製造業を営む企業では生産機能がない。また，これらの機能の一部だけを営む企業も存在し，あるいは一部の機能を他社に委託する

こともある。経営の規模が小さな企業では1人の経営者がこれら4つの機能をすべて果たすが，経営の規模が大きくなるほど一部の機能を企業内の専門家に分担させるようになる。

　図表1－1に示したように，経営というシステムには実線で表したモノ，ヒトの流れと点線で表した資金（カネ）の流れの2つの流れが存在している。例えば，3月1日に原料を200キログラム購入した，4月1日に新たに従業員を100人雇った，5月31日に販売代金を500万円回収したとかいったような流れである。このような流れは日々起こっており，多数の流れが混在しているのである。これらの流れをすべて資金の流れに換算してしまうと，経営というシステムは効率よく把握できるようになる。例えば，3月1日に原料200キログラムを200万円で購入した，新たに従業員を100人雇って賃金等を1,000万円支払ったというように，モノやヒトの単位を資金の単位に換算するのである。このようにすることで図表1－1中の実線と点線の2つの流れはすべて点線の流れとなり，経営というシステムは資金の流れだけで把握できることになる。この結果，企業あるいは会社の経営状態は資金調達と資金運用，資金の流入と流出の状態，これらの調整行為という観点から把握できることになる。この際に有用な情報を与えてくれるのが貸借対照表や損益計算書，キャッシュフロー計算書などから構成された会計制度である。

　当該企業が同業他社との競争に勝って生き残っていくためには何が必要であろうか。あるいは当該企業が成長していくためには何が必要であろうか。それは知（knowledge）である。知とは4つの機能のそれぞれに関して蓄積されたノウハウやスキル，技術等である。これらは形がなく目に見えないものであるが，他社との競争上，優位性をもたらしてくれるものであり，後述するようにノウハウ等が蓄積された企業ほど株価や企業価値が高くなるのである。

　コーポレート・ファイナンスといった場合には株式会社，特に大規模な株式会社あるいは上場された株式会社のファイナンス，つまり資金調達と資金運用，資金の流入と流出の状態，これらの調整行為を意味していることが多いようである。

1-2　社会科学の1つとしてのコーポレート・ファイナンス理論

　コーポレート・ファイナンス理論は経済学や経営学，会計学，政治学，法律

学などと同様に社会科学という大きな学問体系に属している。社会科学は「社会現象を説明し，解釈し，批評することを目的とした学問体系」である。社会現象とは身の回りに起こっている出来事のことであり，説明とは原因と結果の関係を明白にすることである。また，解釈とは人間行動や動機から因果関係を理由づけすることであり，批評とはきちんと理由をあげて肯定あるいは否定をすることである。

コーポレート・ファイナンス理論における社会現象は，大規模な株式会社あるいは上場された株式会社の資金調達と資金運用，資金の流入と流出の状態，これらの調整行為であり，現実に起こったコーポレート・ファイナンスにおける社会現象の原因と結果を明白にし，これを人間行動や動機から理由づける必要がある。最後に，株式会社の目的から現実に起こったコーポレート・ファイナンスに関する社会現象を肯定あるいは否定することになる。

コーポレート・ファイナンス理論は社会科学の1つであるから，現実を踏まえた上で会社の資金の流出入等にかかわる人間にとっての行動原則を示してくれるような理論でなくてはならない。現実を踏まえた上で行動原則を示すような理論を実証的規範理論という。

会社内で資金の流出入等コーポレート・ファイナンスにかかわる人間のことを財務管理者とか単に財務担当者という。財務管理者とは総称である。実際には，財務担当取締役（CFO；Chief Financial Officer），財務部長，経理部長などの役職者と，彼らの配下にいる財務部や経理部の従業員を含めて財務管理者と呼んでいる。財務管理者は大企業ほど分業化された専門の人員が置かれている。

財務管理者はCFOを中心にして次のような役割を担っている。第1に，株式の価値を高めるための中長期的な事業戦略と財務戦略の一体化である。第2に，企業を取り巻く資金に関するリスクの予想とその対応策の策定である。第3に，投資家，アナリスト，金融機関等に対する過去・現在の財務情報の公開と，将来の事業戦略が与える財務面への影響公表である。このような広報活動をIR（Investor Relations）活動という。

> **コラム**
>
> ## 売れる商品の秘訣(1) －回転寿司，出前専門寿司－
>
> 　景気がよくてもなかなか製品・商品・サービスの売上や利益が上がらない企業が多い。売上や利益を上げるためには，今までにないような新製品等を新たに開発することをまっさきに考える経営者が多いであろう。しかし，新製品等の新たな開発というものは時間と資金が莫大にかかる。研究開発費が潤沢で研究員等も豊富な大企業ならばできないこともないであろうが，中小企業やこれから起業しようとしている者には難しいであろう。しかし，新たに新製品等を開発しなくてもちょっとした工夫で売上や利益を伸ばすことはできる。キーワードは，企画力，技術力，販売力，広報力の4つである。
>
> 　良い例が回転寿司である。寿司という食べ物自体は江戸時代からあった。しかし，回転寿司は寿司を回転させて提供したことで新しい寿司の食べ方を提案したのであり，回転寿司という新商品ができあがったのである。まさに企画力の勝利である。効率化を追求しながら高品質を維持するために，寿司ロボットに握らせてコンピュータで鮮度を管理するという技術力が売上や利益を伸ばすことに役立っている。また，一部のチェーン店ではテーブルにコンピュータの端末を設置し，楽しんで注文できるような工夫をしている。これが販売力を促進している。
>
> 　同じ寿司を販売する企業であっても出前専門寿司を扱う企業が着目したものが広報力である。具体的にはチラシ広告を使って商品の魅力と企業のイメージを地域住民に訴えることが重要なのである。
>
> 　　　参考資料：「世の中何でも経済学」NHK教育テレビ2002年5月27日

2 なぜ大規模経営には株式会社形態が使われるか
―株式会社形態と証券制度―

2-1 合名会社，合資会社，有限会社，合同会社

　経営を行うためには企業という仕組みが使われる。現在，日本においてはいくつかの企業形態が利用できる。図表1－2は現在，使われている企業等の特

図表1-2 企業形態とその特徴

企業形態	無限責任社員	有限責任社員	特徴
合名会社	存在する	存在しない	縁故者のみの出資，小規模経営
合資会社	存在する	存在する	経営する者としない者が混在する
有限会社	存在しない	存在する（50人まで）	資本金は300万円以上とされる 新設はできない
株式会社	存在しない	存在する	最低資本金1000万円という規制の廃止
合同会社（LLC）	存在しない	存在する	利益分配や役員の権限等の内部ルールを自由に設定できる
個人企業	存在する（1人）	存在しない	ごく小規模な経営しかできない
有限責任組合（LLP）	存在しない	存在する	利益分配や役員の権限等の内部ルールを自由に設定できる 組合であって企業ではない 課税上優遇されている（法人課税ではなくて構成員課税）

徴をまとめたものである。企業等といったのは，個人企業は統計上家計とされており，有限責任組合（LLP：Limited Liability Partnership）は組合組織であるからである。経営の規模や課税上の優遇措置などの理由から適した企業形態が選択される。

　有限責任とは，出資をする者が出資した金額の範囲までしか事業上の責任を負わないこととする制度のことをいう。出資とは所有者の立場で返済を予定しないで資金を供給することであり，出資をした者を出資者という。有限責任を負った出資者を有限責任社員という。これに対して，無限責任とは事業上の責任が出資者の出資額に限定されていないとする制度である。無限責任を負った出資者を無限責任社員という。有限責任である方が出資者の事業上のリスクが限定されるために，資金が集まりやすくなり規模が大きな事業に取り組みやすくなる。

　無限責任社員しかおらず，有限責任社員がいない企業を合名会社という。無限責任であるのでリスクの大きな事業を営む際には取引先を見つけやすくなるが，反面，出資を募ることが難しくなる。この結果，経営者をよく知る縁故者の出資のみになることが多く，大規模な経営には適さない。合名会社では出資者が全員，経営に参加する。

図表1-3　資本金別, 企業形態別の法人企業数

資本金	合名会社	合資会社	LLC	株式会社	その他	合計
～100万円	2151社	12384社	128社	16370社	2912社	33945社
	(6.3%)	(36.5%)	(0.4%)	(48.2%)	(8.6%)	(1.3%)
100万円～	1040	5594	167	6204	1294	14299
	(7.3%)	(39.1%)	(1.2%)	(43.4%)	(9.0%)	(0.6%)
200万円～	1638	7779	293	1076262	6761	1092733
	(0.1%)	(0.7%)	(0.0%)	(98.5%)	(0.6%)	(42.3%)
500万円～	418	3056	6	292720	12206	308406
	(0.1%)	(1.0%)	(0.0%)	(94.9%)	(4.0%)	(11.9%)
1000万円～	371	2125	11	804798	20009	827314
	(0.0%)	(0.3%)	(0.0%)	(97.3%)	(2.4%)	(32.0%)
2000万円～	125	1184	0	202183	9478	212970
	(0.1%)	(0.6%)	(0.0%)	(94.9%)	(4.5%)	(8.2%)
5000万円～	26	55	0	56076	2294	58451
	(0.0%)	(0.1%)	(0.0%)	(95.9%)	(3.9%)	(2.3%)
1億円～	0	22	0	27105	996	28123
	(0.0%)	(0.1%)	(0.0%)	(96.4%)	(3.5%)	(1.1%)
5億円～	12	0	0	2713	207	2932
	(0.4%)	(0.0%)	(0.0%)	(92.5%)	(7.1%)	(0.1%)
10億円～	0	1	0	4182	233	4416
	(0.0%)	(0.0%)	(0.0%)	(94.7%)	(5.3%)	(0.1%)
50億円～	0	0	0	911	48	959
	(0.0%)	(0.0%)	(0.0%)	(95.0%)	(5.0%)	(0.0%)
100億円～	0	0	0	1224	56	1280
	(0.0%)	(0.0%)	(0.0%)	(95.6%)	(4.4%)	(0.0%)
合計	5781	32200	605	2490748	56494	2585828
	(0.2%)	(1.2%)	(0.0%)	(96.3%)	(2.2%)	(100%)

出所:「税務統計から見た法人企業の実態(平成18年度)」

　合資会社は無限責任社員と有限責任社員が存在する。無限責任社員は経営に参加するが, 有限責任社員は経営には参加しない。有限責任社員は経営には参加せず, また事業上の責任も出資額に限定されるので, 合名会社よりは資金を集めやすくなる。

有限会社には有限責任社員しか存在しない。このために有限会社は合資会社よりもより資金を集めやすくなる。出資者が50人までに限られていること以外，基本的な仕組みは株式会社と同じである。有限会社は小型の株式会社であるといえる。なお，現在は新設が認められていない。

合同会社（LLC：Limited Liability Corporation）ではアイデアや技術面などの貢献度に応じて出資者への配分を定款で自由に決められる。出資者は株式会社と同様に，出資範囲でしか責任を負わない。また，取締役の権限も定款で自由に設定できる。したがって，特技を持った仲間で起業する技術勝負のベンチャー企業に向いているとされる。合同会社はいつでも株式会社に移行できる。このために，小さく起業して将来は大きく発展させようという狙いをもった起業家にも利用されている。

図表1－3は資本金の大きさを経営の規模の大きさとみなし，実際にどのような企業形態が使われているかを示した資料である。平成18年度の法人企業数は258万5828社であり，そのうち株式会社が96.3％であった。資本金では200万円以上500万円未満の企業が42.3％，1,000万円以上2,000万円未満の企業が32.0％を占めている。資本金1,000万円未満の企業は合計して56.1％，2,000万円未満の企業は合計して88.1％を占めている。資本金が1億円を超える大企業は1.3％に過ぎない。合名会社と合資会社は資本金200万円未満の企業で使われているが，資本金が200万円以上になるとその割合は1％以下となる。代わりに，株式会社が使われるようになる。

2-2　株式会社と証券制度

企業が経営を継続して行っていくためには，設備投資のためなどに長期の資金が大量に必要である。これに対して，最終的な資金の供給者となる家計は1

図表1－4　資金の性格の違いと矛盾，その解決策

	量的な性格	時間的な性格
企業が必要な資金	大量の資金	長期資金
家計が供給できる資金	少量の資金	短期資金
生じる矛盾	量的矛盾	時間的矛盾
矛盾を解決する工夫	資金の細分化	資金の証券化，自由譲渡性の付与，証券流通市場の整備

件当たり短期の資金を少量だけしか供給できない。このように必要とされる資金と供給される資金には2つの矛盾が存在する。量的な矛盾（あるいは金額的な矛盾）と時間的な矛盾である。これらの矛盾を解決しない限りは企業は必要な資金を調達できないことになる。

　2つの矛盾を解決するための工夫が証券制度である。まず，量的な矛盾を解決するためには資金の細分化を行う。例えばある企業が設備投資をするために1億円必要であるとしよう。これに対して家計1件当たり10万円しか供給できないとする。このような場合には，1億円を10万円の資金1,000単位に細分化すればよいのである。つまり，10万円の資金を供給してくれる家計を1,000件見つければよいことになる。次に，時間的な矛盾を解決するためにはどのような工夫をすればよいであろうか。例えば，企業は1億円の資金を10年間使用したいが，家計1件当たり10万円の資金を1年しか供給できないとしよう。この場合には，10万円の資金1単位当たり全体の1/1,000の権利を持つことを紙の上に表示する。このように権利が表示された紙が有価証券である。そして，資金1単位当たりの証券を発行あるいは作成することを資金の証券化という。続いて証券に自由譲渡性の付与を行う。自由譲渡性とは証券を発行した主体の意思を確認しないで自由に証券を売買できる権利である。こうすることで証券は他の家計に転売できることになる。10万円を1年間供給できる家計が転売により10件見つかれば，企業は10万円を10年間利用できるようになる。証券を転売できる市場が証券流通市場である。証券流通市場がうまく整備されていないと証券制度はうまく機能しない。

　企業が発行する基本的な証券は株式と社債である。あらかじめ返済が予定されない条件で発行された証券が株式であり，返済が予定されて発行された証券が社債である。あらかじめ返済が予定されない条件で資金を供給することを出資といい，返済が予定された条件で資金を供給することを貸付という。したがって，株式は出資の対価として受け取る出資証券，社債は貸付の対価として受け取る貸付証券である。

　株式とは本来，「株式会社の社員が持つ会社に対する地位（持分）」のことであり，これは均等に細分化されたものである。そして，この株式という権利を紙の上に表示した有価証券のことを株式券という。ゆえに，本来は株式とこれを表示した有価証券としての株式券は区別しなければならない。しかし，本書

では株式を株式券の意味で使っていく。

　株式会社が株式と社債を発行できる企業形態である。株式会社こそが基本的な証券を発行できる企業であり，この意味において株式会社は大量かつ長期の資金を集めることができる。したがって，大規模な経営には株式会社が利用されることになる。株式会社には有限会社同様に有限責任社員しか存在しない。株式会社における有限責任社員のことを株主と呼んでいる。したがって，株主は事業上の責任を出資額の範囲内でしか負担しない。

3　法律とコーポレート・ファイナンスの関係

3-1　会社法の制定　－原則規制から原則自由へ－

　コーポレート・ファイナンスと関係が深い法律は会社法である。会社法は企業の設立や運営の基本を規定している法律であり，これまでの企業や経営にかかわる複数の法律（例えば「商法第 2 編 会社」，「有限会社法」，「商法特例法」等）を抜本的に再編して新たに創設されたものである。会社法は2006年 5 月 1 日から施行されている。

　従来の商法等の概念は原則規制であった。これは，商法が株主や債権者など会社関係者にとっての権利調整のルールであったことによる。企業から見れば商法は所与の制約条件だった。日本経団連等の経済団体は日本政府に対して，日本企業が厳しい国際競争に勝ち抜くためには，経営に関する規制を大幅に緩和する必要があると主張してきた。

　会社法では概念が原則自由へと転換されている。これは，「企業が公正さと健全性を満たしながら積極的に経営を展開できる」という枠組みへの転換を意味している。会社法では画一的な規制は最低限なものだけになっており，企業が積極的に経営を展開できるように会社法では事前の選択肢の拡大という形で具体化されている。つまり，企業の経営者が株主の了解のもとで株式価値が上がるような政策を選択できるようになっている。また，企業が公正さと健全性を満たすために，会社法では取締役に対する事後の説明責任が重視されている。

3-2　創業の簡単化

　商法では株式会社の資本金は1,000万円以上であるという最低資本金の規定があったが，会社法ではこれが撤廃されている。これによって，創業段階で資金がなくても簡単に株式会社を設立できるようになった。

　2003年施行の「新事業創出促進法」には，株式会社は設立時の資本金が1円でもよいとする1円起業制度があった。この制度の下で約3万5,000社が創業された。しかし，促進法では設立から5年以内に1,000万円の最低資本金の規

図表1－5　原則禁止から原則自由へ

	商法	会社法
基本的な考え方	●商法が企業の運営を事前に規制 ●やっていいことと悪いことを商法が教えてくれる ●定款の内容はマニュアル通り	●会社法は最低限の決まり ●株主と経営陣が自己責任で定款を決めて企業を運営する ●定款の内容は多様化
経営の自由度	●制限あり ●訴訟の可能性は限定的	●選択肢が拡大 ●株主の同意により取締役会の権限を強化できる ●訴訟の可能性が拡大
設立可能な会社	株式会社，有限会社，合名会社，合資会社	株式会社，合名会社，合資会社，合同会社
最低資本金額	●株式会社は1,000万円 ●有限会社は300万円	●制限なし
取締役の人数	●株式会社は3人以上 ●有限会社は1人以上	●株式会社であっても非公開会社の場合は1人でも可，そうでない場合には現行通り
取締役会の設置	●強制（株式会社では企業規模にかかわらず，最低3人の取締役による取締役会が必要）	●株式会社であっても非公開会社の場合，設置しなくてもよい，そうでない場合には現行通り
大会社のガバナンス（企業統治）	●株式会社の場合には，取締役会(3人以上の取締役)，監査役会(3人以上の監査人)，会計監査人(1人以上)が必要	●株式会社であっても非公開会社の場合，取締役1人，監査役1人，会計監査人1人でも可 ●そうでない場合，現行通り
中小企業のガバナンス（企業統治）	●株式会社の場合には，取締役会(3人以上の取締役)，監査役(1人以上)が必要	●株式会社であっても非公開会社である場合，取締役1人でも可 ●そうでない場合には現行通り ●会計参与を置いて財務の信用性を高めることができる
M&A	厳しく規制	規制を大幅に緩和

定を満たす必要があった。もしもこの規定が満たされないならば，会社を解散しなければならなかった。会社法の下では，取締役会か取締役の過半数の決定によって定款の解散規定を削除することができ，この結果最低資本金の規定を満たさなくても会社はそのまま存続できるようになった。

なお，定款とは会社運営の基本的な約束事を記載したものである。定款には，会社の称号や目的，本店所在地，発行可能株式総数，取締役の任期，取締役会の定員などが盛り込まれている。経営者と従業員は定款に沿って事業運営を進めなければならない。

3-3　取締役・取締役会

商法の下では，株式会社には最低3人の取締役による取締役会と，監査人1人を設置しなければならなかった。資本金5億円以上または負債200億円以上の会社を大会社というが，大会社では商法上さらに1人以上の会計監査人（公認会計士か監査法人）が必要であった。

すべての株式に譲渡制限を付けられた会社を会社法上の非公開会社という。会社法では非公開会社であれば中小会社の場合には，取締役1人，つまり社長1人でも経営することが可能になった。大会社の場合でも，取締役1人，監査役1人，会計監査人1人で経営することが可能になった。

商法の下では中小会社の監査人には，財務面を見る会計監査権限しか与えられなかった。しかし，会社法の下ではすべての会社の監査人に対して，会計監査権限と取締役の法令遵守面などを調べる業務監査権限が与えられている。

会社法では6人以上の取締役（うち1人以上は社外取締役）がいれば，重要な財産の処分や多額の借入などの意思決定権限がある特別取締役を任命できるようになった。特別取締役を3人以上（例えば社長・副社長・専務）任命すれば，過半数の賛成によって機動的に経営上の意思決定ができるようになった。ただし，特別取締役の決議を取締役決議で取り消すことができるとされている。

会社法では取締役会が実際に会議を開かずに，電子メールや書面で提案事項を可決できるようになった。これを取締役会の書面決議という。この仕組みを導入するには定款に盛り込むことが必要とされる。取締役全員が賛成して監査役の反対がないことが決議要件となっている。

商法では存続会社の発行済み株式数の5％以下に相当する規模の会社との合併が取締役会の決議だけで可能であった。これを簡易合併という。会社法では簡易合併できる被合併企業は存続会社の発行済み株式数の20％にまで拡大された。

　以上見たように会社法では取締役の権限が強化されている。これとバランスをとるために、取締役を解任するためには商法では特別決議（出席者の2/3の賛成）が必要であったが、会社法では株主総会の普通決議（出席者の過半数の賛成）で十分になった。取締役や監査役に対する役員賞与の決定に関しては従来通り、株主総会の決議が必要であるとされている。

　会社法では取締役が経営責任を負う範囲は狭まっており、損害賠償責任も軽くなっている。商法では、ある取締役が違法配当や違法な利益供与、利益相反取引を行った場合、他の取締役は取締役会で明確に反対しなかったときには、本人に不注意やミスがなくても結果として生じた損害に連帯責任を負う無過失責任が問われていた。しかし、会社法では、実際に利益供与や利益相反取引を行った取締役本人以外は、不注意やミスがあったときのみ責任を負う過失責任に変更になった。ただし、法令違反と定款違反については、商法の下でも会社法の下でも過失責任であるとされている。商法では責任の上限は代表取締役が年収の6年分、取締役が4年分、監査役と社外取締役が2年分であった。会社法でもこの上限が引き続き適用され、さらに社外監査役についてもその額が年収の2年分とされた。

3-4　配当

　商法では配当の回数制限があり、期末と中間の年2回に規制されていた。会社法の下では、株主総会の決議によっていつでも何回でも利益配当が可能になった。

　また、従来は株主総会で配当を決定していたが、次の3つの要件を満たせば取締役会で配当を決定できるようになった。3つの要件とは、取締役の任期を1年にする（商法でも会社法でも2年以内とされている）、会計監査人を設置する、監査役会を設置するである。ただし、配当決定を取締役会で行うというように定款を変更するためには株主総会での特別決議が必要となる。

　分配可能配当額の計算方法は商法の決まりと同様であるが、分配限度額の基

準は従来の期末から会社法では実際の分配時に変更になった。また，会社法では債権者保護のために純資産が300万円未満の場合には，剰余金があっても配当はできないとされた。

商法に明文規定のなかった現物配当が会社法では株主総会の特別決議によって可能になった。現物配当の仕組みを利用すれば，子会社の資産を株主である親会社に配当することで企業再編が可能になった。

3-5　コーポレート・ガバナンス －企業統治－

会社法では経営者の自由度をかなり認めている。その代わり，会社法では経営者に対して株主等の企業関係者に様々な情報を開示する説明責任を負うことを要求している。

大会社には不祥事を防ぐ内部統制システムを設けることを求めている。このシステムの基本方針はグループ内各社の取締役や従業員等の法令遵守をどのように確保するかである。

中小会社に対しては会計参与という新しい役員を導入できるようにした。会計参与は経営者と協力して計算書類を正確に作成する。会計参与は税理士や公認会計士，監査法人，税理士法人でなければならないとされている。

4　財務会計とコーポレート・ファイナンスの関係

4-1　財務会計の3つの機能

会計とは「情報を提供された者が適切な判断と意思決定ができるように，経済主体の経済活動を記録・測定して伝達する手続」のことをいい，財務会計は「企業の経済活動とその結果を企業の外部利害関係者に報告するための会計」のことをいう。

企業の経営者は，株主や債権者などから委託された資金を運用する形で経営を行っている。株主や債権者などのことを利害関係者あるいはステークホルダーという。経営者は資金の運用状況である財政状態や経営の結果である経営成績に関して，利害関係者に対して定期的に報告する必要がある。報告の手段として用いられるのが財務諸表である。

財務会計の機能（期待されている役割・効果）には次の3つがあげられる。第1に，資金の受託者である経営者は，資金の委託者である株主に対して，委託された資金である受託資本に関し，これを管理し運用する責任を持つと同時に，その結果を財務諸表を通じて報告する責任を果たす必要がある。これを説明責任履行機能という。

　第2に，利害調整機能である。経営者は株主との間に配当金の大きさと株価の水準に関して利害関係があり，他方，債権者との間には委託された資金の返済能力と利息支払能力に関して利害関係がある。このように企業には利害関係者が複数存在しており，彼らの利害は必ずしも一致してはいない。そこで，利害関係者の利害を調整する役割を財務会計が担っているのである。

　第3に，情報提供機能である。株主や債権者といった利害関係者は資金を委託するあるいは返済を迫るといったような将来の行動に関する意思決定を行う必要がある。この意思決定の際に財務諸表が有用な情報を提供しなくてはならない。

4-2　会社法と金融商品取引法

　財務会計は，会社法と金融商品取引法（旧証券取引法）という2つの法律を尊重しなければならない。しかし，これらの2つの法律には目的や制度に違いが見られるのである。

　会社法は，債権者保護と経営者・株主・債権者間の利害の調整を図ることを目的としている。会社法はこれらの目的のうち債権者保護を主たる目的としているために，会社法を尊重した財務会計では会社財産を確保して資本充実の維

図表1－6　会社法と金融商品取引法の相違

	規制対象	法の目的	会計の目的	作成義務のある書類	会計処理基準（表示基準）
会社法	すべての会社	主に債権者保護，利害調整	資本充実の維持（分配可能額の算定）	計算書類，事業報告書，附属明細書	『会社法の計算規定』と3つの法務省令（『会社計算規則』）
金融商品取引法	上場会社	主に投資者保護，国民経済の適切な運営	意思決定に有用な情報の提供（尺度的利益の算定）	財務諸表	『企業会計原則』（『財務諸表等規則』）

持を図る必要があり，具体的には会社財産を社外に無制限に流出させないために分配可能額の算定をその目的としている。

会社法はすべての会社を規制対象としている。株式会社の場合，規制の内容は公開会社か非公開会社か，大会社か中小会社かといった会社の種類によって異なっている。また，規制の内容は会社が選択した統治機構，例えば取締役会や監査役会などの機関設計によっても異なっている。

会社法で作成が義務づけられている書類には6つある。貸借対照表，損益計算書，株主資本等変動計算書，個別注記表，事業報告書，附属明細書である。これらのうち前4つを計算書類と呼んでいる。これらの書類は『会社計算規則』に準拠して作成される。

会社法の会計処理基準は『会社法の計算規定』及び3つの法務省令すなわち，『会社法施行規制』，『会社計算規則』，『電子広告規制』に，表示基準は『会社計算規則』に準拠している。

金融商品取引法による会計は，投資者保護を主たる目的とし，さらに私的な利害関係を超えた国民経済の適切な運営をその目的としている。主たる目的を達成するために，金融商品取引法を尊重した会計では，投資者に対して意思決定の際に有用となるような情報の提供に重点が置かれており，特に企業の収益力を表示すること（尺度的利益の算定）が具体的な目的になっている。

金融商品取引法は，証券取引所に株式を上場している企業のような大規模株式会社のみを規制対象としており，これらの会社に作成を義務づけている財務諸表は次の5つである。それらは，貸借対照表，損益計算書，キャッシュフロー計算書，株主資本等変動計算書，附属明細表である。金融商品取引法による会計処理基準は主に企業会計原則であり，表示基準は財務諸表等規則である。

【1章に関する課題】
(1) なぜ企業の経営状態は資金の観点から把握されるのか。
(2) 大規模経営にはなぜ株式会社形態が選択されるか。
(3) 資金需給の矛盾と証券制度の関係について説明しなさい。

2章 貸借対照表, 損益計算書の読み方

　この章では財務諸表の中でも重要な貸借対照表と損益計算書の読み方について学ぶ。これらは会社の現在と過去の経営状態の把握に有効な情報を提供してくれるだけではなく，将来の経営状態を判断することで株価の予想に関しても重要かつ有効な情報を提供してくれるのである。本章を学ぶことで，経営学と会計学，ファイナンス理論の融合したコーポレート・ファイナンス論を学習する者は大きな基礎知識を習得するであろう。なお，現実に応用できる知識を習得することが本書の狙いの1つであるので，DSやWiiが大ヒットした任天堂の貸借対照表等を取り上げて，実際の貸借対照表等の読み方を解説する。

1 連結財務諸表

1-1 連結財務諸表と個別財務諸表

　法的に独立した個々の会社がそれぞれ個別に作成する財務諸表のことを個別財務諸表という。上場企業か非上場企業かを問わず，また大企業か中小企業かに関係なく，法的な規制から各会社は個別財務諸表を作成する義務がある。

　これに対して，連結財務諸表とは支配従属関係にある2つ以上の会社から成る企業集団を単一の組織体とみなし，親会社の立場から企業集団の経営成績，財政状態，キャッシュフローの状況を，外部利害関係者に総合的に報告するために作成される財務諸表のことをいう。一般的には，中小企業等が単独に経営している場合には連結財務諸表を作成する必要はない。

　企業集団が形成されている場合，個々の企業の個別財務諸表だけでは外部の

利害関係者に対して十分な情報を提供することはできない。それは、企業集団というグループで経営が行われているからである。そこで、金融商品取引法（旧証券取引法）は、上場会社など一定の要件を満たす会社に対しては連結財務諸表の作成を義務づけている。

1-2　支配力基準

連結の範囲を決める基準は、従来は持株基準であった。この基準は議決権の過半数を所有している会社を子会社とするという形式的な基準であった。しかし、議決権の過半数を所有していなくても他の会社の意思決定機関を支配することは可能であったため、現在は支配力基準という実質的な基準によって連結の範囲は決められている。

具体的には、次のような場合、他の会社を支配されているとみなされ、当該会社は子会社と認定されて連結の対象となる。

①他の会社の議決権の過半数を実質的に所有しているとき
②他の会社の議決権の過半数でなくても高い比率の議決権を有し、かつ当該会社の意思決定機関を支配しているような次のような一定の事実があるとき
(a)議決権を行使しない株主が存在して継続的に議決権の過半数を占めることができる
(b)役員等の存在によって、株主総会で継続的に議決権の過半数を占めることができる
(c)役員や従業員である者あるいはあった者が取締役会の過半数を継続的に占めている
(d)重要な財務上あるいは営業方針の決定を支配する契約等が存在する

1-3　親会社説と経済的単一説

連結財務諸表を作成する際に、誰のためにこれを作成するかに関して親会社説と経済的単一説と呼ばれる2つの考え方がある。

親会社説とは、連結財務諸表を親会社の個別財務諸表の延長線上にあるとみなして、主として親会社の株主のために連結財務諸表が作成されるという考え方である。この説では、親会社の持分が重視されて資本は親会社の持分に限定

されることになる。100％出資以外の子会社における親会社以外の株主を少数株主という。親会社説では少数株主の持分は負債と解釈される。

経済的単一説とは，親会社の株主のためだけではなく，少数株主も含むすべての株主のために連結財務諸表が作成されるという考え方である。ゆえに，この説では親会社の持分だけでなく少数株主の持分も資本と解釈される。

今日の日本の会計制度では親会社説が採用されているが，表示上は親会社の持分も少数株主の持分も純資産の部に計上されている。

1-4　セグメント情報

企業集団は個別の企業よりも多角化されたり，国際化されている場合が多い。ゆえに，連結損益計算書や連結貸借対照表からだけでは多角化と国際化の状態を正確に分析することは難しい。

そこで，連結財務諸表では3つのセグメント情報の開示が求められている。第1に事業の種類別セグメント情報であり，製品系列別に情報が開示される。第2に所在地別セグメント情報であり，連結対象の会社が存在する国や地域ごとに情報が開示される。第3に海外売上高である。特に，日本の大企業には輸出企業が多く，海外売上高が5割を超えるような企業も多い。

2　貸借対照表の読み方

2-1　流動項目と固定項目の分類基準

貸借対照表において流動項目と固定項目に分類する基準には，正常営業循環基準と1年基準（ワンイヤー・ルール）の2つがある。

正常営業循環基準とは，企業の正常な循環過程にある資産と負債はすべて流動資産と流動負債に分類されるという基準である。1年基準とは，貸借対照表日の翌日から1年以内に期限が到来する資産と負債を流動資産と流動負債に分類し，1年を超えて期限が到来する資産と負債を固定資産，固定負債とする基準である。

日本の会計制度では，はじめに正常営業循環基準が使われ，残りの資産と負債に関して1年基準が使われる。（ただし，後述するように会社が保有する株

券等の有価証券に関しては保有目的基準で特別に分類される。)

この結果，正常な本来的な営業債権・債務や棚卸資産は流動資産や流動負債に分類され，正常な本来的な営業債権・債務以外の債権債務等は1年基準により流動資産や固定資産，流動負債や固定負債に分類される。

貸借対照表の配列方法には次の2通りある。第1に，流動性配列法である。この方法では，資産は流動資産，固定資産の順に，負債は流動負債，固定負債の順に配列され，企業の短期的な財務流動性（支払能力）を測定するのに役立つといわれている。第2に，固定性配列法である。この方法では，資産は固定資産，流動資産の順に，負債は固定負債，流動負債の順に配列される。この方法は，会社の固定資産の調達源泉から見た財務の健全性を検討するのに役立つといわれている。

今日の日本の会計制度では流動性配列法が原則的に使われているが，電力やガス会社など固定資産が多い会社では固定性配列法が使われている。

2-2　資産の部　－流動資産－

(A) 現金・預金

現金には通貨である現金以外に，他社が振り出して受け入れた小切手，保有している株式に関して受け取った配当金領収書，利付債券の支払期日済みの利

図表2−1　連結貸借対照表

資金の運用形態	資産の部	流動資産		流動負債		負債の部
		固定資産	有形固定資産	固定負債		
			無形固定資産	株主資本	資本金	純資産の部
					資本剰余金	
			投資その他資産		利益剰余金	
				評価・換算差額等		
		繰延資産		新株予約権		
				少数株主持分		

（右側：資金の調達源泉）

札，法人税等の還付通知書などが含まれる。預金には当座預金と普通預金，別段預金，通常貯金が含まれる。また，定期預金，積立預金，定額預金は1年基準で分類されて満期日までの期限が1年以内のものは流動資産としての預金に含まれる。1年を超えるものは固定資産の長期預金に分類される。

　当座預金は蓄財を目的にしたものではなく，商取引に利用されるための預金であって無利子である。小切手や手形の振り出しによる支払い，買掛金等に対する振り込みによる支払い，他社から受け取った小切手や手形の預け入れ，売掛金に対する振り込みは当座預金を通して行われる。会社はあらかじめ銀行との間に当座貸越契約を結んでおき，預金残高がゼロのときでもある一定金額までは小切手や手形の支払に応じてもらう。残高がマイナスになった場合には，その金額は実質的に銀行からの短期の借入になるので，当座預金から短期借入金に振り替えられる。

(B) 売掛金・受取手形

　商取引は現金取引の他に信用取引（掛取引）も行われる。信用取引では商品等の受け渡しよりも後に現金の授受が行われる。信用取引により債権・債務が発生するが，これらは通常，無担保であることが多い。会計上，商取引に関する未決済の売買代金のうち債権を売掛金，債務を買掛金という。

　未決済の売買代金に関して手形という証券を発行することにより，満期日前に債権・債務の譲渡を可能にできる。こうすることで商取引に関する信用取引の信頼性を高めることができる。会計上，手形が振り出された商取引に関する未決済の債権を受取手形，債務を支払手形という。

　商取引に関して発生した受取手形や支払手形と区別するために，固定資産を売却したことで受け取った手形を固定資産売却受取手形，固定資産を購入する際に振り出した手形を固定資産購入支払手形として別に記載，計上する。

(C) 有価証券

　法律上の有価証券には手形や小切手等も含まれるが，会計上の有価証券は株券や社債券，国公債等の資本証券だけを意味する。有価証券を流動資産と固定資産に分類する基準は保有目的基準である。流動資産に分類される有価証券には売買目的で保有されている株券，社債券，国公債等すべての資本証券が含ま

図表2-2 有価証券の分類と会計処理等

保有目的別証券	資産分類	評価基準	評価損益が生じたときの会計処理
売買目的有価証券	流動資産	時価	当期の損益となる
満期保有目的の債券	固定資産	取得原価または償却原価	―
子会社株式及び関連会社株式	固定資産	取得原価	―
その他有価証券	固定資産	時価	全部資本直入法または部分資本直入法

れる。このような目的で保有されている資本証券を会計上,売買目的有価証券という。売買目的有価証券は決算時に強制的に時価評価される。

　満期日まで売却されずにずっと保有される目的で持たれている社債券や国公債等は,会計上,満期保有目的債券と呼ばれ,固定資産に分類される。しかし,満期保有目的債券であっても1年以内に満期日を迎えるものは有価証券に含まれる。満期保有目的債券は満期日まで価格の変動リスクにさらされることはないために,決算時には取得価額で評価される。ただし,債券金額(額面)と取得価額が異なるときに差額が金利調整差額と認められる場合には,特別な方法を用いて貸借対照表に記載される額が計算される。

(D) 棚卸資産

　棚卸資産とは商品,製品,仕掛品,半製品,原材料,部品等の総称であり,会社が直接的にあるいは間接的に販売することを目的として保有している資産のことをいう。

　正常な営業活動において販売目的で保有するものが商品と製品である。自社が製造したものが製品,他社が製造したものが商品と分類される。将来,製品となるような製造途中のものを仕掛品,半製品という。他社に転売可能な状態にあるものが半製品であり,そうでないものが仕掛品と分類される。将来,製品となるように保有されている原材料や部品のことを文字通り原材料,部品という。

　なお,販売過程において消費される事務用消耗品も棚卸資産に含まれる。

(E) 前受金(前渡金),未収金,前払費用,未収収益

　商品や製品,原材料等の売買を行う際に,売買代金の一部を手付け金という

形で事前に売り主と買い主の間で受け払いすることがある。手付け金を支払った場合には前受金（前渡金）という勘定科目を用いて，決算の際には資産として計上される。

未収金とは，商品・製品，原材料等以外を信用取引で売買する際に使われる勘定科目である。例えば，固定資産や有価証券の売買代金の受け払い，販売手数料の授受に関する勘定科目である。固定資産等を売却した代金を未だに受け取っていない場合には未収金という資産を計上，表示することになる。

前払費用とは，一定の契約にしたがって継続して役務を受ける場合に，いまだ提供されていない役務に対して支払われた対価である。つまり，すでに支出しているがまだ役務（サービス）を受けていないので費用が発生したとして認識できないものである。

未収収益とは，一定の契約にしたがって継続して役務を提供する場合に，すでに提供した役務の対価であっていまだに支払を受けていないものである。

(F) 短期貸付金

関連会社等に資金を貸し付けることがある。この場合，1年基準によって短期貸付金と長期貸付金に分類される。これらのうち，短期貸付金は返済予定日が貸借対照表作成の翌日から1年以内のものをいう。1年を超えたものが長期貸付金であり，固定資産に分類される。

資金を貸し付ける際に，金銭消費貸借契約書という契約書を作成するが，これに代えて手形（「金融手形」）を振り出すこともある。この場合には手形貸付金という勘定項目を使うことになる。

(G) 立替金

取引先や従業員のために一時的に金銭の立て替え払いをした場合，この債権を立替金という。立替金は金銭を貸し付けた場合の貸付金とは区別される。従業員に対する給料の前貸しは立替金の1つの例である。

(H) 貯蔵品

貯蔵品には，会計期間内に購入されて費用として処理されたが未使用である郵便切手や収入印紙が含まれる。

(I) 繰延税金資産

　企業会計上の資産または負債の額と課税所得計算上の資産または負債の額が違うことがある。この場合，利益に関する金額を課税所得とする法人税等の金額を適切に期間配分することで，税引き前の当期純利益と法人税等の額を対応させることは合理的である。このような目的をもった会計手続きを税効果会計という。

　税効果会計では一時差異が対象となる。一時差異とは貸借対照表における資産または負債と課税所得計算上の資産または負債の額の差である。一時差異には将来加算一時差異と将来減算一時差異がある。将来加算一時差異とは，一時差異が解消したときに税務上その期の所得を増加させる効果を持つものである。反対に，一時差異が解消したときに税務上その期の所得を減少させる効果を持つものを将来減算一時差異という。なお，繰越欠損金も一時差異と同様の扱いとなる。

　繰延税金資産は将来減算一時差異等に，一時差異の解消時に適用されると予想される税率を掛けた金額である。繰延税金資産は将来における税金の前払分とみなされる。現在の日本の会計制度では，資産は将来の経済便益であると考えられているので，繰延税金資産には資産性が認められることになる。繰延資産は一時差異の解消時点に応じて流動資産と固定資産に分けられて計上される。

　繰延税金資産は，将来減算一時差異等が将来の課税所得から減額されることが確実な場合にのみ回収可能差異があると判断されて計上できる。この判断基準には3つある。将来の営業利益や経常利益が十分であること，将来一時加算差異が存在すること，そして，例えば含み益がある土地等の資産を売却するような計画的に売却益を発生させるタックス・プランニングが存在することである。

(J) 貸倒引当金

　受取手形や売掛金といった売上債権はこれが発生した年度にすべて回収されるわけではなく，一部は翌期以降に回収されることもある。また，売上債権はすべてが回収されわけでもなく，その一部は回収できなくなるかもしれない。回収できなくなった部分は貸倒損失という費用として処理されることになる。

　しかし，売上債権が発生した年度に回収不能となった貸倒損失という費用にはこれに対応する売上高という収益があって，費用収益対応の原則が成り立つ

が，翌期以降に発生した貸倒損失には対応する収益が存在しないことになる。そこで，売上債権が発生し，売上高が存在する期に，翌期以降に発生するかもしれない貸倒損失に対応する部分を設けておくことが合理的となる。このような目的で設けられたものが貸倒引当金である。

貸倒引当金の金額は，原則的に，売上債権の期末残高に税法で決められた一定の繰入率を掛けて計算される。ただし，個々の売上債権を評価して貸倒引当金を設定することもある。この場合には，売上債権を次の3つに分類してから貸倒引当金を設定する。

第1に，健全な会社に対する売上債権である一般債権である。この場合，売上債権を一括して過去の貸倒実績率を掛けて「貸倒引当金」を計算する。

第2に，貸倒懸念債権である。経営破綻はしていないものの，債務の弁済に重大な事情等がある会社に対する売上債権のことである。個々の債権に対して貸倒引当金が設定される。設定される金額は，債権額から担保処分額や債務保証額等の金額を差し引いた金額か，債権額から債権の現在価値額を差し引いた金額となる。

第3に，破産更生債権等である。これは，経営破綻した会社や実質的に経営破綻している会社に対する売上債権である。この場合，債権額から担保処分額や債務保証額等の金額を差し引いた金額が貸倒引当金の金額として設定される。

売上債権に対して設定された貸倒引当金は貸借対照表の資産の部にマイナス表示されると共に，損益計算書では販売費及び一般管理費として貸倒引当金繰入額を計上することになる。

貸倒引当金は売上債権だけでなく，貸付金等の金銭債権に対しても上と同様に設定される。ただし，損益計算書では貸倒引当金繰入額は営業外費用として計上される。

2-3　資産の部 －固定資産－

（A）有形固定資産

有形固定資産とは，企業の本業たる営業活動のために長期間使用される目的で保有されている資産のうち，具体的な物的形態を持つものをいう。有形固定資産には，建物，構築物，機械装置，船舶，車両運搬具，工具備品，土地，建設仮勘定がある。

建設仮勘定とは，有形固定資産の建設や購入に際して，完成や引き渡し前に支出された金額を一時的に処理しておく勘定である。建設手付け金や建設用の資材の購入代金がこれにあたる。完成や引き渡し後には建物などに振り替えられる。

　土地と建設仮勘定以外の有形固定資産は減価償却の手続きによって費用化していく資産である。減価償却とは，費用配分の原則にしたがって有形固定資産の取得原価をその耐用期間における各事業年度に費用として配分する会計上の手続きである。減価償却する有形固定資産は長期間にわたって役務を提供しながら，時間の経過や使用と共にその本体や機能を消耗させていく。適正な期間損益計算を行うためには，このような価値の減少に応じて，有形固定資産の取得原価をその耐用期間にわたって規則的に配分することが必要になる。このために減価償却という会計上の手続きが行われるのである。減価償却によって認識された費用を減価償却費という。

　減価償却は財務上，2つの効果をもたらす。第1に固定資産の流動化である。有形固定資産に投下されていた資金が減価償却によって流動資産に転化することをいう。第2に自己金融作用である。減価償却は支出を伴わない費用であり，この金額分だけ増資や借入を行った場合のように資金調達の効果を持つのである。

(B) **無形固定資産**

　無形固定資産とは，企業の本業たる営業活動のために長期間役務を提供する資産であって，具体的な物的形態をもたない無形のものをいう。ソフトウエア，営業権（のれん），特許権，実用新案権，商標権，意匠権，借地権，電話加入権などがこれにあたる。

　借地権や電話加入権を除き，無形固定資産も費用化される必要があり，利用期間にわたって償却される。

　営業権（のれん）とは，他社を買収あるいは合併した際に支払った対価が受け入れた純資産を上回った場合の差額であり，被買収会社の超過収益力を評価したものとみなされて計上されるものをいう。理論的には，自己創設の超過収益力であるのれんの計上もあり得るが，恣意的になってしまうために計上できない。企業間の競争によって超過収益力は減少すると考えられるので，のれん

も償却される。

(C) 投資有価証券

　投資有価証券は3つの目的で保有されている証券の総称である。第1に，満期保有目的の債券である。これは，満期まで保有する意図をもって実際に保有されている社債やその他の債券のことである。

　第2に，子会社株式及び関連会社株式である。子会社株式とは他の会社を実質的に支配している場合における当該他の会社の株式のことである。関連会社株式とは，出資・人事・資金・技術・取引等の関係を通じて，子会社以外の他の会社の財務及び営業の方針の決定に関して重要な影響力を与えることができる場合の当該他の会社の株式のことである。これらの株式は時価ではなくて取得原価で評価される。その理由としては，子会社株式は事業投資と同じく時価の変動を財務活動の成果としてとらえないという考え方による。関連会社株式についても，他の会社への影響力の行使を目的として保有されているので事実上の事業投資と同じであると考えられている。

　第3に，その他有価証券である。これは，売買目的有価証券，満期保有目的の債券，子会社株式及び関連会社株式以外の有価証券のことである。その他有価証券は次の3つの理由から時価評価される。第1に，財務活動の実態を財務諸表に反映させて投資者の意思決定に有効な財務情報を提供するためである。第2に，企業にとっても取引内容の十分な把握とリスク管理の徹底，財務活動の成果を的確に把握するのに役立つためである。第3に，財務諸表等の企業情報には国際的視点からの同質性や比較可能性が求められているためである。

　その他有価証券を時価評価した結果，評価差額が生じた場合には2つの処理方法がある。1つは全部純資産直入法であり，評価差額の合計額を純資産の部に計上する方法である。もう1つは部分純資産直入法であり，時価が取得原価を上回る銘柄に関する評価差額は純資産に計上し，他方，時価が純資産を下回る銘柄に関する評価差額は当期の損失とする方法である。

2-4　繰延資産

　繰延資産とは，すでに対価の支払いが完了しまたは支払義務が確定し，これに対応する役務の提供を受けたにもかかわらず，その効果が将来にわたって発

現するものと期待できる費用であって，その効果が及ぶ期間に合理的に配分するために経過的に資産として計上されたものをいう。

繰延資産は法律上の権利ではなく，有形固定資産のように換金価値ももたないので，債務の弁済手段としては利用できない。このために，会社法では計上を強制してはおらず容認されているのみである。会社を設立するために必要な支出である創立費，会社が成立し営業を開始するときまでの支出である開業費，株式発行や社債発行時の支出である株式交付費等や社債発行費等，新技術の採用などのために支払った開発費がこれにあたる。

繰延資産は会計上，収益獲得能力を根拠に資産性が認められているのである。また，「研究開発等に係る会計基準」では，研究開発費の発生時にすべて費用処理することを求めている。この理由として，研究開発費に対する将来の収益獲得には不確実性が高いこと，抽象的な要件で資産計上することは企業間の比較可能性を損なうことがあげられている。なお，研究とは新しい知識の発見を目的にした計画的な調査及び探求のことをいい，開発とは新しい製品・サービス・生産方法についての計画もしくは設計，または既存の製品等を著しく改良するための計画もしくは設計として，研究の成果その他の知識を具体化することである。

2-5　負債の部

(A) 買掛金，支払手形

会計上，商取引に関する未決済の売買代金のうち債務を買掛金という。会計上，手形が振り出された商取引に関する未決済の債務を支払手形という。

(B) 前受金，前受収益，未払金

商品や製品，原材料等の売買を行う際に，売買代金の一部を手付け金という形で事前に売り主と買い主の間で受け払いすることがある。この際に，手付け金を受け取った会社の側では前受金という勘定科目を用い，決算の際には負債として計上される。

前受収益とは，一定の契約によって継続的に役務を提供する場合，まだ提供していない役務に対する金銭などの前受け分をいう。

未払金は，商品・製品，原材料等以外を信用取引で売買する際に使われる勘

定科目である。固定資産や有価証券等を購入したがその代金を支払っていない場合には未払金という勘定科目を負債に計上することになる。

(C) 短期借入金，長期借入金，社債

貸借対照表の作成日から1年以内に返済期限が来る，他者から借り入れた資金のことを短期借入金という。1年を超えるものは固定負債として長期借入金に計上，表示される。

営業上の保証金の預り高，従業員等から源泉徴収した税の預り高，株主や従業員，役員からの預り金は短期借入金とは区別して表示される。

社債を発行して資金を調達した場合，固定負債として社債に計上される。

(D) 繰延税金負債

繰延税金負債は将来加算一時差異等に，一時差異の解消時に適用されると予想される税率を掛けた金額である。繰延税金負債は将来における税金の追加支払分とみなされる。現在の日本の会計制度では，負債は将来の経済便益を犠牲にする現在の債務であると考えられているので，繰延税金負債には負債性が認められることになる。繰延負債は一時差異の解消時点に応じて流動負債と固定負債に分けられて計上される。

(E) 負債性引当金

将来の特定の費用または損失であって，その発生が当期以前の事象に起因し，発生の可能性が高く，その金額を合理的に見積もることができる場合，当期の負担に属する金額は当期の費用または損失として引当金に繰り入れられ，当該引当金の残高は資産の部または負債の部に記載される。負債の部に記載される引当金を負債性引当金という。

負債性引当金の例としては，賞与引当金と退職給付引当金がある。通常，半年毎に支払われる賞与（ボーナス）のうち当期に属する期間の部分を当期の費用とすることは費用と収益を合理的に対応させる観点から適正である。このための引当金が賞与引当金である。

一定期間にわたって労働提供を行ったという理由から，退職以後に従業員に支給される給付を退職給付という。退職給付には退職時に一括して支払われる

退職一時金と，退職後に一定額が支払われる退職年金がある。このような退職給付は，従業員が提供した労働の対価として支払われる賃金の後払いであるという考え方に基づいて支給される。将来の退職給付のうち当期の負担に属する金額を当期の費用として引当金に繰り入れ，その残高を負債の部に計上したものが退職給付引当金である。

2-6　純資産の部

以前の貸借対照表では，株主に帰属する資本が資産と負債の差額である純資産となるように，資産と負債が取り扱われていた。しかし，その他有価証券の評価差額金が資本の部に計上されるようになると，資産と負債の差額は必ずしも資本とは同じにはならなくなった。純資産は単なる資産と負債の差額を表しているのみである。

純資産の部は株主資本，評価・換算差額等，新株予約権の3つに分けて表示される。株主資本は，資本金，新株式申込証拠金，資本剰余金，利益剰余金，自己株式，自己株式申込証拠金に分けられる。

資本は，資本取引から生じた維持拘束性を特質とする払込資本と，損益取引から生じた処分可能性を特質とする留保利益にわかれる。払込資本は会社法が定める法定資本である資本金とそれ以外の資本剰余金から成る。会社は払い込み価額の全額を資本金とすることを原則とする。ただし，1/2を超えない金額を資本金に組み入れないことも認められている。したがって，資本金とは払い込み価額のうち資本金に組み入れられた額ということになる。資本剰余金はさらに資本準備金とその他資本剰余金に区分される。払い込み価額のうち資本金に組み入れられなかった額は資本準備金となる。

留保利益は損益取引から生じた稼得資本部分であり，これが利益剰余金となる。利益剰余金はさらに利益準備金とその他利益剰余金に区分される。会社法は，債権者保護のために資本準備金と利益準備金の合計額が資本金の1/4に達するまで，剰余金を配当として支出する金額の1/10以上を利益準備金として積み立てることを求めている。会社法の制定により，株主総会の決議を経れば，資本準備金と利益準備金の合計額の全額を取り崩すことができる。

自己株式とは自社株式とも呼ばれ，過去に発行した株式を自社が買い戻したものである。自己株式については換金性のある会社財産ととらえて資産として

扱う資産説と，会社所有者である株主に対する会社財産の払い戻しととらえて資本の控除として扱う資本控除説がある。現在は資本控除説が採られ，自己株式を取得した際には純資産の部に控除項目として取得原価で表示する。

　自己株式を処分して売却益が生じたときは自己株式処分差益，売却損が生じたときには自己株式処分差損としてその他資本剰余金として表示する。また，自己株式は取締役会の決議により消却される。自己株式が消却された場合には発行済み株式数が減少され，純資産の部に計上されていた自己株式勘定が減少し，株券が廃棄される。自己株式の取得原価を資本剰余金から減額するか，利益剰余金から減額するかは取締役会で決定できる。

　新株を発行する際には，違約回避のために払込日前に投資家から事前に新株購入の代金を払い込ませる日が設定される。新株式申込証拠金とは，払込日前に新株式を購入した投資家から払い込まれた金額であり，払込日に資本金や資本準備金に振り替えられる。自己株式申込証拠金とはかつて取得した自己株式を再度，投資家に売り出す際に，新株発行の場合と同様に，あらかじめ投資家から代金を払い込んでもらった金額である。

　その他資本剰余金とは資本剰余金のうち資本準備金以外のものであって，資本金や資本準備金の取り崩し額や自己株式の処分差益が含まれる。その他利益剰余金とは利益剰余金のうち利益準備金以外のものであって，任意積立金や利益準備金の取り崩し額による繰越利益剰余金が含まれる。

　評価・差額等とは，資産や負債に関する評価差額であるが，当期の損益として処理していないものをいう。その他有価証券評価差額などがここに含まれる。

　新株予約権とは新株の発行または自己株式の移転を受ける権利のことであり，あらかじめ決められた価額で新株等を獲得できる権利である。新株予約権が役員（取締役や監査役）や従業員等に付与される場合をストック・オプションという。新株予約権に対して払い込まれた金額が新株予約権という項目で純資産の部に計上される。実際に，新株予約権が行使されて新株が発行された場合には，発行価額と新株予約権の払込金額の合計額が資本金または資本準備金に振り替えられる。また，自己株式が交付されたときには，自己株式に対する払込金額と新株予約権の払込金額の合計額と，自己株式の取得価額の差額が自己株式の処分差益として処理される。新株予約権が行使されないときには，新株予

約権の払込金額は行使されないことが確定した期間の特別利益として処理される。

3 任天堂の貸借対照表を読む

　図表2－3は任天堂の平成17年度と平成18年度の貸借対照表の資産の部を比較したものである。資産の部は調達された資金がどのような形態で運用されているかを示している。この表を分析することでいくつかの特徴が明らかとなる。

　第1に，資産合計が35.7％という驚異的な増加率を記録している。これは，ゲーム機市場は子どもや若い男性をターゲットとした市場であるという常識を打ち破り，世界中の中高年層に爆発的に売れた任天堂DSやWiiの大ヒットによるものである。この傾向は後述する損益計算書ではもっと顕著に表れている。

　第2に，現金・預金の金額が大きいことである。平成18年度の現金・預金の金額は962,197であり，対資産合計で61.1％もある。現金・預金はこのままでは特に利益を生み出さないので，成長企業では設備投資資金に，成熟企業では有利子負債の返済か配当の支払に利用されるべき資産である。有価証券や投資有価証券も本業に利用されていない資金運用先である。現金・預金にこれらの金額を加算すると，平成18年度では1,170,580となり，対総資産合計で74.3％にも達する。図表2－4は任天堂の貸借対照表における負債と純資産を表している。この図表から任天堂には有利子負債はないことがわかる。また，DS等の販売が好調であることを考えると，現金・預金等は配当の支払よりも主に設備投資資金に利用されるべきであるといえる。現在は，有利な設備投資機会に直面したときのために待機していると判断できる。ただし，現金・預金等の比率が大きい場合，他社から買収のターゲットとされやすくなる。あるいは，一部の株主（特にアクティビストと呼ばれるファンド）から配当支払額の増加を要求される可能性もある。

　第3に，受取手形・売掛金の増加率が100％を超えている。DS等の売上高が伸びた結果，これらの企業間信用の利用が増えたということである。

　第4に，棚卸資産の増加率は180％を超えている。これも，DS等の販売が好調であり，製造途中のものが増加しているということである。

図表2-3 任天堂の連結貸借対照表（1）資産の部

金額の単位は百万円

		17年度	18年度	増減率
（資産の部）				
Ⅰ 流動資産				
	1 現金・預金	812,064	962,197	18.5%
	2 受取手形・売掛金	43,826	89,666	104.6%
	3 有価証券	64,287	115,971	80.4%
	4 棚卸資産	30,835	88,609	187.4%
	5 繰延税金資産	24,170	35,631	47.4%
	6 その他	45,061	104,483	131.9%
	7 貸倒引当金	−1,514	−1,886	24.6%
	流動資産合計	1,018,729	1,394,671	36.9%
Ⅱ 固定資産				
	1 有形固定資産			
	（1）建物・構築物	18,838	18,022	−4.3%
	（2）機械装置・運搬具	1,144	1,134	−0.9%
	（3）工具器具備品	3,341	5,629	68.5%
	（4）土地	32,604	32,595	0.0%
	（5）建設仮勘定	41	217	429.3%
	有形固定資産合計	55,969	57,600	2.9%
	2 無形固定資産			
	（1）ソフトウエア他	319	505	58.3%
	無形固定資産合計	319	505	58.3%
	3 投資その他の資産			
	（1）投資有価証券	60,213	92,412	53.5%
	（2）繰延税金資産	10,314	14,414	39.8%
	（3）その他	15,182	16,001	5.4%
	（4）貸倒引当金	−26	−10	−61.5%
	投資その他資産合計	85,683	122,818	43.3%
	固定資産合計	141,972	180,924	27.4%
	資産合計	1,160,703	1,575,597	35.7%

　第5に，建設仮勘定が大きく増加している。増産のための工場あるいは機械の建設途中ということが考えられる。

　第6に，ソフトウエアの増加も目立つ。ソフトウエアとは，コンピュータを

機能させるプログラム等のことである。ソフトウエアの制作費のうち研究開発に該当する部分は研究開発費として費用処理される。無形固定資産に計上される部分は，市場販売目的の製品マスターや購入したソフトウエアの機能を改良したり，強化する費用，あるいは自社利用目的のソフトウエアで将来の収益獲得や費用削減は確実なものである。これらのソフトウエアもDS等向けのものであると考えられる。

図表2－4は任天堂の貸借対照表の負債と純資産を表している。この図表をみることで任天堂の資金調達源泉がわかる。

> コラム
>
> ### 売れる商品の秘訣(2) ― 任天堂DS，Wii ―
>
> 　任天堂DSやWiiは全世界的に爆発的に売れている。そのヒットの秘訣を社長の口から聴く機会があった。そこで指摘されたことは次の2点であった。
> 　第1に，「やりたいこと」，「やれること」，「やるべきこと」の3つを整理して区別することである。「やりたいこと」とは新製品開発をするとか，新しい市場に既存製品をを売り込む，既存事業から撤退するなど，理論上選択可能な事業戦略のことである。このような戦略は多数存在するが，このうち，自社のヒト，モノ，カネそして情報といった経営資源に照らし合わせて現実に実行可能な戦略が「やれること」である。さらに，実行可能な戦略に優先順位を付ける必要がある。優先順位の高い実行可能な戦略が「やるべきこと」である。
> 　第2に，「常識にとらわれない発想」である。テレビゲームや携帯用のゲーム機を購入する消費者の多くは若い男性や子どもであった。当然，ゲームソフトもこれらの消費者をターゲットとしたものが多く販売されてきた。ターゲットとなる消費者が変わらない限り，ゲーム機そのものの売上も伸びない。ここで「常識にとらわれない発想」がその後の爆発的なDSやWiiの販売に結びついた。常識はずれの中高年齢層をターゲットにしてゲームソフトを開発して売り出したのである。例えば，脳内トレーニング，目力，メタボ解消などの健康をテーマとしたソフト，料理や家計簿など家事をテーマとしたソフト，推理小説や文学書をテーマとしたソフトなどである。

図表2-4　任天堂の連結貸借対照表（2）負債の部，純資産の部

金額の単位は百万円

	17年度	18年度	増減率
（負債の部）			
Ⅰ　流動負債			
1　支払手形・買掛金	83,817	301,080	259.2%
2　未払法人税等	53,040	90,013	69.7%
3　賞与引当金	1,732	1,779	2.7%
4　その他	43,684	75,563	73.0%
流動負債合計	182,274	468,436	157.0%
Ⅱ　固定負債			
1　長期未払金	861	698	−18.9%
2　退職給与引当金	3,299	4,443	34.7%
固定負債	4,161	5,142	23.6%
負債合計	186,435	473,578	154.0%
（少数株主持分）			
少数株主持分	176	—	—
（資本の部）			
Ⅰ　資本金	10,065	—	—
Ⅱ　資本剰余金	11,585	—	—
Ⅲ　利益剰余金	1,096,073	—	—
Ⅳ　その他有価証券評価差額金	10,717	—	—
Ⅴ　為替換算調整勘定	762	—	—
Ⅵ　自己株式	−155,112	—	—
資本合計	974,091	—	—
負債，少数株主持分及び資本合計	1,160,703	—	—
（純資産の部）			
Ⅰ　株主資本			
1　資本金	—	10,065	0.0%
2　資本剰余金	—	11,586	0.0%
3　利益剰余金	—	1,220,293	11.3%
4　自己株式	—	−155,396	0.2%
株主資本合計	—	1,086,549	12.9%
Ⅱ　評価・換算差額等			
1　その他有価証券評価差額金	—	8,898	−17.0%
2　為替換算調整勘定	—	6,432	744.1%
評価・換算差額等合計	—	15,331	33.5%
Ⅲ　少数株主持分	—	138	−21.6%
純資産合計	—	1,102,018	13.1%
負債純資産合計	—	1,575,597	35.7%

第1に，有利子負債が利用されていないということである。いわゆる無借金経営が行われている。負債は本業の営業活動の中で発生した支払手形・買掛金，法人税の未払い金と負債性引当金しかない。

　第2に，純資産の部をみると圧倒的に利益剰余金の金額が大きい。平成18年度ではその金額は1,220,293であり，対負債純資産合計では77.4%にも達する。利益剰余金は損益取引により生じた，処分可能性がある稼得された資本である。任天堂の経営成果としての留保利益であるので利益の大きさと同時に，処分可能であるのに処分されていない利益の大きさを示している。

4 損益計算書の読み方

　図表2-5は連結損益計算書の仕組みを示している。損益計算書では利益の源泉となった取引の規模を明示して経営成績を明らかにするために，収益と費用を直接相殺してはならないという原則がある。これを総額主義の原則という。また，各収益項目はこれに関連する費用項目と発生源泉別に対応表示されている。これを費用収益対応表示の原則という。損益計算書は経営成績を明瞭に表示するために区分表示される。区分には営業損益計算，経常損益計算，純損益計算の3つがある。

　営業損益計算の区分では，企業本来の活動である営業活動から生じる損益が記載されており，売上高からはじまって段階的に営業利益が算出されていく。売上高とは一会計期間において製品や商品等が販売された結果として実現した売上であって，現金売上高だけでなくて掛けや手形による売上高も含まれる。売上原価は売上高に対応した仕入れ原価や製造原価のことである。商業の場合の売上原価は，期首棚卸資産在庫残高に当期の仕入高を足してここから期末棚卸資産在庫残高を引いて求められる。製造業の場合には，売上原価は期首製品在庫残高に当期の製品製造原価を足して期末製品在庫残高を引いて計算される。売上高から売上原価を差し引いたものが売上総利益であって，粗利益ともいわれる。販売費・一般管理費とは，販売業務や管理業務に要した費用のことである。ここには，広告宣伝費，本社等の管理部門の従業員の給与や諸手当，固定資産の減価償却費等が含まれる。ただし，製品に関連する従業員の給与等（工

図表2−5　連結損益計算書

営業損益計算	Ⅰ	売上高	×××
	Ⅱ	売上原価	×××
		売上総利益	×××
	Ⅲ	販売費及び一般管理費	×××
		営業利益	×××
経常損益計算	Ⅳ	営業外収益	×××
	Ⅴ	営業外費用	×××
		経常利益	×××
純損益計算	Ⅵ	特別利益	×××
	Ⅶ	特別損失	×××
		税金等調整前当期純利益	×××
		法人税, 住民税及び事業税	×××
		法人税等調整額	×××
		少数株主利益	×××
		当期純利益	×××

場の従業員に対する給与等）や固定資産の減価償却費は売上原価に含まれる。売上総利益から販売費・一般管理費を引いた残額が営業利益であり，本業の収益力が明らかにされる。

　経常損益計算の区分では，企業本来の活動以外の活動から生じる損益であって，特別損益でないものが記載されており，営業利益を受けて経常利益が算出されていく。営業外収益とは本業以外の活動から得た利益である。ただし，特別利益とすることが適当であると認められたものは除かれる。具体的には，受

取利息・割引料，受取配当金，為替差益，売買目的有価証券の売却益や評価益などが含まれる。なお，為替差益とは外貨建て債権債務を決済したり時価評価した結果，その帳簿価額を上回る利益が生じたときのその利益をいう。営業外費用とは本業以外の活動から生じた費用であって，特別損失とすることが適当であると認められたもの以外のものである。具体的には，支払利息・割引料，為替差損，売買目的有価証券の売却損や評価損，売上割引などが含まれる。営業利益に営業外利益を足して営業外費用を差し引いた残額が経常利益である。経常利益は営業活動の他に投資活動や財務活動を加味した企業の経常的な収益力を明らかとする。

　純損益計算の区分では，経常利益を受けて，特別損益が記載されており，当期純利益が算出されて当期の剰余金の増減額が明らかにされる。特別利益とは臨時的な収益や過年度に処理した会計項目の修正利益のことであり，固定資産売却益や投資有価証券売却益，減価償却や引当金の修正益などが含まれる。反対に，特別損失とは臨時的な損失や過年度の修正損失のことである。固定資産売却損や処分損，投資有価証券売却損，減価償却や引当金の修正損，災害損失などが含まれる。経常利益に特別利益を足して特別損失を引いた残額が税金等調整前当期純利益である。法人税，住民税及び事業税とは当期の利益に関する金額を課税所得とする法人税，住民税，事業税の合計額である。法人税等調整額とは税効果会計を適用したときの事業税等の調整金額のことである。少数株主利益とは100％出資以外の子会社の利益のうち，親会社以外の株主である少数株主の取り分をいう。税金等調整前当期純利益から法人税，住民税及び事業税を引いて法人税等調整額を足して少数株主を引いた残額が当期純利益である。この利益によって当期の剰余金の増減額が明らかとされる。

5 任天堂の損益計算書を読む

　図表2－6は平成17年度と平成18年度の任天堂の連結損益計算書を表示している。任天堂DSとWiiの大ヒットによって平成18年度の売上高は前年比で89.8％の増加を記録した。売上原価の増加率が93.4％と売上高の増加率を上回ったために売上総利益（粗利益）は84.9％の増加となっている。販売費・一般管理費

図表2-6 任天堂の連結損益計算書

金額の単位は百万円

		17年度	18年度	増減率
Ⅰ	売上高	509,249	966,534	89.8%
Ⅱ	売上原価	294,133	568,722	93.4%
	売上総利益	215,115	397,812	84.9%
Ⅲ	販売費・一般管理費	124,766	171,787	37.7%
	1　広告宣伝費	55,442	82,339	48.5%
	2　給料諸手当	14,471	16,292	12.6%
	3　減価償却費	1,764	2,664	51.0%
	4　研究開発費	30,588	37,706	23.3%
	5　その他	22,501	32,786	45.7%
	営業利益	90,349	226,024	150.2%
Ⅳ	営業外収益	70,897	63,830	－10.0%
	1　受取利息	22,497	33,987	51.1%
	2　為替差益	45,515	25,741	－43.4%
	3　その他	2,884	4,101	42.2%
Ⅴ	営業外費用	487	1,015	108.4%
	1　支払利息	1	0	－100.0%
	2　売上割引	422	919	117.8%
	3　その他	64	95	48.4%
	経常利益	160,759	288,839	79.7%
Ⅵ	特別利益	7,360	1,482	－79.9%
	1　固定資産売却益	6	252	4100.0%
	2　投資有価証券売却益	3,653	891	－75.6%
	3　その他	3,701	339	－90.8%
Ⅶ	特別損失	1,648	720	－56.3%
	1　固定資産処分損	31	384	1138.7%
	2　投資有価証券評価損	1,383	335	－75.8%
	3　投資有価証券売却損	233	0	－100.0%
	税金等調整前当期純利益	166,470	289,601	74.0%
	法人税，住民税及び事業税	74,431	126,764	70.3%
	法人税等調整額	－6,292	－11,417	81.5%
	少数株主利益	－46	－37	－19.6%
	当期純利益	98,378	174,290	77.2%

の増加率は37.7％に抑えられたために，本業の利益である営業利益は前年比で150.2％という驚異的な伸びを記録している。

　営業外収益は微減であったが，営業外費用は売上割引のために108.4％増となったために，営業利益に投資活動と財務活動の成果をあわせた経常利益は79.7％の増加であった。平成17年度に比べて投資有価証券の売却益と売却損，評価損がともに減少したために，税引等調整前当期純利益は経常利益の増加率とあまり変わらずに前年比で74.0％であった。最終的な利益である当期純利益は77.2％の増加であった。

　任天堂の損益計算書を分析すると，たびたび指摘しているように，DSとWiiの大ヒットが売上高の大幅な増加となり，各種利益もそれによって大きな増加率を記録したといえる。反面，目立ったコスト削減効果はなかったようである。投資活動に関しても大きな収益を得てはいない。任天堂の経営は本業に集中したものであり，新製品や新市場開拓による販売重視の戦略を採っていると判断できよう。

【2章の課題】

(1) 流動資産（負債）と固定資産（負債）の分類の仕方について説明しなさい。
(2) 貸借対照表の資本の部が純資産の部に名称変更された理由について述べなさい。
(3) 有価証券の分類について説明しなさい。
(4) 減価償却の意義と効果について述べなさい。
(5) 損益計算書において経営成績を明瞭に表示するための3つの区分表示について説明しなさい。

3章 キャッシュフロー計算書の読み方

　日本の会計制度では，2000年3月期から日本の上場企業を対象にしてキャッシュフロー計算書の作成が義務づけられている。1990年代終わり頃から，欧米の機関投資家を中心に投資家たちが，日本の上場企業にキャッシュフローの状況を明らかにさせる会計制度の導入を要求するようになっていた。それは，欧米の機関投資家が『株価は会社のキャッシュフローに依存する』という株式投資戦略を持ち，日本企業の利益は経営者の意見であって，キャッシュフローこそが事実であるとの考えが背景にあったからだといわれている。

　本章では，この『株価は会社のキャッシュフローに依存する』という考え方に注目し，キャッシュフロー計算書の読み方について学習する。前章と同様，任天堂のキャッシュフロー計算書を例にとって応用力を確認する。

1 キャッシュフロー計算書

1-1 キャッシュフロー計算書とは

　キャッシュフロー計算書は重要な会社の情報を提供する財務諸表の1つであり，一会計期間のキャッシュフローの状況を一定の区分別に表示したものである。

　ここでいうキャッシュとは現金と現金同等物を範囲とする資金のことであり，この流れをキャッシュフローと呼んでいる。現金には手許にある現金と当座預金，普通預金，通知預金が含まれる。現金同等物は容易に換金可能であり，価値の変動に関して僅少なリスクしか負わないような資産であって，取得日から

満期日または償還日までの期間が３か月以内の短期的な投資対象としての資産を意味している。現金同等物の具体例としては，定期預金，譲渡性預金，コマーシャル・ペーパー（CP），売り戻し条件付現先，公社債投資信託があげられる。

損益計算書と貸借対照表はそれぞれ会社の経営成績と財政状態に関する情報を利害関係者に提供しており，これらから会社の収益力と支払能力を知ることはできる。しかし，短期的には収益力と支払能力の間に相関関係があるとは必ずしもいえない。会社のキャッシュフローに関する情報が提供され，会社の資金の調達状況や使用状況などが示されて，はじめて短期的な収益力と支払能力の間の関係を知ることができる。このために，上場企業にはキャッシュフロー計算書の作成が義務づけられることとなった。

キャッシュフロー計算書では会社の活動を３つに区分し，それぞれの活動におけるキャッシュフローを別々に計算して表示している。３つの区分とは営業活動によるキャッシュフロー，投資活動によるキャッシュフロー，財務活動によるキャッシュフローという区分である。

1-2　営業キャッシュフロー

営業活動によるキャッシュフローという区分では，会社の本業である営業活動に関するキャッシュ創造能力の結果が明らかとされる。

営業活動によるキャッシュフローという区分には，営業損益計算の対象となった取引に係るキャッシュフロー，営業活動に係る債権・債務から生じるキャッシュフロー，投資活動と財務活動以外の取引に係るキャッシュフローという３つの営業活動の取引に係るキャッシュフローが計上，表示される。これらのキャッシュフローを足し引きして最終的に算出されたキャッシュフローを営業キャッシュフローという。

投資活動と財務活動以外の取引に係るキャッシュフローの例としては，災害等による保険金収入，損害賠償金の支出，受取利息・配当金，支払利息，法人税・住民税等の支出などがあげられる。これらは厳密には営業活動によるキャッシュフローの区分に含まれるものではないが，投資活動によるキャッシュフローや財務活動によるキャッシュフローの区分には含まれないという理由から営業活動によるキャッシュフローの区分に含まれる。

図表3−1　キャッシュフロー計算書（直接法による営業キャッシュフロー）

Ⅰ　営業活動によるキャッシュフロー	
営業収入	×××
原材料または商品の仕入れによる支出	△　×××
人件費の支出	△　×××
その他の営業支出	△　×××
小計	×××
利息及び配当金の受取額	×××
利息の支払額	△　×××
損害賠償金の支払額	△　×××
…	…
法人税等の支払額	△　×××
営業活動によるキャッシュフロー	×××

　営業キャッシュフローの計算には直接法と間接法の2つの方法がある。直接法はキャッシュの出入りを1つずつ把握してそれらを合計していく方法である（図表3−1参照）。まず営業収入である。営業収入とは損益計算書に記載された売上高から売掛債権の増加額を差し引いて計算された金額である。これはキャッシュで回収された売上高を表している。次に，原材料または商品の仕入による支出である。これは，売上原価に棚卸資産の増加額を足して仕入高を求め，ここから仕入債務の増加額を差し引いて計算される。この支出は原材料や商品の仕入支出のうちキャッシュで支払われた部分である。続いて，人件費の支出である。これはキャッシュで支払われた給与，賞与等を合計して計算される。その他の営業支出，利息や配当金の受取額，利息，損害賠償金，法人税等の支払額についても同様にすべてキャッシュで支払われた部分だけを計算で求める。

　間接法は損益計算書から税引等調整前前当期純利益を転記することから計算が始まる（図表3−2参照）。ここに，損益計算書には費用や損失と記載されたものの，実際にはキャッシュの出入りがない損益項目である減価償却費，有価証券評価損，引当金の増加額を調整する。さらに，投資活動や財務活動によるキャッシュフローに関連して発生した損益を調整する。具体的には，受取利息及び配当金，支払利息・割引料，有形固定資産売却損益，有価証券売却損益

図表3-2　キャッシュフロー計算書（間接法による営業キャッシュフロー）

Ⅰ　営業活動によるキャッシュフロー	
税金等調整前当期純利益	×××
減価償却費	×××
連結調整勘定償却額	×××
貸倒引当金の増加額	×××
受取利息及び受取配当金	×××
支払利息	△　×××
有形固定資産売却益	×××
損害賠償金の支払額	△　×××
売上債権の増加額	×××
棚卸資産の減少額	△　×××
仕入債務の減少額	△　×××
…	…
小計	×××
利息及び配当金の受取額	×××
利息の支払額	△　×××
損害賠償金の支払額	△　×××
…	…
法人税等の支払額	△　×××
営業活動によるキャッシュフロー	×××

等である。もしも損害賠償金の支払のような投資活動や財務活動以外の取引によるキャッシュフローに関連して発生した損益があるならばこれも調整する。次に，貸借対照表に記載された営業活動に関する資産と負債のうちキャッシュの出入りがない項目を調整しなければならない。具体的には，売上債権や棚卸資産，仕入債務の増減である。ここまでの作業によって計算されたキャッシュフローを小計と表示する。そして，上で考慮した受取利息や配当金，支払利息・割引料，損害賠償のキャッシュでの受取や支払いで調整し直す。最後に，法人税等のキャッシュでの支払額を調整する。こうして営業キャッシュフローが算出される。

図表3−3 「利益は意見，キャッシュは事実」の意味

損益計算書	
売上高	1000
売上原価	800
販売費・一般管理費	100
営業利益	100
支払利息・割引料	0
経常利益	100
法人税等	50
当期純利益	50

	A社	B社	C社	D社
商品販売	現金	現金	売掛金	売掛金
仕入	現金	買掛金	現金	買掛金
減価償却費	20	20	10	10
当期純利益	50	50	50	50
減価償却費	20	20	10	10
売掛金の調整	0	0	−1000	−1000
買掛金の調整	0	800	0	800
営業キャッシュフロー（増減額）	70	870	−940	−140

　前述した「利益は経営者の意見であってキャッシュは事実」という意味を考えてみよう。図表3−3において，A社からD社までの4社の営業キャッシュフローを計算してみよう。ただし，4社の損益計算書は同じであるとし，商品の販売と仕入の方法が異なるとしよう。このとき，各社の営業キャッシュフローの増減を計算すると，C社の−940からB社の＋870までかなりの差が生じることがわかる。4社の利益は同じであっても営業キャッシュフローを求めると大きな差が存在するのである。昔から黒字倒産とか「勘定合って銭足らず」という表現があるが，図表3−3の数値例はまさにこの表現を数字的に裏付けている。

1-3　投資キャッシュフロー

　投資活動によるキャッシュフローという区分では，将来のキャッシュ創造能力を高めるために，現在，キャッシュがどのように投下され，回収されているかが明らかとされる。

　投資活動によるキャッシュフローという区分には，有形固定資産の取得と売却から生じるキャッシュフロー，無形固定資産の取得と売却から生じるキャッシュフロー，資金の貸付と回収から生じるキャッシュフロー，現金同等物に含まれない有価証券と投資有価証券の取得と売却から生じるキャッシュフローという4つの投資活動の取引に係るキャッシュフローが計上，表示される。これらのキャッシュフローを足し引きして最終的に算出されたキャッシュフローを投資キャッシュフローという。

図表3−4　キャッシュフロー計算書（投資キャッシュフロー）

Ⅱ　投資活動によるキャッシュフロー	
有価証券の取得による支出	△　×××
有価証券の売却による収入	×××
有形固定資産の取得による支出	△　×××
有形固定資産の売却による収入	×××
投資有価証券の取得による支出	△　×××
投資有価証券の売却による収入	×××
…	…
貸付による支出	△　×××
貸付金の回収による収入	×××
…	…
投資活動によるキャッシュフロー	×××

　図表3−4は投資キャッシュフローを計算するための仕組みを図示している。

1-4　財務キャッシュフロー

　財務活動によるキャッシュフローという区分では，営業活動や投資活動を維

図表3−5　キャッシュフロー計算書（財務キャッシュフロー）

Ⅲ　財務活動によるキャッシュフロー	
短期借入による収入	×××
短期借入金の返済による支出	△　×××
長期借入による収入	×××
長期借入金の返済による支出	△　×××
社債の発行による収入	×××
社債の償還による支出	△　×××
株式の発行による収入	×××
自己株式の取得による支出	△　×××
配当金の支払額	△　×××
少数株主への配当金の支払額	△　×××
…	…
財務活動によるキャッシュフロー	×××

持するためにどれくらいのキャッシュがどのように調達され，また返済されているか明らかにされている。

　財務活動によるキャッシュフローという区分には，図表３－５に示したように，借入や株式あるいは社債の発行による資金の調達から生じるキャッシュフロー，借入の返済や社債の償還から生じるキャッシュフローという２つの財務活動の取引に係るキャッシュフローが計上，表示される。これらのキャッシュフローを足し引きして最終的に算出されたキャッシュフローのことを財務キャッシュフローという。

2　任天堂のキャッシュフロー計算書

図表3-6　任天堂のキャッシュフロー計算書　　　　　　　　金額の単位は百万円

	17年度	18年度	増減率
Ⅰ　営業活動によるキャッシュフロー			
税金等調整前当期純利益	166,470	289,601	73.96%
減価償却費	3,591	5,968	66.19%
…	…	…	
小計	97,999	338,037	244.93%
利息及び配当金の受取額	23,237	32,921	41.67%
利息の支払額	－1	0	100.00%
法人税等の支払額	－74,853	－96,324	－28.68%
営業活動によるキャッシュフロー	46,382	274,634	492.11%
Ⅱ　投資活動によるキャッシュフロー			
有価証券の取得による支出	－35,989	－112,957	－213.86%
有価証券の売却による収入	27,543	117,001	324.79%
有形固定資産の取得による支出	－4,139	－6,144	－48.44%
有形固定資産の売却による収入	91	372	308.79%
…	…	…	
投資活動によるキャッシュフロー	－208,807	－174,603	16.38%
Ⅲ　財務活動によるキャッシュフロー			
自己株式の取得による支出	－25,227	－282	98.88%
配当金の支払額	－34,943	－49,857	－42.68%

	その他	3	2	−33.33%
	...	...	...	
	財務活動によるキャッシュフロー	−60,166	−50,137	16.66%
Ⅳ	現金及び現金同等物の換算差額	47,003	21,704	―
Ⅴ	現金及び現金同等物の増減額	−175,587	71,597	140.77%

　上の説明をより理解するために，平成17年度と平成18年度の任天堂のキャッシュフロー計算書の読み方を説明する。まず気づくことは，営業活動によるキャッシュフローで平成18年度の増加率が前年比で492.11％であるということである。前章で見たように，売上高は89.8％，売上総利益は84.9％，営業利益は150.2％，経常利益は79.7％，当期純利益は77.2％の増加率であった。キャッシュベースで見た場合，任天堂の本業のキャッシュフローは前年比で約6倍弱と大きく伸びているのである。前章では，任天堂は本業に力を入れており，他方，投資活動と財務活動では目立った成果は上がっていないようであると述べたが，ここでも同じことが見て取れる。投資活動によるキャッシュフローは16.38％の増加，財務活動によるキャッシュフローは16.66％の増加というように営業活動によるキャッシュフローの増加率に比較するとその比率は小さなものである。結果として，現金及び現金同等物は140.77％の増加であるが，これには本業の営業活動によるキャッシュフローの増加が大きく貢献しているといえる。

【3章に関する課題】

(1) キャッシュフロー計算書の作成が上場企業に義務づけられた理由を述べよ。

(2) 営業キャッシュフロー，投資キャッシュフロー，財務キャッシュフローの意義と特徴を述べよ。

4章 コーポレート・ファイナンスにおける貸借対照表,損益計算書の読み方
―経営,会計,コーポレート・ファイナンスの関係―

　現実に業務として行われているコーポレート・ファイナンスの世界では,特に理論株価の算定やM&Aの実務においては,キャッシュの観点に加えて現在価値という概念を使って資産やその集合体である企業の価値が評価される。本章では,コーポレート・ファイナンスの実務の世界でよく使われている貸借対照表や損益計算書の読み方について学ぶことにする。

1 株価と株式価値

図表4-1　株価の決定に影響を与える要因

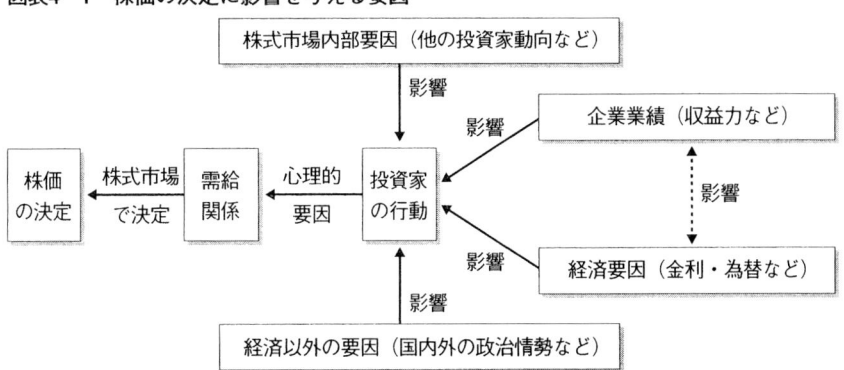

株価はいくつかの要因が3段階にわたって影響を与え合いながら株式市場で決定される（図表4－1参照）。株価は株式市場において需要と供給の大きさで決定される。需要（つまり買い）が供給（つまり売り）よりも大きいときには株価は上昇し，需要が供給よりも小さいときには株価は下落していく。

　株式を買うあるいは売るという行為は投資家という人間によって行われるために，需要と供給は投資家の心理的要因によって影響を受ける。投資家の行動に影響を与える要因が株式市場内部要因（他の投資家動向など），企業業績（収益力や生産力など），経済要因（金利・為替など），経済以外の要因（国内外の政治情勢など）である。これらのうち，企業業績を経営学的（あるいは会計学的）ファンダメンタルズ，経済要因を経済学的ファンダメンタルズという。コーポレート・ファイナンスで学ぶ理論や知識は主に経営学的（あるいは会計学的）ファンダメンタルズに関連するものであるが，これは経済学的ファンダメンタルズにも影響を受けている。

2　ブランド価値

　図表1－1で見たように，経営には多くの知が使われている。購買，生産，販売，狭義の財務機能それぞれにおいて，ノウハウ，生産技術，スキル，ブランド，顧客関係といった知が使われている。これらの知は同業他社との競争上，優位性をもたらしてくれるものであるが，形がなく，目に見えないものである。このために，現行の会計学ではこれらを完全には把握できない。

　コーポレート・ファイナンスでは株価と会計情報とを関連させることで，ノウハウ等の知を把握する。具体的には，株価から1株当たりの純資産を差し引いた金額が知の評価額である。この評価額のことを1株当たりのブランド価値あるいはのれん価値という。

　図表4－2の左側の貸借対照表は取得原価主義に基づいたものである。ここでは資産の部を現金・預金とそれ以外の資産である営業資産とに分け，負債の部を営業負債と借入金（＝有利子負債）とに分類する。営業資産と営業負債は企業の本業である営業活動に使われている資産や営業活動に伴って発生した負債を意味している。コーポレート・ファイナンスでは現金・預金は営業活動に

図表4-2 事業価値，株式時価総額，ブランド価値

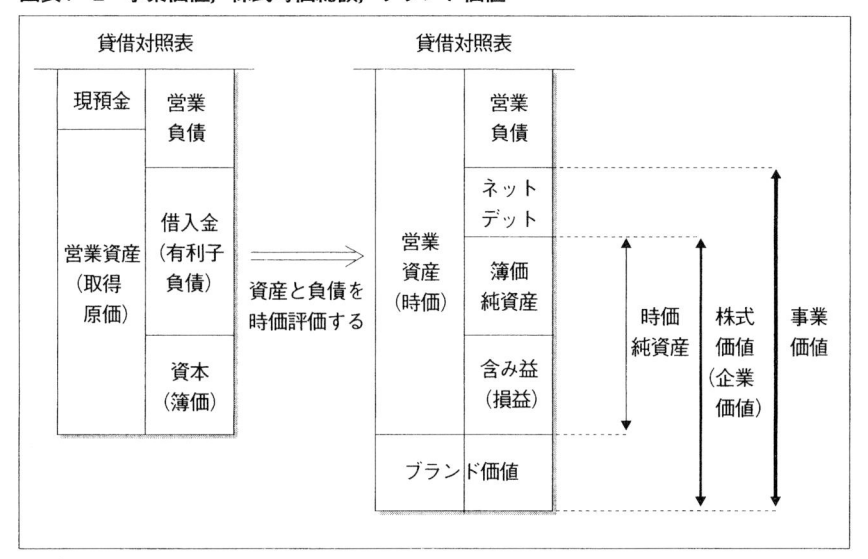

貸借対照表			貸借対照表		
現預金	営業負債	→ 資産と負債を時価評価する	営業資産（時価）	営業負債	時価純資産 / 株式価値（企業価値） / 事業価値
営業資産（取得原価）	借入金（有利子負債）			ネットデット	
	資本（簿価）			簿価純資産	
				含み益（損益）	
			ブランド価値		

使用されていないという意味で余剰資産であるとみなし，借入金がある場合にはこれを返済の財源とする。借入金から現金・預金を差し引いた残額をネットデットという。資本は簿価で表した純資産である。

図表4-2の右側の貸借対照表は資産と負債を時価評価したものである。ここでは時価評価した結果，時価評価した営業資産の金額が営業負債，ネットデット，簿価純資産の合計額よりも大きくなり，含み益が生じたと仮定している。時価評価された総資産の金額から営業負債とネットデットを差し引いた部分を時価純資産という。これは，簿価純資産に時価評価による含み損益を加えた金額とも等しくなる。

株式市場で決定された1株当たりの株価に発行済み株式総数を掛けた金額である株式時価総額のことを株式価値，企業価値という。このようにして計算された株式価値（あるいは企業価値）と時価純資産との差額を会社のブランド価値という。これは，株式市場が知という形のない，目に見えない資産を主観的に評価した金額であるといえる。会社のブランド価値を発行済み株式総数で割った金額が1株当たりのブランド価値となる。

株式価値にネットデットの金額を足したものを事業価値という。ネットデットの金額は負債価値（純額）であるので，事業価値は株式価値と負債価値（純

額)の合計額であるともいえる。事業価値は営業資産の集合体である会社が生み出したキャッシュフローの価値から営業負債の金額を差し引いても計算できる。

図表4-2から，時価評価による資産額を増加させること，事業価値はそのままでネットデットを減らすこと，ブランド価値を高めることによって，株式価値（あるいは企業価値）は高くなることがわかる。時価評価による資産額の増加やネットデットの減少は経営の成果であるから短期間にこれらを達成することは難しい。しかし，ブランド価値は投資家の主観によるので比較的短期間に大きく変動する。株価の下落率よりもブランド価値の下落率が大きくなるのである。図表4-3はスキャンダルを起こした会社の株価の下落（比率）とブランド価値の下落（比率）を表している。

雪印乳業は2000年初夏に集団食中毒事件を起こしてしまった。2000年6月27日の同社の株価は1株619円であった。当時の同社の発行済み株式数はおよそ3億2430万株であり，株式時価総額は約2007億円（＝619円×3億2430万株），ブランド価値は1147（＝2007-860）億円であった。集団食中毒事件の発覚により，2週間後の7月12日には同社の株価は約40％下落して371円となった。この間，営業資産や営業負債，ネットデットにほとんど変化はなかった。株式時価総額を計算すると1203億円（＝371円×3億2430万株）であり，ブランド価値は343（＝1203-860）億円にまで下落した。わずか2週間でブランド価値は実に70％も下落してしまったのである。

2007年1月10日に，不二家は賞味期限切れ原料を使っていたことが発覚した。前年の株式取引最終日の株価は231円であったが，1月14日には14.3％下落して198円になった。同社の発行済み株式数1億2630.6万株を使って株式時価総額を計算すると，前年末の291.77億円から250.01億円まで減少した。この間に同社のブランド価値は218.75億円から19.054％下落して177.07億円となっ

図表4-3　スキャンダルとブランド価値の下落

会社名	スキャンダル	株価の下落（比率）	ブランド価値の下落（比率）
雪印乳業	食中毒事件（2000年）	619 → 371円（約40％）	1147億円 → 343億円（70％）
不二家	消費期限切れ（2007年）	231 → 198円（14.3％）	219億円 → 177億円（19％）
加ト吉	循環取引（2007年）	850 → 741円（12.8％）	447億円 → 269億円（40％）

た。

　2007年3月25日に，加卜吉が長年にわたって循環取引を行っていたことが発覚した。3月18日の株価は850円であったが，3月25日には12.8％下落して741円になった。同社の発行済み株式数は1億6417.3万株であるので時価総額を計算すると，1395.47億円から1216.52億円に12.82％減少した。ブランド価値は447.48億円から39.99％下落して268.53億円になった。

3　株式価値（＝企業価値）の評価

　会社は誰のものかという問いに対して，佐山（2006）は明快に次のように答えている。「この問いを誰が所有しているのかと解釈すれば，株主である。しかし，「企業の恩恵の共有者は誰か」，すなわち「会社は誰のためのものか」と考えれば，従業員，経営者，顧客，取引先，債権者など会社の利害関係者すべての人たちのためのものであるといえる。」（佐山展生「会社の価値を高める」日本経済新聞2006年7月20日）

　ここでは株主は経済的所有権を持つ者であり，従業員，経営者等は価値共有者であると定義づけられている。株式価値（＝企業価値）を高めることに利益を見いだす株主が投資をし，経営者は事業価値を高めることで株式価値を高め，従業員等の利害関係者は会社が存在して恩恵を受けているのである。事業価値は営業資産の集合体である会社が生み出したキャッシュフローが現在，どれくらいのキャッシュと等価であるかで評価される。したがって，会社の経営者が営業資産の集合体からキャッシュを稼ぎ出す能力によって事業価値は異なることになる。同じ営業資産の集合体からより多くのキャッシュを稼ぎ出す能力をもった経営者が良い経営者ということになる。また，会社が生み出したキャッシュがどれくらいのキャッシュと等価であるかは評価者によって異なることになる。

　佐山（2007）によれば，企業買収の実務の世界では株式価値の評価方式として1990年代は資産評価方式が利用されていたが，現在は収益評価方式で計算されているという（佐山展生「有形資産の有効活用が企業価値を左右する」日経不動産ファイナンスフェア2007配布資料）。

資産評価方式には次の2つがある。第1に，時価純資産方式である。この方式では資産を時価評価し，負債額を差し引いて純資産を時価で表し，この金額を株式価値とみなす。第2に，時価純資産に営業権に相当する金額を加えて算出された値を株式価値とする方式である。営業権は会計上の営業権ではなく，年当たり経常利益の3から4倍，つまり経常利益の3から4年分を上乗せした金額を株式価値とみなす。

　収益評価方式には次の3つがある。第1に，割引キャッシュフロー（DCF：Discounted Cash Flow）方式である。これは，会社が生み出すフリー・キャッシュフロー（FCF）を加重平均資本コストで割り引いて算出された値を事業価値とみなし，ここから有利子負債を差し引いて株式価値を計算する方式である。主に，経済付加価値（EVA）を経営指標とした経営において重視される評価方式である。これについては14章で詳しく説明する。第2に，利子・税金控除前利益（EBIT：Earning Before Interest & Tax）方式である。EBITは営業利益であり，EBITを基準にして株式価値を算出する。第3に，利子・税金・減価償却費控除前利益（EBITDA：EBIT Depreciation & Amortization）方式である。営業利益に減価償却費を足した金額を基準にして株式価値を算出する。最近は，これらのうちEBITDA方式が使われている。

　以上の評価方式以外にも，同じ会社をつくったらいくらかかるかを基準にして算出する清算価値方式あるいは再調達方式や，同業他社の事業価値や株式価値を参考にする類似業種・会社批准方式という方式も存在している。

4 損益計算書から株式価値を算出する

　ここでは，佐山（2007）を参考にして，損益計算書からEBITDAを計算してから事業価値，株式価値（＝企業価値）を算出する手順を説明しよう。

　まず，売上高から売上原価と販売費・一般管理費を差し引いて営業利益を計算する。これがEBITである。ここに，売上原価と販売費・一般管理費に含まれている減価償却費を足すことでEBITDAが計算される。

　次に，EBITDAにEBITDA倍率をかけて営業価値を計算する。EBITDA倍率とは単にEBITDAの何年分を営業価値とみなすかの際に使われる倍率に過ぎな

い。安定企業の場合には5倍,つまり営業利益の5年分を営業価値とみなす。成長企業の場合は6〜8倍,つまり営業利益の6〜8年分を営業価値とみなすことになる。

続いて,貸借対照表上の現預金等の非営業資産から会計上の引当金等の非営業負債を引いて非営業価値を計算する。ここで,営業価値と非営業価値を合計したものが事業価値となる。最後に,事業価値から貸借対照表上の有利子負債の額を引いて株式価値が算出される。

例えば,営業利益が15億円,減価償却費が5億円,非営業資産が20億円,非営業負債が10億円,有利子負債が30億円のX社があるとする。X社は安定企業であるのでEBITDA倍率を5倍とすると,EBITDAは20億円,営業価値は100億円,非営業価値は10億円,事業価値は110億円,株式価値は80億円と算出される。

5 投資ファンド

投資ファンドとは何か。実ははっきりした定義はないのである。買収ファンドやプライベート・エクイティファンド,ヘッジファンド,アクティビスト・ファンドなどがここに含まれている。これらの共通点をあげれば,それは集めた資金を使って資金運用の専門家が投資対象に投資をして利益を上げ,その利益を投資家に配分することである。投資信託もほぼ同じ仕組みであるが,投資ファンドの場合には投資信託のようには一般的な金融商品として販売されていない,投資信託ほどには幅広く様々な投資対象や銘柄には分散投資されていないという違いがある。

買収ファンドとは,企業を買収し,大株主として経営改革や経営に対する助言をし,買収した企業の企業価値を高めた上で株式を売却して利益を狙うファンドのことである。買収ファンドの多くは,企業を丸ごと買い取って非公開企業にしてから改革し,再上場させることが多い。このために,ベンチャー企業に主に投資するベンチャー・ファンドとあわせて,プライベート・エクイティファンドとかPEファンドと呼ばれることもある。欧米の買収ファンドは特に企業に対して事業提案することに重点を置いている。

2006年の世界の企業買収のうち約2割が買収ファンドが関連したものであった。買収ファンドが関連した企業買収の場合には，自己資金の他に金融機関から借り入れた有利子負債を買収の財源にすることが多い。最近は，金融不安と株安により有利子負債の借入が困難になり，企業買収の延期件数が増えている。

　アジアの場合，日本ではなくてシンガポールに運用拠点を置く買収ファンドが多くなっている。その理由はコストが安いからである。海外顧客の資産を運用したときに日本に拠点を置いた場合には約40％の法人税を課されるが，シンガポールではそれが10から15％で済むからである。また，日本の金融庁から顧客資産を裁量的に運用するための契約（投資一任契約）を認可してもらうと，法令遵守を厳しく問われてこのためのコストが年間1億円かかるといわれている。シンガポールではそれほどこのコストはかからないとされている。

　ヘッジファンドとは，国境や投資対象（株式の他，為替，石油，金など）に区別を設けずに資金を運用するファンドの総称である。価格が下がりそうな投資対象を売っておき，価格が実際に下がったところで買う空売りという手法を使うことが多い。株式を空売りする場合，欧米の主要な証券会社が日本株の店頭オプションを常に値付けしているために，ロンドンに運用拠点を置いた方が有利という指摘もある。

　ヘッジファンドは円借り（円キャリー）取引の主体となることも多い。これは，ヘッジファンドが金融機関から低金利通貨の円資金を借り入れ，これを外国為替市場で売って米ドルや豪ドルなどの高金利通貨に替えて金利差を稼ぎ出したり，株式や商品などに投資をして利益を上げる取引のことをいう。円借り（円キャリー）取引は，為替相場の変動が大きくなると為替差損が金利差による利益よりも大きくなってしまう可能性が高くなる。この理由から，為替相場の変動が大きくなったときに取引解消に向かう傾向が強くなり，為替相場は円高ドル安に向かう。

　投資ファンドへの課税問題から，日本における株式投資が消極的になっているという指摘がある。投資ファンドには様々な組織形態があり，目的に応じて使い分けられていたが，課税逃れに悪用されたことがあった。従来は，組合員が10人未満の匿名組合という組織形態を使っていたときには投資家自らが税務申告する仕組みであった。しかし，現在は利益配分前に20％の源泉徴収が義務

> コラム

企業再生ファンド(1)
―金融機関から不良債権を買い取るビジネス―

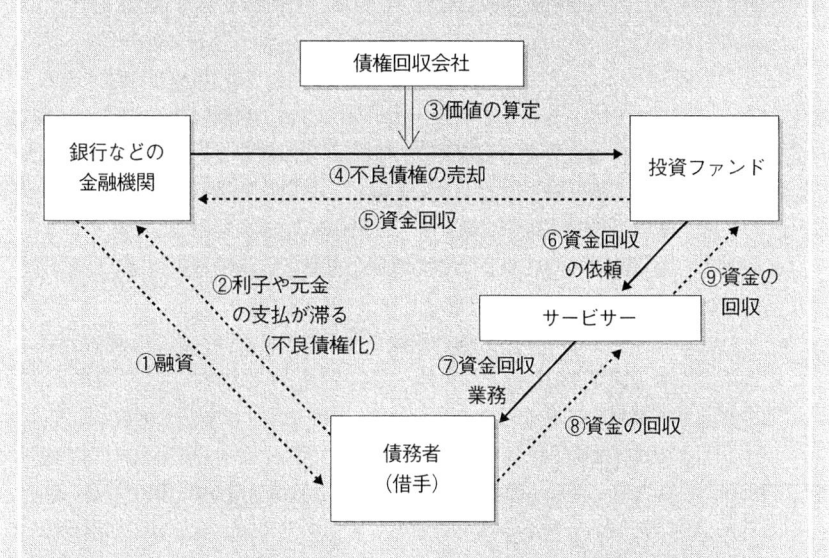

```
                    ┌──────────┐
                    │ 債権回収会社 │
                    └──────────┘
                          │ ③価値の算定
                          ▼
┌──────────┐   ④不良債権の売却   ┌──────────┐
│ 銀行などの │ ───────────────→ │ 投資ファンド │
│ 金融機関   │ ←─ ─ ─ ─ ─ ─ ─ ─  │            │
└──────────┘     ⑤資金回収       └──────────┘
    ▲  │                    ⑥資金回収   ▲  │
    ┆  │                     の依頼    ┆  │ ⑨資金の
    ┆  │                         ▼     ┆  │  回収
②利子や元金│                  ┌──────────┐
の支払が滞る                   │ サービサー │
(不良債権化)                  └──────────┘
    ┆  │                    ⑦資金回収    ▲
①融資  │                     業務      ┆
    ┆  ▼                         ▼     ┆ ⑧資金の回収
        ┌──────────┐
        │  債務者   │
        │  (借手)  │
        └──────────┘
```

　銀行やノンバンク等の金融機関から不良化した貸出債権を安く買い上げて利益を出すファンドがある。いわゆる企業再生ファンドである。不良債権であるからここから何も利益を生み出さない可能性は高い。しかし，安く買い上げた貸出債権から実際に資金が回収できたときには大きなリターンが期待できる。年20%のリターンを狙っているとされる。企業再生ファンドはハイリスク・ハイリターンな案件に投資している。ただし，ハイリスク・ハイリターンな投資案件である不良化した貸出債権も，その価値の算定と回収方法によってローリスク・ハイリターンな投資に成る可能性がある。

　銀行等の金融機関はバブル景気後に多額の不良債権に苦しめられた。金融機関は土地などの不動産を担保にとっており，やがて地価の回復によって担保価値も上がり，その時点で担保物件を処分して貸出債権を回収すればよいと考えていた。しかし，実際には地価は回復せず，不良債権問題を早期に解決するという政府の方針もあり，金融機関は不良債権を処理するために売却損を確定する必要があった。そこで，多くの金融機関が不良債権を安価でフ

ァンドに売却したのである。不良債権の売却は1件ずつではなくて，通常，100億円分の不良債権を1セットにして売却される。この単位のことをバルクという。

　不良債権の価値を算定することをデュー・デリジェンスという。これを行う専門業者のことを債権回収会社という。バルクが売買される時点において，金融機関から資金を借り入れた債務者は自分の貸出債権が売買の対象となっていることを知らない。デュー・デリジェンスの際に，貸出債権は収益還元法によって価値が算定される。収益還元法の考え方は，担保物件を売却して資金を回収するのではなくて，担保物件が稼ぎ出す収益から資金を回収するというものである。例えば，ニワトリを担保にして資金を貸し出している場合には，担保のニワトリをすぐに食肉として売却して資金を回収するのではなく，ある一定期間は生むであろう卵の価値に期待し，その後食肉として処分して資金を回収するというものである。

　今，あるビジネスホテルの土地と建物を担保にして総額2億円を融資して不良化した貸出債権を収益還元法を使ってデュー・デリジェンスしてみよう。このホテルは年1,000万円の収益を半永久的に稼ぎ出してくれると仮定しよう。ファンドがこの投資物件から年20％のリターンを期待しているときには，1,000万円が年20％になるような価値はいくらかを算定すると5,000万円となる。これが2億円を融資した貸出債権の価値となる。ここでは，貸出総額や担保の価値には関係なく計算されるのである。

　ファンドは金融機関から貸出債権を購入したが，実際に債務者（借手）から資金を回収するのはファンドから委託を受けた債権回収会社である。この業務のことをサービサーという。この業務を行う専門業者のこともサービサーという。以前は法律によって弁護士しかこの業務ができなかったが，規制緩和によって弁護士以外の業者も可能になった。通常は，同じ債権回収会社がデュー・デリジェンスとサービサーを兼務していることが多い。資金の回収が早くなるほど，ファンドの年当たりのリターンも高くなるので，半年から1年以内に資金を回収するように，債務者（借手）と交渉する。

化されている。また，従来は有限責任事業組合（日本版LLP）と10人以上の組合員の匿名組合のみに保有資産や取引内容等を記した資料の提出義務が課されていたが，現在は10人未満の匿名組合や投資事業有限責任組合，民法組合とい

う組織形態にも課されることになった。このような規制強化はすべて投資ファンドにはコスト増となってはね返ってくる。このような規制強化が投資ファンドをさらにシンガポールへと逃避させ，東京金融市場の地盤低下を招いていると批判されている。

6 政府系ファンド（SWF）

> **コラム**
>
> ### 企業再生ファンド(2)
> ーデット・エクイティ・スワップの利用ー
>
> 　企業再生ファンドの中には，有利子負債が多くて利子支払の負担が重く，何十年分もの利益を返済に回しても返済しきれないような会社を相手にして，企業再生ビジネスに取り組んでいるところもある。
> 　ファンドは有利子負債が多くて利子支払の負担が重い会社に出向き，貸出債権を持つ銀行等との話し合いをするようにまずアドバイスをする。その後，ファンドが銀行等と交渉し，会社に対する貸出債権を安く買い取る。そして，ファンドはこの会社に対して一部の債権を放棄し，残りの一部のみを現金で回収し，残額を株式で支払ってもらう。このような有利子負債を株式と交換する手法をデット・エクイティ・スワップとか債務の株式化という。ファンドは会社の経営にもアドバイスをする。もしも会社が再生し，会計上の業績が回復して株価が上昇したならば，ファンドは株式を売却し，キャピタル・ゲインという形でリターンを獲得するのである。なお，ファンドは長くて2年しか株式を保有しないといわれている。早期に資金を回収するほど，年当たりのリターンは高まるからである。
> 　SファンドはD建設の貸出債権230億円分をノンバンクから約1/10の価格で買い取った。このうち，170億円分の債権を放棄し，20億円を現金で回収し，残額を株式と交換した。この時点ですでに貸出債権の買い取り価格は回収済みである。株式がキャピタルゲインを生めばすべて純額でもうけとなる。

国家が保有する外貨を運用するような政府系ファンドをソブリン・ウエルス・ファンド（SWF：Sovereign Wealth Fund）という。SWFは原油国の他，シンガポール，中国，ロシアなどがあり，ヘッジファンドの資産合計1兆5,000億ドルに対して2兆5,000億ドルにも達している。この意味において世界中の資産価格に与える影響は大きいといえる。

SWFの他に外国の投資ファンドや外国企業による自国の安全保障にかかわる企業の買収を規制する国が増えてきている。日本においても，経済産業省は外国資本が企業買収する際に事前届け出が必要な業種を指定することで外資規制を行っている。例えば，武器，原子力，半導体，特殊鋼，炭素繊維，工作機械などを製造する業種が外資規制業種として指定されている。

【4章の課題】

(1) 株価の決定に影響を与える要因をいくつかあげなさい。
(2) 事業価値，株式価値，企業価値の違いを明らかにしなさい。
(3) 企業のブランド価値について説明しなさい。
(4) EBITDA方式とは何か。
(5) 買収ファンドとヘッジファンドの相違点について説明しなさい。
(6) デット・エクイティ・スワップとは何か。

5章 日本企業を取り巻く金融環境

　本章では日本企業を取り巻く金融環境に関して，一国経済全体の観点から見たマクロ金融と，企業に焦点を絞ったミクロ金融の面からそれぞれ考察する。

　マクロ金融では部門別資金過不足の推移，直接金融と間接金融の仕組み，証券市場の仕組みと株価の決まり方について説明する。ミクロ金融では株式会社の資金調達手段と現状について大企業と中小企業に分けて論じることにする。

1 マクロ金融

1-1 部門別資金過不足

図表5-1　部門別資金過不足比率（対GDP）の推移

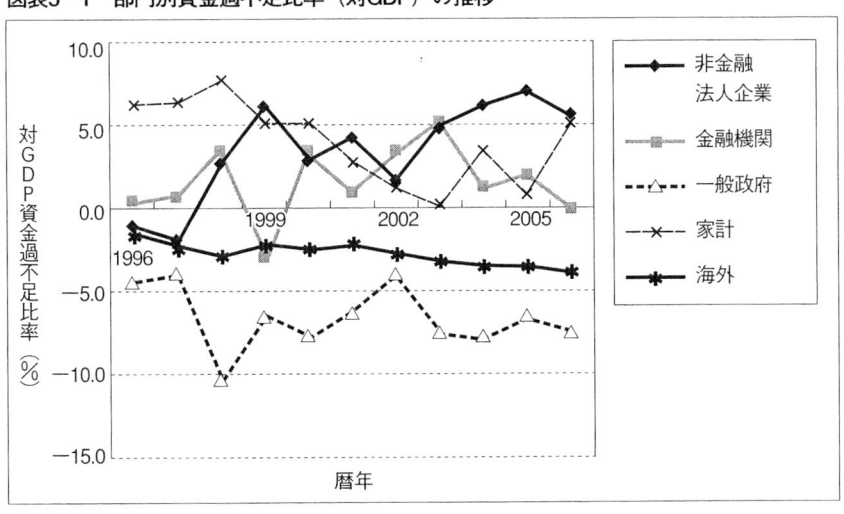

出所：『国民経済計算』から作成

日本経済をいくつかの部門に分けてそれぞれの貯蓄と投資のバランスを分析することで，日本経済の現状を把握することができる。図表5－1は，金融機関，金融機関を除いた企業である非金融法人企業（以下では簡単に法人企業部門），国・地方・社会保障基金を含めた一般政府，個人企業を含む家計，日本以外のすべての国の総称としての海外部門に関して，それぞれ対GDP資金過不足比率を示している。対GDP比率にしているのはこうすることで年ごとの比較が可能となるからである。

　それぞれの部門において貯蓄と投資のバランスは金融取引の面からは資金の過不足に相当する。投資よりも貯蓄が大きい貯蓄超過部門は資金余剰となり，反対に貯蓄よりも投資が大きい投資超過部門は資金不足となる。図表5－1では資金余剰のときには資金過不足比率はプラスに，資金不足のときにはマイナスになる。

　家計部門の貯蓄は次のように計算される。まず，企業などから再配分された雇用者報酬や利子・配当のような財産所得の受取額等から住宅ローンの利子や直接税，年金，健康保険などの社会保険料を差し引いて可処分所得を求める。次に，可処分所得から最終消費支出を引いて貯蓄を計算する。他方，家計部門の投資は住宅投資に個人企業の投資を足して計算される。図表5－1から家計部門は資金余剰状態，つまり貯蓄超過状態にあることがわかる。この資金余剰分は他の部門に提供されることになり，この対価として家計部門では証券投資や預貯金などの金融資産が増えることになる。しかし，一時期，家計の資金余剰状態は法人企業部門の水準を下回っていた。これは，企業が労働分配率を引き下げるために賃金の上昇を抑え，正規雇用ではなくてパートタイマーのような非正規雇用を増やして1人当たりの所得が下がっていたことに起因する。

　法人企業部門と金融機関部門の貯蓄は営業余剰に利子・配当などの財産所得の受取額を合計して計算される。他方，投資は設備投資や在庫投資，利子・配当などの支払額の合計である。法人企業部門は景気後退期においても資金余剰状態になることはめったになく，景気回復期ほど資金不足状態にあることが一般的である。この場合，法人企業部門は他の部門から資金を借り入れ，その対価として金融負債が増加する。しかし，図表5－1からわかるように，最近は法人企業部門は資金余剰状態，貯蓄超過状態となっている。この理由として，第1にバブル景気の崩壊後に設備水準が過剰となり，設備投資がキャッシュフ

ローの範囲内に抑制されてきたこと，第2に1997年以降，銀行が不良債権処理を加速させたために，企業が借入金返済に積極的にならざるを得なかったことがあげられる。金融機関は資金余剰部門から資金不足部門への金融取引の仲介を行っているので，通常，金融機関部門では資金の過不足状態はそれほど大きくはない。図表5－1を見ても実際にそのような結果になっている。

　一般政府部門においては，生産・輸入品，所得・富等に課される税収に利子・配当等の財産所得（受取分）などが足され，ここから補助金や利子・賃貸料などの財産所得（支払分）と社会給付などが差し引かれて可処分所得（純額）が求められる。次に，可処分所得（純額）から最終消費支出が差し引かれて貯蓄（純額）が計算される。一般政府部門の最終消費支出には警察，医療，消防等のサービスにかかった費用で代用して計測された部分や，医療費等のうち家計が医療保険等でカバーして支払わなかった部分が含まれる。投資（純額）は公的な投資の結果である総固定資本形成から固定資本減耗が差し引かれ，ここに在庫品増加分と土地の購入分（純額）が足されて計算される。図表5－1からわかるように，一般政府部門は資金不足状態，投資超過状態となっている。この理由としては，バブル景気終了後に，景気刺激を目的とした積極的な財政政策（公共投資の増加と減税措置）が行われたことがあげられる。特に，1997年以降は，銀行が不良債権処理を加速させたために企業が借入金返済に取り組み，この結果，一般政府部門しか需要の担い手が存在しなかったために，大幅な資金不足状態となったのである。

　海外部門は日本の対外取引の状態を把握するために設けられた部門である。日本国内の部門合計とちょうど表裏の関係にある。日本国内の部門合計が貯蓄超過，資金余剰状態にあるときには，海外部門は同額の投資超過，資金不足状態にある。その反対も成り立つ。図表5－1を見ると，海外部門は資金不足状態にあり，このことは日本国内の部門を合計すると貯蓄過剰，資金余剰状態にあり，その対価として金融資産が増加していることを意味している。

1-2　直接金融，相対型間接金融，市場型間接金融

　資金の流れには，製品，商品，サービスの取引の裏付けがある資金の産業的流通と，それらがない資金の金融的流通とがある。資金の過不足によるある経済部門から他の部門への資金の流れは資金の金融的流通である。資金の金融的

図表5−2　資金調達のルート

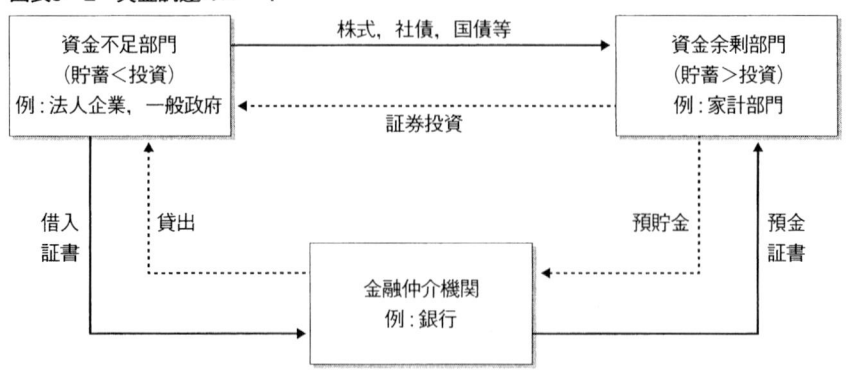

```
┌─────────────┐   株式，社債，国債等   ┌─────────────┐
│ 資金不足部門  │ ─────────────────→ │ 資金余剰部門  │
│ （貯蓄＜投資）│                    │ （貯蓄＞投資）│
│ 例：法人企業，│ ←─────────────── │ 例：家計部門  │
│    一般政府  │     証券投資        │             │
└─────────────┘                    └─────────────┘
    │   ↑                              ↑   │
  借入 貸出                           預貯金 預金
  証書                                     証書
    ↓   │                              │   ↓
        ┌─────────────┐
        │ 金融仲介機関  │
        │  例：銀行    │
        └─────────────┘
```

　流通が生じるには資金を調達する経済主体の側に信用が確立していなければならない。

　信用は次の4つの要素から構成される。第1に約束を守る意思が信用を生み出す。例えばある企業が銀行から借入をした場合，この企業にいくら資産があったとしても借りた資金やあらかじめ約定された利子を払う意思がなければ，借入金は返済されないし，利子は支払いが滞ってしまう。第2に約束を守る能力がなければならない。約束を守る意思があっても能力がなければ信用は確立しない。約束を守る能力とは具体的には収益力，利益力，生産力を意味している。これらの能力は将来に関することである。銀行借入を例にあげれば，銀行が貸出先企業の将来的な収益力等を分析し判断する能力をもっていなければならない。第3に自己資本の大きさである。いくら資産が多くあっても，それらを購入した資金が返済義務のある負債で調達されていたのでは信用は確立しない。返済義務のない自己資本で調達されてこそ信用が生まれるのである。

　第4に担保力である。例えば銀行が貸し出しをする場合，企業が返済できなくなったときのことを考えて，土地や建物などの不動産を担保に取ることが多かった。いわゆる有担保原則が存在していた。企業が借入金を返済できなくなったとき，担保にとった不動産を売却し，その代金で貸出金を回収するという構図である。実際に，バブル景気がはじけた1991年頃までは銀行は企業への貸し出しの際にこの第4の要素を重視し，上の3つの要素を軽視していたようである。しかし，担保はあくまでも過去あるいは現在の評価であって，将来，担保価値が維持されるとは限らないのである。バブル景気の頃に不動産を担保と

して貸し出した債権は担保価値の下落と共に不良化していったのである。この事実から得た教訓は，理論が教える通り，信用の確立や信用の判断時には約束を守る意思が最も重要な要素であり，続いて約束を守る能力，自己資本の大きさ，担保力の順であるということである。

資金の金融的融通のルートには大きく分類して2種類ある。第1のルートは直接金融というルートである。直接金融では，資金の最終的な取り手である資金不足部門が自らの信用を利用して最終的な資金の出し手である資金余剰部門から資金を調達する。代表的な資金不足部門は法人企業部門と一般政府部門であり，代表的な資金余剰部門は家計部門である。法人企業部門は株式や社債等を，一般政府部門は国債や地方債等を発行し，これらの証券を家計部門に購入してもらって資金を調達する。直接金融において発行される株式，社債，国債，地方債等の証券を本源的証券という。

第2のルートは（相対型）間接金融である。間接金融では金融機関が資金不足部門と資金余剰部門の間に入って資金の融通を仲介する。金融機関は自らの信用を使って資金余剰部門から資金を調達し，他方で資金不足部門の発行した本源的証券を取得して資金を貸し出している。仲介業務に特化した金融機関を金融仲介機関という。金融仲介機関には銀行，保険会社，リース会社，信販会社などいくつかの機関があるが，間接金融で重要な機能を果たしている金融仲介機関は銀行である。銀行は預金証書を発行して預金という形で家計部門から資金を調達し，法人企業部門等が発行した借入証書や手形などを取得して資金を貸し出している。銀行が発行した預金証書は間接証券と呼ばれている。

ここでいう銀行には，普通銀行（例えば都市銀行や地方銀行など），長期金融機関（例えば長期信用銀行，信託銀行），共同組織金融機関（例えば信用金庫，信用組合，労働金庫，農漁業協同組合），共同組織金融機関の中央機関（例えば信金中央金庫や商工組合中央金庫など）が含まれている。これらの金融機関は預金を資金調達手段として利用していることから特に預金取扱金融機関と呼ばれている。

銀行（預金取扱金融機関）は預金受入業務，貸出業務，為替業務の3つの大きな業務を担っている。預金を受け入れることを受信，貸し出しすることを与信という。銀行は預金受入業務（受信業務）と貸出業務（与信業務）において資産変換活動とリスク負担活動を行っている。例えば，銀行は当座預金や普通

預金，定期預金等の満期日が異なる預金商品を通して1件当たり少額の資金を調達し，1件当たり長期かつ多額の貸し出しを行うこともある。このように，

> コラム

バブル景気崩壊後，なぜ不良債権は増加したのか？
－土地担保主義貸出との関係－

　銀行をはじめとする日本の金融機関はバブル景気がはじける1991年頃までは，不動産特に土地を担保として資金を貸し出すことが多かったとされる。1990年代始め頃までは，土地の価格である地価は下がることはないという「土地神話（地価右肩上がりの神話）」を信じる人々が多かった。金融機関も土地が担保であれば資金を貸し出すという「土地担保主義」を採り，借手の意思や能力は二の次とされていたようである。不動産会社はもちろん製造業を営む会社でさえも土地を担保にして資金を借り入れ，借り入れた資金を使って新たな土地を購入する行動を採ったものが多かった。土地への需要が急激に高まったが供給量はさほど増えなかったので地価は高騰した。いわゆる土地バブルの形成である。

　土地バブルが形成されたために，マイホームや土地を買えない家計，家賃が高くなり過ぎて生活が苦しくなる家計が多くなるという現象が見られた。政府は不動産に対する金融機関，特に銀行による貸出を制限する政策を採ることになった。この結果，土地に対する需給関係の変化によって1991年をピークに地価は下がり始めたのである。家計がマイホーム等を購入できないという弊害は取り除かれたものの，土地を担保にして資金を融通していた銀行の貸出債権は不良債権となっていった。つまり，あらかじめ約定した利子を払わなかったり，元金を返済しない借り手が増え，実際に返ってこない貸出金やそうなる可能性が高い貸出金が増加したのである。

　最近は担保よりも借り手の意思や能力を重視するような貸し方を始めた銀行も多く存在している。具体的には，貸し出し先の会社の経営者に話を聞いたり，会社の基礎技術力や製品開発力，製造技術力，マーケティング力，営業力，資金力などの項目について民間調査会社に調査を依頼して事業を評価したりしている。銀行によっては製造する製品を直に見て判断できるようにと理科系出身者を行員に採用するところも少なくない。

資金不足部門が必要な資金のニーズに合った形態に資金という資産を変換しているのである。また、銀行は借入証書や手形といった資金不足部門が発行した本源的証券を取得して、本来は資金余剰主体である家計部門が負担すべき貸し倒れ等のリスクを代わりに負担しているのである。

　企業は大口の資金決済に際して小切手や手形などの決済手段を用いることが多い。家計であっても公共料金の支払いなどに口座決済を利用している。このような現金以外の手段を用いて銀行が取引を完了させる業務のことを決済業務とか為替業務という。

　資金の金融的融通のルートには大きく分類して2種類あると述べたが、2000年頃から市場型間接金融という第3のルートが注目されるようになっている。この背景には投資信託の運用会社など専門の金融仲介機関に資産運用を委ねる家計が増加してきたこと、銀行貸出債権が資産担保証券という形に変わって証券市場で売買されるようになったことがある。

　歴史的に見ると、発展途上国や社会主義国において資本主義の仕組みを採り入れた国では（相対型）間接金融の比重が高く、経済の発展と共に株式会社制度が普及するにしたがって直接金融の比重が高くなっていく。そして、家計に資産が形成されるようになると市場型間接金融の比重が高まっていく。したがって、発展途上国等の金融行政ではまず銀行制度、次に証券市場、最後に信託等の仕組みを整備するという順になる。

1-3　証券市場の仕組み

　証券市場には理論上、発行市場と流通市場がある。発行市場は株式会社や政府等が株式や社債、国債等の証券を発行し、投資家にこれを購入してもらって資金調達する場である。特に、証券取引所のような物理的な場所があるわけではない。流通市場は発行された証券を売買する場である。新たに発行される証券もすでに発行された証券も同じ市場で売買されている。流通市場も本来は証券取引所のような物理的な場所が必ずしも必要なわけではない。コンピュータ・システムが発達した現代では、投資家や証券会社のような金融仲介機関などがコンピュータ・システムを通して目に見えない空間で結びついていればよく、それが証券市場である。

　売買に関する多くの情報が1か所に集まれば、証券売買は円滑に行われ、投

資家の利便性や効率性は促進される。もちろん，証券会社1社が運営する証券市場も理論的に可能であるし，実際に存在する。しかし，円滑な証券売買が行われているかは疑問である。多くの投資家から売買の注文を受けた複数の証券会社が1か所に集中して売買の注文を出した方が利便性も効率性も促進される。そのための機関が証券取引所である。証券取引所は市場ではなくて金融仲介機関の1つである。それを裏付けるように，現在，東京証券取引所も大阪証券取引所も株式会社である。

現在，日本には東京，大阪，名古屋，福岡，札幌に証券取引所がある。これらの取引所のうち東証のシェアは9割を超えている。2004年末から主に新興企業株を扱うJASDAQも証券取引所となった。現在，東証にはマザーズ市場，大証にはヘラクレス市場があり，新興企業株を巡って証券取引所間で競争が生じている。

証券取引所で取引できる参加者は株式取引に関しては証券会社のみであり，国債等に関しては証券会社の他に銀行も取引できる。取引所で売買できる金融商品を選ぶ制度のことを上場制度といい，取引所で売買できる金融商品を上場銘柄という。上場銘柄は一定の基準である上場基準を満たした証券であるので，上場された企業は社会的な信用が高まるというメリットがある。上場廃止基準に抵触する可能性があるときに，上場継続の審査を受けている証券のことを監理ポスト銘柄，上場廃止が決定され，3か月取引された後に廃止となる証券のことを整理ポスト銘柄という。

従来，取引所に上場された証券は取引所の定款によって取引所に集中して売買を行うことが義務づけられていた。これを取引所集中義務といった。しかし，1998年12月にこの義務が廃止され，証券会社が取引所を通さずに証券を売買できるようになっている。この結果，証券会社は投資家と相対取引を行うことができるようになっている。株式売買では証券取引所の売買立会時間外に取引を行う立会外取引，証券取引所が提供する仕組みを使わないで売買する取引所外取引がある。立会外取引では8：20から9：00，11：00から12：30，15：00から16：30の時間帯に，東証が提供する電子取引ネットワークシステム（ToSTNet）を使って取引される。機関投資家が15銘柄以上で売買代金1億円以上の売買を1つの取引として証券会社に発注するバスケット取引はToSTNetで扱われている。バスケット取引は注文したすべての銘柄が一括して約定されること

に特徴がある。また，機関投資家は立会外取引や取引所外取引でVWAPという株価で発注することがある。VWAPとは証券取引所で当日約定された株価を約定株数で加重平均した金額のことである。VWAPは当日，分散して株式を売買したときの株価とみなすことができる。

1-4 取引所における株価の決まり方

　投資家が証券会社を通じて株式売買する注文では，売買希望価格と株数を提示しなければならない。売買希望価格の提示の仕方には，価格を指定せずにいくらでも良いから売買する注文方法と価格を指定して注文する方法とがある。前者を成行注文，後者を指値注文という。

　証券取引所における株価の決まり方にはオークション方式（あるいはオーダー・ドリブン方式）とマーケット・メイク方式とがある。前者では，証券会社が投資家からの注文を端末で取引所に取り次ぎ，全国の投資家からの注文と照合して同じ条件の相手を探し，付け合わせて売買を成立させる。後者はジャスダック市場で利用されており，証券会社が個別に値付けしたい銘柄を申請し，自らがマーケット・メイカーとなって投資家や他の証券会社の取引相手となって売買を成立させる。売り気配と買い気配，売買に応じられる株数が常時，提示される。一切の価格制限がないために株価が大きく変動する可能性がある。

　東証等ではオークション方式が利用されている。前場と後場の取引開始時（寄りつき）と取引終了時（引け）には板寄せ方式が使われ，それら以外の取引時間ではザラバ方式が使われている。前者では，取引開始時前あるいは取引終了時前に出されたすべての注文を集めて売りと買いが一致する価格のうち最も約定株数が多い価格で株価が決定される。成行注文は最優先して約定され，成行注文がすべて処理された後で指値注文が処理される。後者では，売りと買い別に指値注文が集められ，最も低い価格の売り注文と最も高い価格の買い注文が合致するときに約定価格となる。成行注文が優先され，最も条件の良い注文と約定する。同じ指値注文の場合には，先に出された方が優先して処理される。これを時間優先の原則という。また，買い注文は高値が優先され，売り注文は安値が優先されて約定される。これを価格優先の原則という。オークション方式では売り注文だけあるいは買い注文だけのときには，約定する株価が大きく変動してしまう可能性がある。そこで，前営業日の引け価格を基準にした

当日の値幅制限と，ある時間の約定株価を基準にした一定時間内の値幅制限が設けられている。前者を制限値幅，後者を更新値幅制限という。

1-5　日経平均株価とTOPIX

　経営学的・会計学的なファンダメンタルズ分析の結果，将来いくら好業績が予想されるような有望な銘柄を見つけたとしても，株式市場全体が下がっていれば市場全体の流れに引きずられてその銘柄の株価が下がってしまうこともよくあることである。

　一般的に，日経平均株価は経済実態を先取りして景気よりも数か月（約6か月）程度先行するといわれている。多くの銘柄は景気の拡大期に上昇して後退期に下落するのであるから，景気が良くなると予想されるときに日経平均株価は上昇し，景気が悪くなると予想されるときに日経平均株価は下降することになる。

　日経平均株価とは何か。日経平均株価は株価指数の1つである。この株価指数には次の2つの種類がある。第1に株価平均型指数である。これは上場銘柄の株価を平均して算出する指数であり，日経平均はこの指数の代表例である。日経平均は東証一部銘柄のうち225銘柄を対象にし，株価を銘柄数で割った単純平均値である。1949年5月16日の平均株価176.21円を基準にして計算されている。銘柄はしばしば入れ替えられ，株式分割があったときなどは指標の連続性を保つために修正される。日経平均株価は値がさ株と呼ばれる株価の高い銘柄の影響を大きく受けやすいという欠点がある。また，つくり方や業種構成が似ているために，日経平均株価指数は米国の株価指数であるナスダック総合株価指数との連動性が高いといわれている。

　第2に時価総額型株価指数である。TOPIX（東証株価指数）がこの指数の代表例である。TOPIXは，東証一部全銘柄の時価総額を基準時（1968年1月4日）を100として指数化したものである。時価総額は各銘柄の1株あたりの株価にその銘柄の発行済み株式数を掛けたものである。このために，大型株と呼ばれる時価総額が大きな銘柄（例えば銀行株）の影響を受けやすいという欠点がある。新規上場があったときなどは，指数の連続性を保つために修正が施される。

　TOPIXを算出する際，従来は固定株部分（例えば会社の所有者が所有する株

図表5-3　日経平均株価の推移

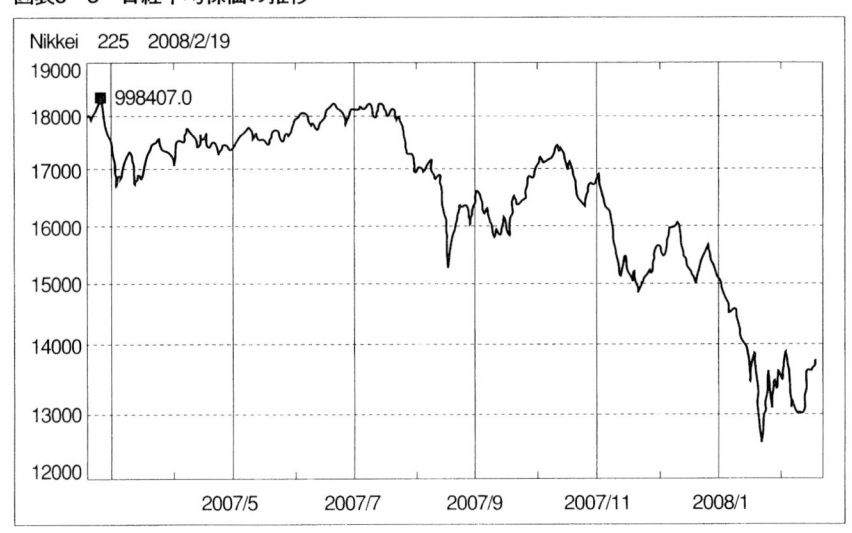

Nikkei 225　2008/2/19
998407.0

出所：『YAHOO!ファイナンス』で作成

図表5-4　TOPIXの推移

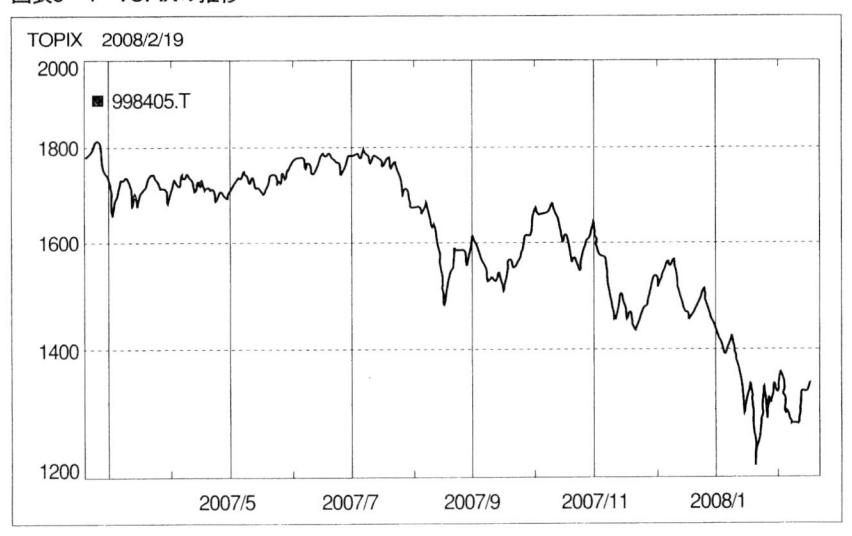

TOPIX 2008/2/19
998405.T

出所：『YAHOO!ファイナンス』で作成

第5章　日本企業を取り巻く金融環境

式部分や株式持ち合いなどによっての売買されにくい部分など）を含む上場株式数すべてが対象であったが，現在は浮動株基準が使われている。この基準では，上場株式数に浮動株比率を掛けた部分だけを指数に繰り入れる仕組みとなっている。

現在，株価指数と連動するように運用されるETF（株価指数連動型上場投資信託）という金融商品が開発されて上場されている。日経平均株価指数に連動するもの，TOPIXに連動するものが存在している。

（日経平均株価指数）/（TOPIX）で計算された値をNT倍率といい，この倍率が上昇したときには値がさ株が買われ，下降したときには大型株が買われたことになる。経験則であるが，NT倍率がどちらか極端に動いた場合には，反対の方向に修正される傾向が強いといわれている。

1991年のバブル景気崩壊後に，日経平均株価指数あるいはTOPIXが大きく回復した局面は3回あった。その平均の株価指数上昇率は56％，期間は1年前後であった。株式投資ではこのような数字もまた経験則として目安にされる傾向がある。同じように目安とされる傾向には次のようなものがある。

第1に，1月，4月は日経平均株価指数やTOPIXが上昇する傾向にあるといわれている。新しい年度が海外では1月から日本では4月から始まるため，新たな投資資金の流入があり，株式需要（買い）が増えるためであると説明されている。しかし，最近は1月半ばから株価指数は低下する傾向にある。これは，1月の外国人買いを見越して，国内投資家が12月後半に先行買いを行い，1月後半に利益確定の売りを行うようになっているからである。

第2に，最近は2月下旬からの株価指数上昇傾向もいわれている。これは，高配当銘柄を運用対象とする投資信託や個人が3月決算の会社を対象にして2月下旬以降に株式を買い始めるためとされている。

第3に，9月は日経平均株価指数やTOPIXが低下する傾向にあるというものである。これはアメリカの税制度と関連づけられて説明されている。アメリカでは秋になると投資信託による売りが出やすくなる。それは投資信託には税制上，損益通算の必要があるからである。この売りが日本市場にも影響を与え，外国人投資家が9月になって売り越し傾向になるのである。

第4に，日経平均株価指数には3か月周期が見られ，各四半期のはじめの月にあたる7月，10月，4月に高値を付け，翌月に安値を付けるというものであ

る。四半期毎に企業が業績発表を行うようになって，投資家が期待感から業績の発表前に買い，発表後に売るためだと説明されている。特に，アメリカでは税金の還付が5月上旬で終わり，5月下旬頃に利益確定の売りが出やすいといわれており，この傾向とも一致している。

1-6　株主構成

　図表5－5と図表5－6は東証1部，東証2部，ナスダック市場に上場された会社の株式を対象とした株主構成の推移を表している。売買高でみると，外国人の比率が第1位であり，2007年には60%近くにも上っている。これに対して，個人の比率は半分以下の20%台後半にまで低下している。銀行・保険等の金融機関，事業法人，証券会社は10%を下回っている。保有金額ベースで見た場合には様子が異なる。第1位は銀行・保険等の金融機関であり，保有比率は30%を超えている。ただし，2003年以降低下傾向にある。これに代わって，外国人の保有比率が急上昇し，2003年には20%程度であったが，2006年には30%近くになっている。事業法人は低下傾向にあって20%程度，個人は20%をやや下回る程度である。

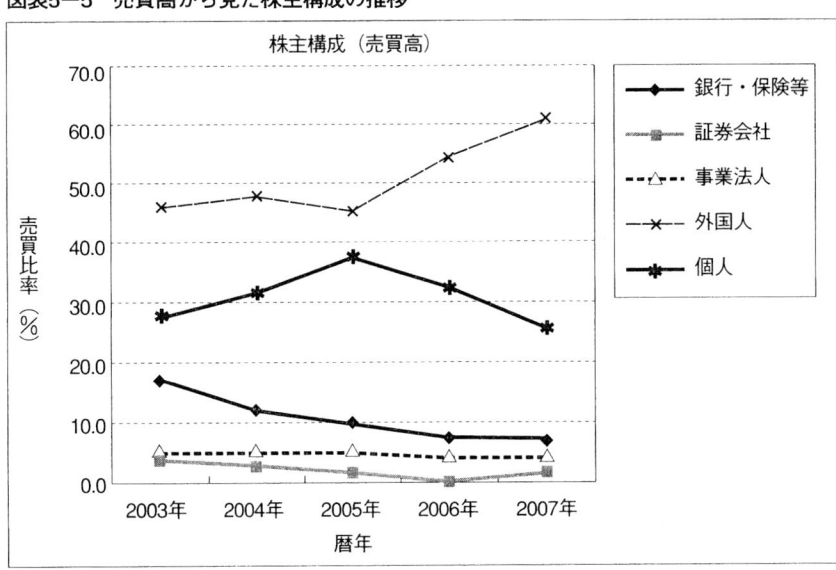

図表5－5　売買高から見た株主構成の推移

出所：「東証統計年報」より作成

図表5-6　保有金額から見た株主構成の推移

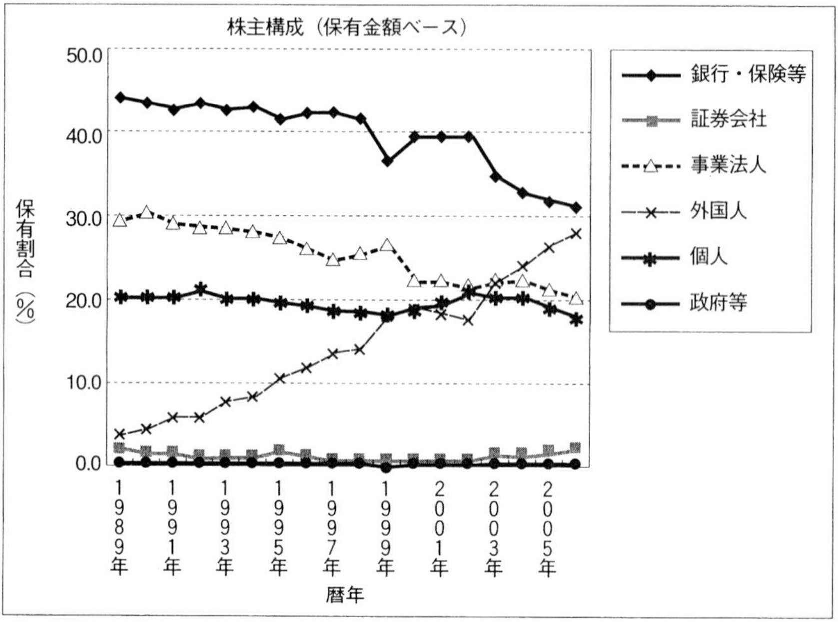

[図表：株主構成（保有金額ベース）の推移グラフ。1989年〜2005年の期間について、銀行・保険等、証券会社、事業法人、外国人、個人、政府等の保有割合（%）を示す。銀行・保険等は約44%から31%程度へ低下、事業法人は約30%から20%程度へ低下、外国人は約3%から28%程度へ上昇、個人は約20%前後で推移。]

出所：「東証統計年報」より作成

　これらのデータから推察できることは，第1に，売買高，保有割合とも外国人株主のシェアが高く，外国人投資家の要求に応えるような経営や財務政策が必要となっていることである。第2に，銀行・保険等の金融機関は長期保有の株主であるが，株式持ち合いの解消によりその保有割合は低下しており，安定株主とはいえなくなってきていることである。第3に，事業法人に関しても株式持ち合いの解消によって保有比率は低下しており，安定株主の比率は下がっているとみられる。第4に，個人株主の割合は伸びておらず，安定株主として個人株主を増加させようという最近の上場会社の動きと整合的である。

2　ミクロ金融　－企業部門－

2-1　資金調達手段

　株式会社の場合，図表5－7にまとめたような多くの資金調達手段が使え

る。株式会社は必要な資金をできるだけ低コストで他の条件もクリアしながらこれらの広範囲な選択肢の中から選択できる。法律上は大企業であっても中小企業であっても差別されることなくこれらの手段が使える。しかし，実際に中小企業が大企業ほど広範囲な資金調達手段の中から自由に選択できるかという問題は別である。

　資金調達手段は株式会社の外部から調達してくる外部資金調達手段と，会社内部から調達できる内部資金調達手段とに分類できる。外部資金調達手段は企業間信用，借入，証券発行から成る。借入は，銀行を代表とした金融機関，親会社，取引会社，株主等から返済を約束して資金を調達する手段である。返済期日が1年以内のものを短期借入，1年を超えるものを長期借入という。証券発行のうち，返済を予定しない条件の下で株券を購入してもらって資金を調達する手段を株式発行といい，返済を予定した条件の下で社債を購入してもらって資金を調達する手段を社債発行という。企業間信用とは原材料や商品を仕入れたときにその代金の支払いを先延ばしにしてもらうことをいう。具体的には，支払手形と買掛金という手段を利用した比較的短期間の資金調達になる。

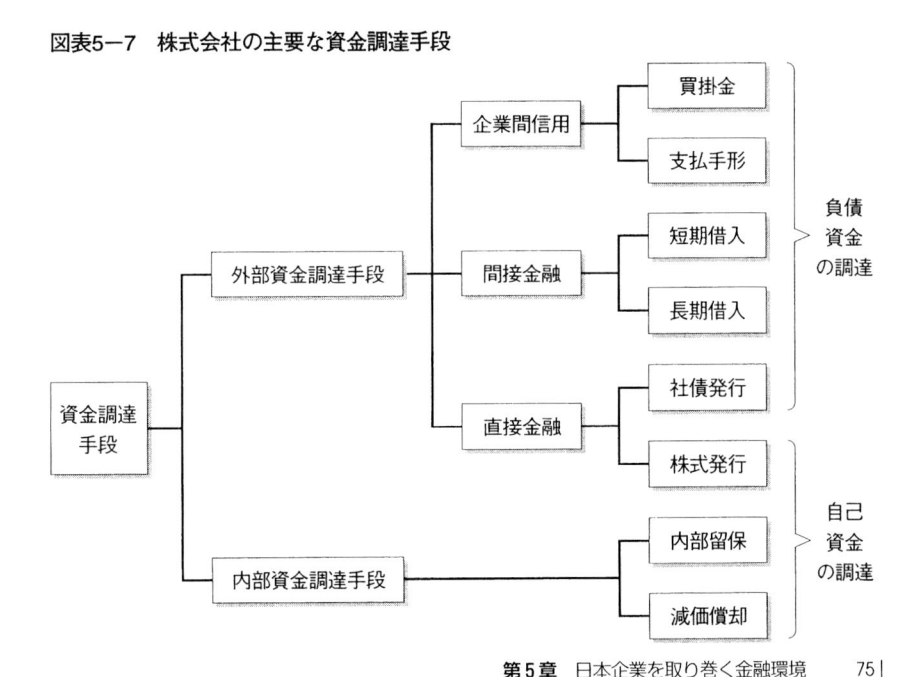

図表5-7　株式会社の主要な資金調達手段

```
                                    ┌─ 買掛金     ┐
                        ┌─ 企業間信用 ─┤              │
                        │            └─ 支払手形   │
                        │                          │ 負債
           ┌─ 外部資金調達手段 ─┤            ┌─ 短期借入   │ 資金
           │            ├─ 間接金融 ──┤              │ の調達
           │            │            └─ 長期借入   │
資金調達    │            │                          │
手段 ──────┤            │            ┌─ 社債発行   │
           │            └─ 直接金融 ──┤              ┘
           │                         └─ 株式発行   
           │                                       ┐
           │                         ┌─ 内部留保   │ 自己
           └─ 内部資金調達手段 ───────┤              │ 資金
                                     └─ 減価償却   │ の調達
                                                   ┘
```

支払手形と買掛金を営業債務と総称することもある。また，受取手形を支払期日前に金融機関に持ち込んで利子を前払いして資金を調達することもある。受取手形割引という。これは一種の銀行借入にあたる。

内部資金調達手段は内部留保と減価償却から成る。内部留保とは1年間の経営によって会社が稼ぎ出した税引後当期純利益から株主への配当金，役員賞与等を差し引いた残余利益のことをいう。減価償却とは，建物や機械のような固定資産に関して年々の経済価値の減少分を費用として計上する減価償却という会計手続きのことである。減価償却によって期間配分された費用は実際には資金の流出はないので，この減価償却費分の資金が会社内部から調達できる。

上の手段を使って実際に調達された資金は返済の義務があるかないかによって負債資金と自己資金に分類される。企業間信用，借入，社債の発行によって調達された資金は返済の義務があるので負債資金である。負債資金の場合，返済期日である満期日あるいは支払日までの間，資金調達した会社から資金提供者に対してあらかじめ約定された利子が支払われることが多い。そして，満期日には元本と呼ばれる借り入れた資金が返済される。内部留保，減価償却，株式の発行によって調達された資金は返済の義務がないので自己資金である。株式を購入した投資家，つまり株主には会社から配当という利益の分配がある。しかし，配当は利子とは違ってあらかじめ約定されたものではなく，実際に配当が支払われるかに関しては不確定である。内部留保と減価償却によって調達された資金は内部資金であるので，特に利益の分配はない。

2-2　資金調達の現状

図表5-8は経営規模を従業員数の差で分類したときの資金調達構造の差を示している。ここから日本企業の資金調達構造に関していくつかの特徴が読み取れる。

第1に，中小企業と大企業の借入金依存度には顕著な違いがある。大企業の借入金は全体の21.9%であるのに対して，中堅企業では35.7%，中規模企業では45.0%，小規模企業では55.7%となっている。小規模企業では金融機関以外からの借入金の割合が短期，長期とも10%を超えている。借入先は社長や取締役，彼らの縁故者であると考えられる。これは金融機関からの借入が十分ではないことを表している。

第2に,営業債務は比較的規模が大きな企業で利用されており,小企業では利用されていないということである。中堅企業や大企業では10％を超えるが,小規模企業では4.4％に過ぎない。これは,小規模企業では企業自体に信用がなく,支払手形や買掛金といった取引手段が使えずに現金による仕入や比較的短期間の企業間信用しか使えないことの証左である。

　第3に,受取手形割引という一種の銀行借入は経営の規模に関係なくあまり利用されていないことである。どの企業もこの割合は1％未満である。

　第4に,社債が資金調達手段としてあまり利用されていないことである。大企業でさえ8.2％に過ぎない。中堅企業と小規模企業では1.4％である。社債は株式と並んで株式会社が発行する基本的証券の1つである。会社法上は株式会社であれば経営の規模に関係なく発行可能である。しかし,経営規模が小さな企業は社債を利用していない。これは企業自体にあまり信用がなく,法律上発行可能であっても社債を購入する投資家が実際には少ないためであると考えられる。

　第5に,日本企業の自己資金調達の割合は20～30％台に過ぎない低水準であるということである。中堅企業と大企業は30％を超え,小規模企業と中規模企業では20％を超えた水準にとどまっている。

図表5－8　従業員規模別資金調達構造（2003年度）

	小規模企業	中規模企業	中堅企業	大企業
短期金融機関借入金	12.0%	13.6%	14.9%	8.2%
長期金融機関借入金	22.7%	19.3%	14.9%	10.8%
短期その他の借入金	10.9%	6.3%	2.9%	1.8%
長期その他の借入金	10.1%	5.8%	3.0%	1.1%
借入金の合計	55.7%	45.0%	35.7%	21.9%
営業債務	4.4%	8.8%	16.5%	12.8%
受取手形割引残高	0.2%	0.6%	0.8%	0.2%
社債	1.4%	3.7%	1.4%	8.2%
その他	16.0%	16.0%	15.2%	20.7%
自己資金調達	22.4%	26.0%	30.4%	36.1%

注：本書では従業員数20人以下の企業を小規模企業,21人から100人以下の企業を中規模企業,101人以上300人以下の企業を中堅企業,301人以上の企業を大企業と称している。
出所：「中小企業白書2005年版」第2-2-9 図③

上の5つの特徴から，大企業では広範囲な資金調達手段が実際に利用されているが，中小企業では利用されていないといえる。資金調達政策では，利用可能な資金調達手段，コスト，タイミング，バランスが重視される。しかし，中小企業は法律上は利用可能であるが実際には利用できない調達手段が多いという状況なのである。後述するように，日本政府は中小企業でも実際に多様な資金調達手段が利用できるようにと，規制緩和や制度の整備を図っている。

【5章の課題】

(1) 部門別資金過不足比率（対GDP）の推移を見て，非金融法人企業部門が資金余剰となっている。その理由をあげなさい。
(2) 直接金融，相対型間接金融，市場型間接金融の違いを説明しなさい。
(3) 企業にとっての信用について説明しなさい。
(4) 株価の決定に関してオークション方式とマーケット・メイク方式の違いを説明しなさい。
(5) 日経平均株価とTOPIXの違いを説明しなさい。
(6) 最近の日本の上場企業の株主構成について特徴を指摘しなさい。
(7) 株式会社が自己資金を調達する手段と負債資金を調達する手段について例をあげて説明しなさい。
(8) 大企業と中小企業に分けて，最近の資金調達の特徴について指摘しなさい。

6章
株式会社の資金調達手段(1) 株式発行

　本章では資金調達手段としての株式発行について学ぶ。会社法が2006年5月に制定され，株式に関する決まり事が大きく変化し，また大規模な規制緩和も行われた。そこで，本章では株主の権利，株式発行の方法，株式の種類に関する変化について説明し，会社法の制定を受けて株式発行の状況がどのように変わったかを考察する。

1　株式の発行

1-1　株主の権利

　株式会社の社員が持つ会社に対する地位，持分のことを法律上の株式という。法律上の株式は会社設立時と新株発行時に成立する。法律上の株式という権利を紙の上に表示したものが有価証券としての株券である。株式会社が発行した株券という有価証券を購入した投資家が株主となる。実務では法律上の株式と株券を厳密に区別せずに，株券の意味で株式という言葉を使っていることが多い。株主は株式会社の共同所有者としての資格を持ち，それに基づいていくつかの権利が与えられる。代表的なものは次の3つである。

　第1に議決権である。これは，株主が最高意思決定機関である株主総会に出席し，会社の重要問題（例えば経営方針の決定，取締役・監査役の選任，決算書類の承認等）について決議する権利のことをいう。株式には必ず議決権が与えられているわけではない。後述するように議決権が付与されていない株式も存在する。また，議決権が与えられている株式であっても1株に1つの議決権

が付与されているわけではない。平成13年10月1日から，株式会社は取締役会の決議により1つの議決権を与える株式売買単位を自由に決定できるようになった。1つの議決権を与えられた株式売買単位を単元株という。例えば，1株に1議決権を与えることもできれば，500株に1議決権を与えることもできる。ただし，1単元は1,000株以上にはできず，発行済み株式数の1/200以上にはできないとされている。最低投資単位に満たない株式を単元未満株という。

　従来，議決権を行使するためには，株主総会の会場まで出向いて出席するか，前日までに書面を郵送する必要があった。平成14年4月1日以降は，インターネット経由で株主総会において議決権を行使することが可能となっている。

> **コラム**
>
> ## 売買単位は100株に集約
>
> 　会社が自由に売買単位を決めることができるために，2008年4月1日現在，株式市場では8種類の売買単位で取引されている。アメリカでは100株単位，ヨーロッパでは1株単位の1種類で取引されていることが多いことに比べれば，日本市場は特別な状況にあることがわかるであろう。日本でよく利用されている売買単位は3種類であり，1,000株単位が上場企業全体の43.4％，100株単位が35.6％，1株単位が17.5％である。これらの他に，500株，10株，50株，200株，2,000株単位がある。
>
> 　投資家に利便性をもたらし，誤発注を防止し，証券取引所のシステムを安定化させる目的で，2008年4月から段階的に，売買単位を100株に集約していくことになった。まず，2008年4月以降に新規上場する企業はすべて100株単位で取引されるようになった。すでに上場されている株式については，2009年4月以降は100株と1,000株に集約され，その後2012年4月から100株に一本化される予定である。
>
> 　この措置に基づき，1株，10株，50株単位で取引されてきた株式では株式分割が行われることになる。200株，500株，1,000株，2,000単位で取引されてきた株式では売買単位の変更だけでよいが，銘柄によっては複数の株式を1つにまとめる株式併合が行われる可能性もある。株式併合が行われた場合，議決権などを失う単元未満株が多く生じてしまう可能性が高い。

第2に、利益配当分配請求権である。会社が一定期間経営を行った結果、売上高から様々な費用を引いて、残った利益に対して株主は分配を請求できる。具体的には、会計上の「その他資本剰余金」の金額に「その他利益剰余金」の金額を足して「自己株式」の金額を差し引き、さらに「その他有価証券評価差額金」の金額を差し引いた残額が基本的な配当分配可能額となる。ただし、純資産が300万円以上ないときには、剰余金があっても利益の配当はできない。議決権は単元未満株には認められていないが、利益配当分配請求権と次の残余財産分配請求権は認められている。実際に株主に配当される利益の金額は持株比率で決定される。

第3に、残余財産分配請求権である。残余財産とは会社が保有する資産を売却した金額から負債を返済した残額を意味している。株主はこの残余財産を分配する権利を有している。利益配当分配請求権同様、実際に分配される残余財産の金額は持株比率で決定される。

株主に与えられた権利のうち、株主個人の利益になる権利を自益権、株主全体の利益になる権利を共益権という。議決権は共益権、利益配当請求権と残余財産分配請求権は自益権である。また、会社法では配当される利益や分配される残余財産は現金に限られず、現物でも可能となっている。

1-2　株式の発行方法

株式を発行して資金調達する際には、原則として取締役会の決議によって可能であるとされている。会社が発行できる最大の株式総数のことを発行可能株式総数という。これを変更する際には株主総会における特別決議、つまり、議決権を有した株主の過半数の出席かつその2/3以上の賛成で可決される決議が必要である。

1992年以降、証券の発行方法は公募と私募に分類されている。公募とは不特定かつ多数（50人以上）の投資家に対して証券の取得を勧誘する方法のことであり、私募とは少数の投資家や専門知識をもった金融機関等に対して証券の取得を勧誘する方法である。

公募の場合、証券の発行会社と投資家との間に証券会社が仲介機関として存在することが多い。ここで、証券会社は引受業務と募集業務を行って手数料収

入を稼いでいる。引受業務とはアンダーライター業務ともいわれ，投資家に売りさばく目的で発行された証券の全部または一部を取得することをいう。募集業務とはセリング業務ともいわれ，新たに発行された証券の販売のみを行うことをいう。なお，募集業務に似た業務として売出業務とオーバー・アロットメント業務がある。前者は発行済みの証券を販売することであり，後者は発行済みの証券を借り入れてこれを売り出すことである。

　中小企業やベンチャー企業が成長して信用も確立し，さらに経営規模の拡大を目的として広く不特定多数の投資家から資金を調達する際には株式公開をする方法がある。株式公開とは，少数かつ特定の株主によって所有されている株式会社の株式を不特定多数の投資家が所有できるように，はじめて開放し，公に認められた市場に流通させることをいう。株式公開には証券取引所が開設した市場（例えば東証マザーズ市場）に上場する方法と日本証券業協会によって開設されたジャスダック市場に登録する方法がある。公開する株価は現在，ブックビルディング方式によって決定される。これは，引受証券会社が仮の条件をあらかじめ投資家に提示し，投資家がいくらならば購入するかを調べて公開価格を決める方法である。

1-3　種類株式

　会社法は会社と投資家の多様なニーズを結びつける目的で権利内容の異なる株式の発行を認めている。会社法では，権利内容が異なる2種類以上の株式を発行しやすくした。このような株式を種類株式という。商法の下でも種類株は発行可能であったが，会社法では以下の9つに種類株式が整理されている。

　優先株式とは株主の権利に関して他の株式の株主よりも権利が優先される権利が付与されたものである。優先株式とは反対に他の株式の株主よりも劣った権利を付与された株式を劣後株式という。

　優先される権利あるいは劣後する権利としては配当分配請求権や残余財産分配請求権，議決権などがある。配当分配請求権に関して優先権が付与された株式を剰余金の配当に関する優先株式という。配当に関する優先権には2種類ある。1つは参加的権利であり，普通株主に優先して配当を受けとった後になお普通株式の株主と共に配当を受けることが可能な権利である。もう1つは累積的権利であり，経営の成果が悪く今期に優先配当が受けられないときには来期

図表6-1　発行可能な種類株式の種類

種類株式	権利の内容
剰余金の配当に関する優先株式・劣後株式	利益配当請求権に関して普通株よりも優先する権利をもった株式を剰余金の配当に関する優先株式，反対に優先順位が劣る権利をもった株式を剰余金の配当に関する劣後株式という。
残余財産の分配に関する優先株式・劣後株式	残余財産の分配に関して，普通株よりも優先する権利をもった優先株式と，普通株よりも劣る権利をもった劣後株式がある。
譲渡制限株式	投資家が株式を取得あるいは株主が株式を譲渡するときに，会社の承認が必要となる株式のことをいう。
議決権制限株式	株主総会で議決権を行使できる内容が異なる株式のことをいう。発行済み株式数の1/2を超えて発行することはできない。
取得請求権付き株式	株主が会社に株式の買い取りを請求できる株式のことをいう。発行株式をすべて取得請求権付き株式にすることができる。
取得条項付き株式	会社が株主から強制的に株式を取得できるような権利が付けられた株式のことである。発行する株式すべてを取得条項付き株式にすることもできる。
全部取得条項付き株式	株主総会の特別決議があれば，会社が強制的に株主の同意なしに株式を取得できるような権利が付けられた株式である。
議案承認権付き株式	株主総会で特定の議案に関して拒否権が付与された株式のことをいう。黄金株式と呼ばれる。
取締役・監査役選任権付き株式	取締役や監査役といった役員を選任する権利が付けられた株式のことをいう。ただし，上場会社は発行できない。

以降に今期の不足分が支払われる権利である。剰余金の配当に関する劣後株式とは，他の株式の株主よりも配当の分配に関して劣った権利を付与された株式である。劣後株式は会社の設立者である発起人や他の株式の株主への配当を優先する場合に利用されることが多い。

　配当に関する優先株式の1つにトラッキングストック（業績連動株式）というものがある。この株式は特定の事業部門や子会社の収益に連動して配当が支払われるものである。ソニーが子会社のソニー・コミュニケーション・ネットワーク（SCN）を対象として2001年に発行した例がある。SCNが発行した株式ではなく，親会社であるソニーが発行したことに特徴があり，親会社であるソニーは子会社の支配権を100％所有したまま資金調達できる。

　残余財産の分配に関する優先株式・劣後株式とは，残余財産分配請求権に関して，普通株よりも優先する権利をもった優先株式と，普通株よりも劣る権利

をもった劣後株式のことをいう。

　譲渡制限株式とは投資家が株式を取得するときや株主が株式を譲渡するときに，会社の承認が必要となるような株式のことをいう。発行する株式すべてを譲渡制限株式にすることができる。このようにすべての株式に譲渡制限を付けた会社のことを会社法では非公開会社という。

　議決権制限株式とは株主総会で議決権を行使できる内容が異なる株式のことをいう。発行済み株式数の1/2を超えて発行することはできない。非公開会社はこの規制の適用対象外であるが，それでもすべての株式を議決権制限株式にはできない。議決権がまったくない株式を無議決権株式という。無議決権株式は商法でも認められていたが，発行済み株式数の1/2を超えて発行することはできないとされていた。しかし，会社法では非公開会社に限りこの上限が撤廃された。この結果，大量の無議決権株式を発行することも可能である。議決権制限株式あるいは無議決権株式は事業継承に利用できる。例えば，オーナー経営者が遺言等で後継者には普通株式を相続させ，他の相続人には無議決権株式等を相続させれば経営権を後継者に集中させたままで相続ができるからである。

　取得請求権付き株式とは株主が会社に株式の買い取りを請求できる株式のことをいう。発行する株式をすべて取得請求権付き株式にすることもできる。取得条項付き株式とは会社が株主から強制的に株式を取得できるような権利が付いた株式のことであり，会社が事前に定款で理由を示しておけば発行が可能である。発行する株式すべてを取得条項付き株式にすることもできる。全部取得条項付き株式とは株主総会の特別決議があれば，会社が強制的に株主の同意なしに株式を取得できるような権利が付けられた株式である。この株式をM&AやTOB，私的整理に反対する株主に渡すことで持株を会社が取得でき，M&A等を円滑に進めるために利用できる。

　議案承認権付き株式とは株主総会で特定の議案に関して拒否権が付与された株式のことをいう。黄金株式あるいは拒否権付き種類株式とも呼ばれる。例えば，この株式に譲渡制限をかけておき，経営者自身や友好的な安定的株主がこの株式を保有していれば，敵対的な買収者が提出した議案をすべて拒否できることになる。

> コラム

優先株式の消却と普通株式への転換

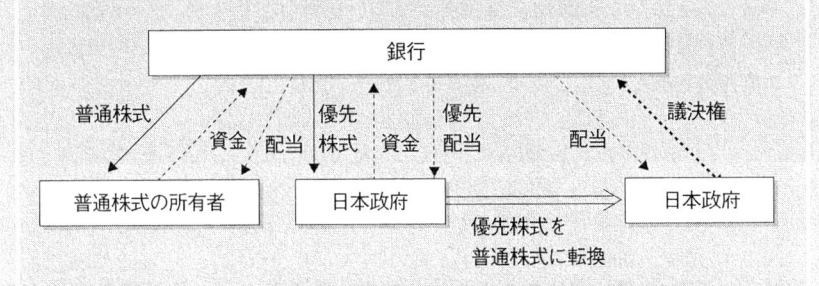

```
                    銀行
  普通株式  ↕        優先 ↕  優先        議決権
       資金/配当   株式 資金/配当  配当
  普通株式の所有者   日本政府  ──────→  日本政府
                        優先株式を
                        普通株式に転換
```

　日本政府は1998年以降，バブル景気の崩壊後に大量の不良債権を保有する銀行の優先株式を公的資金を使って購入し，不良債権の処理を促す施策を採った。普通株式ではなくて優先株式を購入した理由は，公的資金という国民の資金を使ったのであるからより確実に多くの配当をもらうことと，優先株式には議決権が付与されていないので銀行の経営には口出ししないことの2つの意図があった。ただし，優先株式には一定期間後に普通株式に転換できる権利が付与されている場合が多い。もしも政府が持つ優先株式が普通株式に転換された場合，銀行は政府に対して配当を支払い，また政府が議決権を持つことになる。政府が過半数の議決権を保有した場合，銀行は実質国有化されてしまう。そこで，業績が回復して利益が上がり，現金を持つようになったメガバンクは早急に優先株式を現金で買い戻して公的資金を完済し，優先株式を消却して優先配当の負担を解消している。

　政府と銀行の間の構図がそのまま銀行と経営再建企業の間にもあてはまる。銀行は貸出先の不良化した貸出債権を優先株式と交換して不良債権の処理を行った。このような債務の株式化をデット・エクイティ・スワップという。経営再建企業の中には業績が改善して優先株式を現金で買い戻して消却するものも現れている。重い優先配当負担，隠された過去の債務からの脱却，普通株式の増加による既存株主の利益の希薄化の回避がその目的である。現金で買い戻せない企業の中には社債を発行して調達した資金で優先株式を買い戻すところもある。

　過去に発行された優先株式を買い取ってその会社と業務関係を強化する動き

も見られる。2008年2月22日に，新日本製鐵と住友商事は三井住友銀行が保有する三井鉱山によって過去に発行された優先株式を取得することを発表した。約3年前にも両社は産業再生機構から三井鉱山の優先株式を取得しており，これをすでに普通株式に転換しており，大株主となっていた。今回取得した優先株式も普通株式に転換する予定であり，転換により両社は三井鉱山の議決権をそれぞれ21.7％ずつ保有することになる。

 取締役・監査役選任権付き株式とは取締役や監査役といった役員を選任する権利が付けられた株式のことをいう。ただし，上場会社は発行できないとされている。
 額面株式とは1株の金額が定款で定められ，株券に金額が記載されたものである。これに対して，無額面株式とは株数のみが券面に記載されたものである。平成13年10月1日以降，新たに発行株式は無額面株式のみとされた。ただしすでに発行された株式をそのまま流通させるか否かは会社の任意とされてい

> コラム
>
> ### 無議決権優先株式上場 −伊藤園の事例−
>
> 　2006年9月3日に，伊藤園の無議決権優先株式が東証に上場された。この株式は配当が普通株式に対するものよりも25％上乗せされて支払われるものの，その分，議決権は付与されていない。伊藤園は8月31日の時点で普通株式の株主に対して普通株式1株につき優先株式0.3株を無償で交付していた。伊藤園は個人株主は議決権よりも配当を求める傾向があり，普通株式と価格の上で大差はつかないと判断していたが，実際は約3割安く株価が推移している。この理由としては，流動性の低さが指摘されているが，投資家に人気がないというのが最もわかりやすい理由である。仕組みがよくわからない株式は買わないというのが根底にある理由であろう。

る。

　普通株式は株主の権利に関して何の限定もない株式のことをいう。

1-4　有償増資

　株式を発行して資金調達することを有償増資という。実務では有償増資のことを単に増資ということもあるが，増資には無償増資もあるので区別すべきである。増資とは資本金が増えることをいう。無償増資では株式が発行され，資本金は増えるが，追加の資金調達はない。

　新たに発行された株式を新株といい，新株を購入する権利を新株購入権という。有償増資は新株購入権を誰に与えるかによって3つの方法がある。第1に新株購入権を既存株主に与える方法であり，これを株主割当増資という。第2に新株購入権を特定の第三者である金融機関や企業に与える方法であり，これを第三者割当増資という。第3に新株購入権を不特定多数の投資家に与える方法であり，これを公募増資という。

　第三者割当増資を行った場合，既存株主の権利の希薄化という問題が生じる。図表6-2のような数値例を考えてみよう。現在，ある会社が普通株100株を発行し，株主Aが50株，株主Bが30株，株主Cが20株保有しているとしよう。議決権の保有比率はそれぞれ50％，30％，20％である。配当も株式の保有比率を基にして分配される。この会社が新たに100株を発行してこれをすべて第三者に購入してもらったとしよう。第三者割当増資後の株主Aの保有比率は25％，株主Bの保有比率は15％，株主Cの保有比率は10％であり，既存株主が持つ議決権と利益分配請求権に対する権利は低下してしまう。他方，第三者の保有比率は50％となり，筆頭株主の地位が株主Aから移ったことになる。したがって，第三者割当増資は株主Aが経営者とは敵対的な関係にある場合の救済策に利用されやすい。しかし，第三者割当増資は既存株主の権利の希薄化をもた

図表6-2　既存株主の権利の希薄化

種類株式	株主A	株主B	株主C	第三者
現在 100株	50株 (50%)	30株 (30%)	20株 (20%)	0株 (0%)
第三者割当増資 100株	0株 (0%)	0株 (0%)	0株 (0%)	100株 (100%)
第三者割当増資後 200株	50株 (25%)	30株 (15%)	20株 (10%)	100株 (50%)

らすので，実際には救済策のような特別な事情がある場合しか認められないことが多い。

　有償増資をする際に，1株当たりいくらで株式を発行するかによって時価発行増資，額面発行増資，中間発行増資の3種類がある。これらはそれぞれ，株式市場等で取引されている株価である時価，額面価額，それらの中間の価額で発行されることをいう。最近は，額面株式が発行できなくなったこともあり，ほとんどの場合，時価発行増資される。しかし，第三者割当増資の際には新株を購入してもらうためにも時価よりも低い価額で発行される場合も少なくない。株式発行は取締役会の決議で可能であるが，特に有利な発行価額（時価よりも10～15％以上下回る価額）で発行される場合には，株主総会の特別決議が必要であるとされている。

1-5　無償増資

　無償増資とは追加の資金調達はないが株式の発行と資本金の増加がみられる財務政策のことである。無償増資には具体的には2つの方法がある。第1に無償交付である。これは資本準備金や利益準備金を資本金に組み入れ，他方で株式を発行して既存株主にただで新株を与える政策である。第2に株式配当である。これは既存株主への配当を現金ではなく，株式で行う政策である。この場合，会計的には配当可能利益を資本金に組み入れることになる。どちらも既存株主にとってみれば代価を支払うことなく保有する株式の数が増えるという効果がある。この効果から，無償交付と株式配当は平成3年4月以降は株式分割と総称されている。しかし，本来の株式分割は資本金を変えずに額面を細分化して株式数を増加させることを意味している。この点に関しては用語法上の注意が必要である。

1-6　新株予約権

　新株予約権とは新株の発行または自己株式の移転を受ける権利のことをいう。新株予約権は社債に付随する形でのみ発行されていたが，平成14年4月以降は単独での発行も可能となった。新株予約権ではあらかじめ権利行使価額と権利行使期間が設定される。権利行使価額は導入時の時価に5％程度上乗せして決定されることが多い。権利行使期間は権利付与日から2年間を据え置き期間と

図表6−3　新株予約権の変遷

年月日	新株予約権の変遷
2002年3月まで	●新株引受権と呼ばれていた ●普通社債とセットで発行されていた ●新株予約権制度が創設された
2002年4月以降	●発行目的や対象者を限定せずに単独で発行が可能になった ●商法に明文規定がないために、新株予約権の発行を巡る裁判所への訴え（新株予約権発行差し止め請求）が門前払いされた
2006年5月以降	●予約権発行の無効等の訴えができることを会社法に明文化した ●「譲渡制限新株予約権」の発行ができる

する場合が多いようである。

　新株予約権は次のように活用される。自社や子会社，関連会社の従業員，取締役，監査役等の役員に対して新株予約権を与えることで，従業員等のやる気や努力を引き出すことができる。会社の経営成果が良好であってこれに伴って株価が上昇したときには，従業員等は新株予約権を行使して会社から株式を購入し，これを売却することでキャピタルゲインを獲得できる。つまり，新株予約権は経営成果が上がるように従業員等のインセンティブを引き出す道具として利用できるのである。このような目的で利用される新株予約権のことをストック・オプションという。優秀な従業員等はキャピタルゲインを獲得した後に退職する可能性がある。また，株価下落局面では従業員等のインセンティブは低下してしまう可能性がある。そこで，会社によっては年に数回業績評価を行い，ストック・オプションを付与する工夫を行うこともある。

　商法の下ではストック・オプションは有利発行にあたるために，株主総会における特別決議が必要であった。会社法の下では，取締役等にストック・オプションを付与することは取締役等の報酬等の決議によって行われるようになったために，取締役会でこれを決議できるようになった。ただし，株主総会において取締役等に付与するストック・オプションの内容と上限について承認を得る必要はある。従業員等に対してストック・オプションを付与する際には，労働上の貢献を考慮した上で発行条件を判断できるようになったために，取締役会の決議だけで発行が可能となっている。

　会社が単独で新株予約権を有償で発行したときの会計処理は次のように行われる。まず，新株予約権の公正な評価額を求める。従業員等に付与した場合に

は，これを対象勤務期間を基礎として労働サービスの取得による費用として計上し，同時にこれに対応する金額を純資産の部に新株予約権として計上する。権利が行使されたときには新株予約権から資本金（および資本準備金）に振り替える。権利が行使されなかったときには，新株予約権戻入益として特別利益に計上される。

銀行借入の条件を有利にするため，新株予約権が銀行に付与されることがある。これを新株予約権付きローンという。これについては8章で説明する。資本提携の手段として新株予約権が利用されることもある。西友はウォールマートに新株予約権を付与したが，ウォールマートは新株予約権を行使することで西友に対して追加の出資が可能となるのである。敵対的なM＆Aに対する対策

> **コラム**
>
> ## 新株予約権の発行と株式併合　―モックの事例―
>
> 　2007年9月7日に，結婚式場を運営する東証マザーズ上場のモックが第三者割当による新株予約権の発行と，9月26日の株主総会で現行の株式10株を1株にする株式併合の議案を提出すると発表した。東証はこの発表に対して，株式市場に混乱をもたらす恐れがある行為と判断し，投資家に注意を喚起するためにはじめて公表措置をとった。
>
> 　新株予約権が行使されたときに発行される株式数は40万株に達するが，定款に定められた発行可能株式総数は30万株であり，すでに発行済みの株式数は134,263株あった。そこで，モックは株主総会で発行可能株式総数を53.7万株に拡大すると同時に，10株を1株に併合することで発行済み株式数を134,263株から13,426株にして約52.3万株の余裕を確保する狙いがあった。10株未満しか株式を保有しない株主が全体の8割あり，株式併合で権利を失うこととなった。この結果，モック株は激しく売られて株価は急降下したのである。

として新株予約権が利用されることがある。

2 株式の発行状況

図表6－4は1998年から2007年までの有償増資の推移を表している。この期間中，株主割当増資が行われた事例は11件に過ぎず調達額も小さい。公募増資

図表6－4 株主割当，公募，第三者割当増資の推移

単位：件，億円

	株主割当		公募		第三者割当	
	件数	調達額	件数	調達額	件数	調達額
1998年	0	0	8	278181	32	688012
1999年	0	0	28	349713	75	2347281
2000年	2	8239	24	494146	46	922752
2001年	3	32046	18	1201481	57	477171
2002年	0	0	20	157868	62	484342
2003年	2	1450	35	567232	84	223155
2004年	1	2729	78	750226	129	572620
2005年	2	3721	74	650843	150	778050
2006年	0	0	69	1447720	145	416470
2007年	1	8086	62	464788	117	662096

出所：「東証統計年報」より作成

図表6－5 新株予約権の行使，優先株式発行の推移

単位：件，億円

	新株予約権の行使		優先株式（トラッキングストックを含む）			
	件数	調達額	件数	（うち私募）	調達額	（うち私募）
1998年	87	86368	5	5	471000	471000
1999年	350	252899	25	25	6989401	6989401
2000年	369	105612	4	4	107303	107303
2001年	326	37394	5	4	216107	205970
2002年	314	281900	35	35	1021987	1010987
2003年	550	36639	74	74	2532158	2532158
2004年	1272	99489	50	50	1362582	1362582
2005年	2059	166874	45	45	1167767	1167767
2006年	2119	151251	26	26	559655	559655
2007年	1763	164984	12	10	795543	780486

出所：「東証統計年報」より作成

が400件を超え，第三者割当増資は800件を超えている。金額も公募増資，第三者割当増資の順に大きくなっている。この理由は株価の水準による。この期間はバブル景気の崩壊後にあたり，株価の水準は低く，先行き不透明感が支配

> **コラム**
>
> ## 預託証券（DR：Depositary Receipt）
>
> ```
> [海外]                           [日本国内]
> 発行会社  ──上場申請──→  東証  ──購入──→  投資家
>   │                           ↑
>   │株式                      上場
>   │発行                     JDR発行
>   ↓                           │
> 銀行など保管機関  ⇔  証券会社と信託銀行
> （株券を保管）      JDRの発行
>                    契約の締結
> ```
>
> 海外の企業が株式の代わりに流通させる証券を預託証券（DR）という。取引の慣習や決済制度の違いから原株式を直接売買することが難しいために，DRという代替証券を発行する。
>
> 信託法の改正により，日本においても2008年1月から発行が可能になった。日本版の預託証券をJDRという。その発行の仕組みは上の通りである。まず，海外の企業が株式を発行し，自国内の銀行などに保管してもらう。この保管機関と日本国内の証券会社や信託銀行がJDRの発行契約を締結し，東証に上場申請した後，JDRが発行されてこれを投資家が市場で購入することになる。信託銀行が預かる原株式を裏付けにして預託証券は発行される。信託銀行が精査した後にDRは発行されているので，投資家にとっては一定の信用力が確保された金融商品として投資しやすくなる。
>
> 日本の企業もアメリカで預託証券を発行している。これをADRという。仕組みはJDRと同じである。ソニーや松下，トヨタ，ホンダ，キャノンなど優良企業がADRを発行しているが，その理由には資金調達のため，取引先に投資機会を提供するため，外国人株主を増やしたいためなどがあげられている。
>
> 参考資料：「法務インサイド　日本預託証券」日本経済新聞2008年1月28日

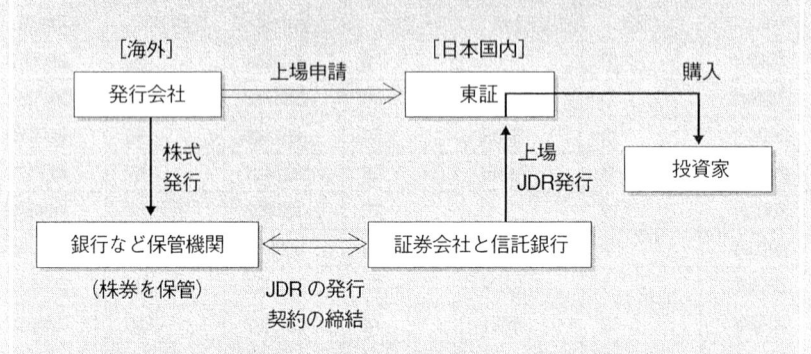

し，株価が上昇する期待が薄い期間であった。このために，公募増資しても買い手が少なく，したがって取引先の会社や銀行，ファンドに第三者割当増資した事例が多かったとされる。

図表6－5は同じ期間における新株予約権の行使と優先株式の発行の推移である。優先株式発行のほとんどが私募発行になっており，第三者割当増資とほぼ同じ理由があてはまる。特に，優先株式は経営再建前に発行されるケースが多い。新株予約権もよく利用されるようになって件数は多くなっているものの，株価水準の低さから金額はそんなには大きくはない。

【6章の課題】

(1) 基本的な株主の権利と発行される優先株式の種類について論じなさい。
(2) 公募増資の際に証券会社が演じる機能や役割について説明しなさい。
(3) 有償増資と無償増資の違いについて明白にしなさい。
(4) 第三者割当増資が既存株主の権利を希薄化することを説明しなさい。
(5) ストック・オプションの目的や効果について述べよ。
(6) 最近の日本企業による株式発行の動向について論じなさい。

7章 株式会社の資金調達手段(2) 社債発行と証券化

　本章では株式会社の資金調達手段としての社債発行と証券化を学ぶ。株式と同様に社債に関しても会社法の制定によって大きく変化し，規制緩和されている。まず，社債保有者の権利と社債の種類に関して説明し，続いて社債発行に関する現状を分析する。その後，証券化とは何かという問題をとりあげて説明する。中小企業が社債を利用することは困難であったが，資金調達手段の多様化による中小企業の資金繰りを円滑にする目的で政府等が工夫しているローン担保証券等の仕組みについても説明する。

1 社債の発行

1-1 社債保有者の権利と社債の種類

　社債を購入した投資家を社債保有者とか社債権者という。社債保有者は次のような権利を持つ。第1に元本償還請求権である。これはあらかじめ確定した期日に提供した資金の返済を受ける権利である。あらかじめ確定した期日を満期日とか償還日という。第2に利子支払請求権である。この権利は満期日までの間，毎期，確定した利子を受け取る権利である。第3に転換権である。これは他の種類の証券と交換できる権利である。第4に新株予約権である。これは新株の発行または自己株式（自社株）の移転を受ける権利である。新株予約権は平成14年4月1日以降は単独で発行されることも可能となっている。

　社債には上の権利のどれが付与されているかによって次の3種類がある。第1に，普通社債（SB：Straight Bond）である。元本償還請求権権利と利子支払

請求権が付与された基本的な社債であり、会社にとっては負債資金の調達に利用される。投資家はこの社債を証券会社の店頭で購入することになる。証券会社の店頭において買値と売値を提示されるが、途中売却は不利となり、満期保有が基本となる金融商品である。

　第2に、転換社債（CB：Convertible Bond）である。正確には転換社債型新株予約権付社債という。この社債には元本償還請求権と利子支払請求権の他に、転換権が付与されており、あらかじめ決められた転換権行使請求期間内に、一定の転換価額で他の証券に転換できる権利が付与されている。通常は自社の普通株式に転換できるようになっている。会社から見ると、CBを発行することで当初は負債資金の調達になるが、投資家が転換権を行使した後には負債資金が自己資金の調達へと変化するのである。このために、当初は配当負担したくないので有償増資しないが、一定期間後には配当負担してでも毎期の利子支払や満期日の元本償還を避けたいというニーズをもった会社に利用される。投資家にとってみれば、転換先の株式の価格が転換価額を上回っている限り、株式売買差益（キャピタルゲイン）を得ることができ、そうでないときには転換権を行使しなければ普通社債への投資のように毎期、利子を受け取ることができ、満期日には元本が返済される有利な金融商品である。通常、転換権が付いていることで利子は低く抑えられている。転換のような投資家にとって有利な権利を甘味剤とかスイートナーという。

　簡単な数値例を使ってCBの仕組みを説明しよう。A社が額面1,000万円、1株当たりの転換価額を5万円としたCBを発行したとする。名目金利を年1％とする。当初、A社は1,000万円の負債資金を調達したことになる。年10万円の利子負担である。投資家が転換権を行使したとしよう。この結果、A社は自社株か新株200株とCBを交換する。A社の貸借対照表上は負債が1,000万円減少して、自己資本が1,000万円増加したことになる。もしもA社の株価が6万円であるときには、この投資家は1株当たり1万円、総額200万円キャピタルゲインを獲得する。したがって、転換権は転換価額を上回ったときやその見込みが高いときに行使される。

　第3に、新株引受権付社債（WB：Warrant Bond, Bond with Warrant）である。この社債には元本償還請求権権利と利子支払請求権の他に、新株予約権が付与されている。この社債は、あらかじめ決められた新株予約権行使請求期間

図表7−1　エクイティ・ファイナンス

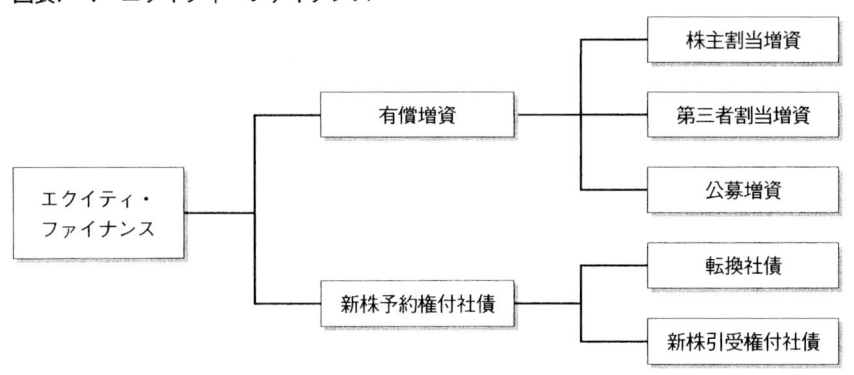

```
                          ┌─ 株主割当増資
              ┌─ 有償増資 ─┼─ 第三者割当増資
エクイティ・  │            └─ 公募増資
ファイナンス ─┤
              │                      ┌─ 転換社債
              └─ 新株予約権付社債 ───┤
                                     └─ 新株引受権付社債
```

内に，一定の行使価額で株式を買い取る権利が付与された社債である。会社から見れば，当初は負債資金のみが調達でき，投資家が新株予約権を行使した後には追加的に自己資金の調達ができることになる。

　数値例で仕組みを説明しよう。B社は額面1,000万円，1株当たりの発行価額5万円，付与割合が0.8であるWBを発行する。当初，B社は1,000万円分の負債資金を調達できる。付与割合とは額面に対する新株購入総額の比率である。B社の場合，投資家は総額800万円分の新株を買うことができる。新株予約権が行使されたときにはB社は160株の自社株か新株を投資家に渡すことになる。株価が5万円を上回るときにはキャピタルゲインが発生する。

　CBとWBを発行することで資金調達する場合，後に株式が発行される可能性がある。この点に関しては有償増資の場合と同じである。図表7−1に示したように，有償増資と新株予約権付社債の発行による資金調達のことをエクイティ・ファイナンスという。

1-2　社債の発行に関する規制緩和

　日本では長い間，会社が社債を発行する際に様々な規制が課されていた。規制には法律上のものや金融業界の自主ルールなどがあったために，法律上社債の発行が可能であっても実際には発行できないという不便さがあった。現在，規制はほとんど撤廃されている。

　まず，法律上の規制の緩和，撤廃についてまとめておこう。商法には，株式会社は純資産額を超えて社債を発行できないという発行限度規制があった。こ

コラム

新株予約権付社債（CB）を発行して一部を自社株買いにあてる

2008年2月26日に，ヤマダ電機が上限1500億円の新株予約権付社債（CB）を発行し，うち800億円を設備投資のために以前に調達した短期借入金の減債に充て，残りの700億円で自社株式を取得すると発表した。2月28日にはJFEホールディングスが上限3,000億円の新株予約権付社債（CB）を発行し，うち1800億円で高級鋼の生産能力増強のための設備投資をし，残りの1200億円で自社株式を取得すると発表した。このような社債の発行と自社株買いをセットにした組み合わせをリキャップCBという。

JFEの事例では，CBがみずほコーポレート銀行に1300億円分，三菱東京UFJ銀行に850億円分，三井住友銀行に850億円分発行される。すべての新株予約権が行使されて普通株式に転換された場合，3行の持株比率は現在の約3.1％から8.1％まで上昇する。他方，自社株買いによって既存株主の持株比率が約6％下降する。これに対して，実質的に会社が株主を選択しているのではないか，株式持ち合いの復活ではないか，新たな買収防衛策ではないかなどと批評されている。

参考資料：「JFE，CB3000億円発行」日本経済新聞2008年2月29日

の規制は1993年に撤廃され，現在は発行限度に関する規制はない。従来は有限会社は社債を発行できなかった。会社法が施行された後は，有限会社は株式会社か特例有限会社に移行することとなったが，どちらでも社債の発行が可能となっている。また，従来，会社は社債を発行するたびに取締役会を開催して決議する必要があったが，会社法の施行後，取締役会で社債の総額，利率の上限，払込金額の最低金額を決議しておけば，代表取締役に発行日や具体的な利率を委任して機動的に社債を発行できるようになっている。

次に，業界ルールの緩和，撤廃についてもまとめておこう。第1に適債基準の撤廃である。これは，社債を発行する会社は一定以上の信用力を持つ会社に限るという方針である。この方針の下，資本金別に，利益別に非常に細かく設

定されていた選別基準があった。この基準が原因で多くの会社が自由に社債を発行できなかったわけであるが，1996年に一切の適債基準が撤廃された。第2に担保付き原則である。日本では長らく社債を発行する際には主に有形固定資産を担保とすることが必要とされていた。担保を必要とするという原則は徐々に緩和され，現在はほぼ無担保化されている。最近は，担保を付さない無担保社債が発行されている。無担保化に伴って社債投資に関する基本的な考え方も大きく変わってきた。従来は，政府や金融業界が発行できる会社を絞り込み，投資家には損を与えないという投資家保護の考え方であった。現在は，欧米型の投資家責任という考え方に変更されている。第3に財務制限条項である。無担保社債を発行する際には一定以上の財務内容の維持を約束する義務があったが，格付けの普及によって1996年に撤廃された。

　無担保社債を購入してこれが貸し倒れた場合を債務不履行（あるいはデフォルト）という。このような可能性をデフォルトリスクという。投資家に元利金を支払う確固たる原資はない。投資家責任ではデフォルトリスクを承知した上で投資家は投資したわけであるから公的な補償はない。しかし，社債に投資する際に何の判断基準もないのでは誰も社債投資をしないであろう。そこで格付けという判断基準が設けられている。格付けとは，中立的な第三者機関である格付け機関による社債の元利金支払いの安全性に関する意見を簡単な記号で表示したものをいう。格付けは社債を発行する会社が格付け機関に格付けの取得を依頼する場合と，会社が格付けの取得を希望しないのに勝手に格付け機関が行う場合とがある。後者を勝手格付けという。

　図表7－2は格付け機関の1つである格付投資情報センター（R&I）による格付け記号とその定義を表している。長期個別債務格付けとは，個々の債務（債券やローンなど）の支払いの確実性（信用力）についての意見であり，債務不履行となる可能性と債務不履行時の損失の可能性が含まれたものであると説明されている。最も信用が高いものにはAAAが付けられ，債務不履行に陥っているCまでの9つの格付けがある。AAからCCCまでには上位格に近いものに＋（プラス），下位格に近いものに－（マイナス）表示をすることもある。5年以内にデフォルトする確率は現実のデータを調査，分析した結果である。BBB格以上は0.00％であった。このような格付けを付された社債は投資適格性をもっており，BB格以下の社債には投機性があるといわれることもある。

図表7-2 長期個別債務の格付け記号とその定義

格付け	定義	5年以内にデフォルトする確率
AAA	信用力は最も高く、多くの優れた要素がある。	0.00%
AA	信用力は極めて高く、優れた要素がある。	0.00%
A	信用力は高く、部分的に優れた要素がある。	0.00%
BBB	信用力は十分であるが、将来環境が大きく変化する場合、注意すべき要素がある。	0.00%
BB	信用力は当面問題ないが、将来環境が変化する場合、十分注意すべき要素がある。	13.40%
B	信用力に問題があり、絶えず注意すべき要素がある。	50.00%
CCC	債務不履行に陥っているか、またはその懸念が強い。債務不履行に陥った債権は回収が十分に見込めない可能性がある。	50.00%
CC	債務不履行に陥っているか、またはその懸念が極めて強い。債務不履行に陥った債権は回収がある程度しか見込めない。	50.00%
C	債務不履行に陥っており、債権の回収もほとんど見込めない。	50.00%

出所:R&Iホームページから作成

図表7-3 デフォルトした国内公募債の弁済率

デフォルトした期日	社債を発行した会社	社債の種類	デフォルトしたときの社債残高	弁済率（回収率）
1997年9月	ヤオハンジャパン	CB	287億円	11.60%
1997年12月	日本国土開発	SB、CB	570億円	6%、10%
2000年12月	靴のマルトミ	SB、CB	46億円	100%
2001年9月	マイカル	CB	3483億円	1.5%から100%
2002年3月	青木建設	CB	450億円	12%

　無担保社債が債務不履行になったときには、発行会社の再建計画によって額面に対してどれくらいの比率で返済されるかという弁済率（回収率）が決定される。再建計画は社債権者集会が開かれた場合には、過半数の社債権者が参加してその2/3以上が賛成したときに可決される。

　図表7－3はデフォルトした国内公募債のうち主要な事例と弁済率を表したものである。同種の権利を有する債権者は平等に取り扱われる原則がある。この原則に従うときには、弁済率は一律に定められる。これを定率方式という。ヤオハンジャパンや青木建設ではこの方式が採用された。再建計画では、同一

の種類の権利を有する者の間に差を設けても衡平を害しない場合には，異なる内容に権利変更をすることも許容されている。これにしたがって，債権の総額に対する弁済率を定める方式を傾斜配分方式という。マイカルでは社債別に額面の30％のもの，10％のもの，4.67％のものと定められると共に，社債管理会社不設置の社債に関しては傾斜配分方式が採用された。例えば，30万円以下の債権は100％，100万円超2,000万円までの債権は30％，1,000億円を超える債権は1.5％＋5億円というように定められた。なお，靴のマルトミでは発行した会社が預金担保を設定したために100％の弁済率となった。

1-3 公募と私募

社債の発行方法には図表7－4に示したように2種類ある。第1に，50人未満の少数の者や機関投資家のみを相手として社債発行をする私募発行である。この場合には，会社と投資家が直接，交渉，取引を行う直接発行形態をとる。第2に，不特定多数の投資家に対して社債を発行する公募発行である。この場合には，証券会社を仲介にして間接発行形態をとる。公募・間接発行には，社債発行後に社債の管理業務を行い，元利金の返済のために必要な一切の権限を有する会社が存在する。このような役割を演じる会社を社債管理会社という。実際には銀行や信託銀行がこの任にあたっている。

株主の権利を行使する株主総会があるように，社債の投資家にとってもその

図表7－4　社債発行の2つの方法

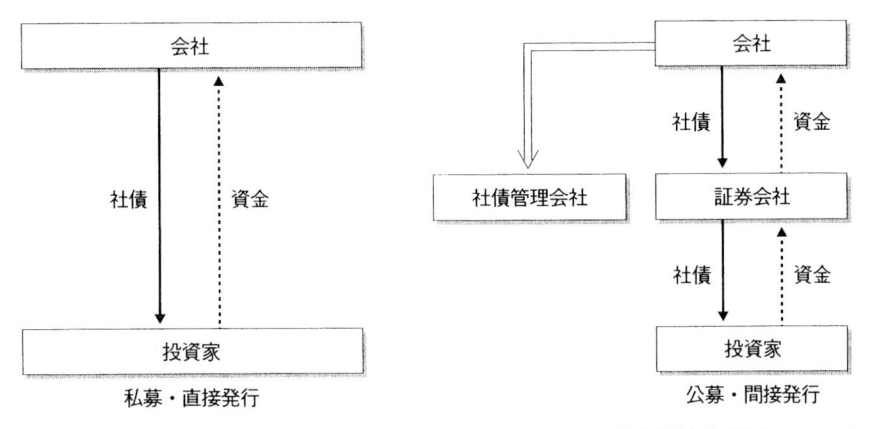

ような場として社債権者集会がある。社債が債務不履行になったときにこの集会が重要となってくる。社債管理会社がこの集会を取り仕切ることになる。社債管理会社は社債発行会社の主力銀行であることが多い。このため，利益相反が問題になっていた。例えば，マイカルの破綻時には主力銀行が社債管理会社であったために，融資の回収を優先して社債権者のための資金回収が遅れたという指摘がなされた。そこで，会社法では社債管理会社がその任を降りることが可能になった。投資家が公平さの観点から社債管理会社の交代を求めることも可能となったのである。

株式の場合と同様に，新たに発行される社債の販売を募集，すでに発行された社債を販売することを売出という。また，発行価格と額面の関係から，それらが一致したパー発行，発行価格が額面よりも大きいオーバー・パー発行，発行価格が額面よりも小さいアンダー・パー発行がある。

1-4 社債発行の現状

図表7－5は国内における日本企業の社債発行状況の推移を，図表7－6は海外における日本企業の社債発行状況の推移を示している。株価が右肩上がりに上昇したバブル景気の頃（1986－1989年）には，エクイティ・ファイナンスが好調であった。この時期には国内でも海外でも多くのCBやWBが発行された。その後，株価が低迷するとCBやWBの発行が低調に推移してきた。1998年以降もこの傾向が続いている。

まず気づくことは国内でSBを発行する件数と調達額が大きいということである。1998年から2007年まで日本の金利は世界と比較してかなり低い水準にあった。このために，日本企業は低金利の円資金を調達するためにSBを発行してきた。反面，海外で高金利通貨を調達するメリットは特にない。このために，海外でのSBの発行は2001年以降0件である。第2に，国内，海外ともWBが2003年以降発行されていないということである。株価が将来上昇するという期待がないとCBやWBは発行されにくい。CBはSB部分と株式が交換されるから投資家にとってみれば新たな資金の払い込みは必要ないが，WBはSB部分が残ったまま株式を取得するために追加の資金の払い込みが必要となる。株価が上昇するという強い傾向がない限り，WBは投資家にとっては魅力に欠けてしまう。2004年や2006年の株価回復時にCBの発行が一時的に増加しているのみである。

図表7-5 社債発行（国内）の推移

単位：件，億円

	普通社債（国内）		転換社債型新株予約権付社債（国内）		新株予約権付社債（国内）	
	件数	調達額	件数	調達額	件数	調達額
1998年	737	12439900	9	226580	10	10239
1999年	379	6700500	27	567000	17	34191
2000年	388	7756060	23	341149	34	60207
2001年	321	7250500	21	281971	35	56178
2002年	247	5966000	20	456483	6	6352
2003年	318	5447000	10	56900	0	0
2004年	249	4084500	63	539600	0	0
2005年	277	5532500	94	713950	0	0
2006年	274	4780000	88	1351550	0	0
2007年	359	6930800	20	94202	0	0

出所：「東証統計年報」より作成

図表7-6 社債発行（海外）の推移

単位：件，億円

	普通社債（海外）		転換社債型新株予約権付社債（海外）		新株予約権付社債（海外）	
	件数	調達額	件数	調達額	件数	調達額
1998年	115	1492923	12	100910	0	0
1999年	219	1914281	34	378254	2	216400
2000年	81	826836	19	251884	3	21546
2001年	0	0	30	546807	3	46500
2002年	0	0	28	812997	1	52800
2003年	0	0	49	930131	0	0
2004年	0	0	92	1592545	0	0
2005年	0	0	29	373800	0	0
2006年	0	0	39	1150700	0	0
2007年	0	0	29	715640	0	0

出所：「東証統計年報」より作成

1-5 私募債の利用

　社債は一度に多額の資金を低コストで調達できる方法である。しかし，企業に信用力がないと投資家に購入してもらえないため，中小企業は利用することができない。中小企業であっても大企業のように多様な資金調達手段が使えるようにと，日本政府が主導する形で次のような工夫がなされている。

　第1に少人数私募債である。これは50名未満の縁故者や取引先，従業員を引受先として発行する社債のことをいう。株式会社であれば中小企業であっても発行可能な社債である。発行の要件としては，6か月以内，プロの投資家がいないこと，1口の社債券面額が発行総額の1/50以上であることがある。

　第2に金融機関引受私募債である。1999年の中小企業信用保険法の改正により，中小企業によって発行された私募債に対して信用保証協会は保証を付けることが可能になった。信用保証協会とは，昭和28年に信用保証協会法に基づいて設立された公的機関であり，中小企業が借入をする際に公的な保証人の役割を担っている組織である。信用保証協会の保証付の私募債を金融機関に買い取ってもらうことで，中小企業も社債発行によって資金調達することができる。

　第3に社債担保証券（CBO：Collateralized Bond Obligation）である。これは私募債を束ねてリパッケージし，投資しやすくした証券のことである。後述するようなアセット・バック証券の1つである。

2　資産の証券化

2-1　証券化とは

　資産担保証券とは，企業が保有する債権や資産を売却または信託し，債権や資産から回収される資金を原資として発行された証券である。このように，企業が保有する債権や資産が証券の形で流通することを証券化（securitization）という。

　証券化により，企業は株式や社債の発行や借入のときのように信用力を利用しなくても，保有する債権や資産を使うことで資金調達できる。調達した資金を負債の返済に充てることで負債比率を下げることができ，また資産額を減らすことで資産効率を向上させることができる。

証券化が最初に行われたのはアメリカであり，特に1970年代末以降，金融機関が住宅ローン債権を流動化することで広まっていった。その後，アメリカ以外の国々でも証券化が進み，金融機関はクレジットカードの売上債権や住宅ローン，リース債権を担保として証券化を進め，一般事業会社は自社ビル等の資産を担保として証券化し，資金調達している。

　2007年度の資産担保証券による資金調達額は約7.8兆円であった。住宅ローン債権の証券化が多く，不動産を担保とした商業向けの貸付債権の証券化，リースの証券化，消費者/カードローン，オートローン，ショッピングクレジットの証券化等から成る。

2-2　アセット・バック証券

　金融債権や自社ビル等の資産を担保として発行される証券をアセット・バック証券（ABS：Asset-Back Securities）という。貸付債権のうち不動産を担保とするものを特にモーゲージ証券（MBS：Mortgage Backed Securities）という。

　図表7－7はABS発行の仕組みを示している。まず，原債権者が保有する債権や資産を特別目的会社（SPC：Special Purpose CompanyあるいはSPV：Special Purpose Vehicle）に売却する。SPCはABSを発行する目的だけで設立された機関である。SPCは購入した債権や資産を担保としてABSという証券を発行し，これを投資家に売却して資金を調達する。銀行が発行されたABSを信用保証す

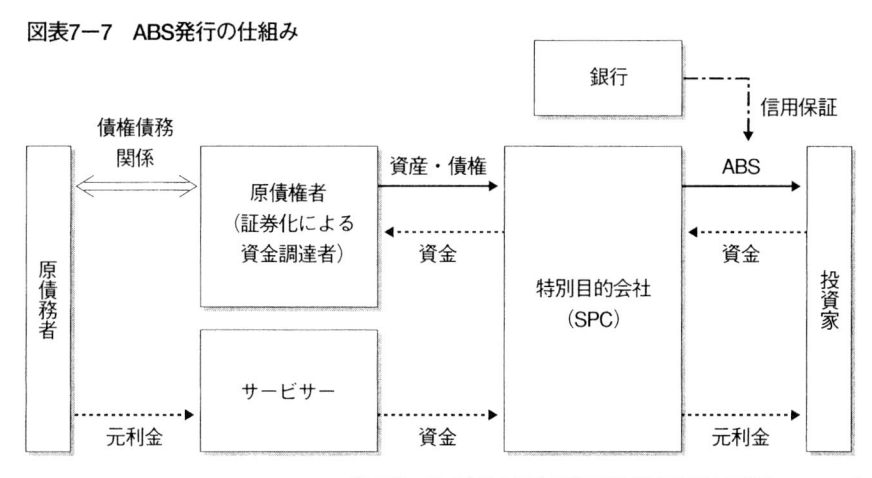

図表7-7　ABS発行の仕組み

ることが多い。リスクとリターンの異なる複数種類のABSが発行されることもある。

　原債務者からの回収はサービサーと呼ばれる専門の機関や会社が行う。手数料を差し引いた残額がSPCに渡され，ABSの投資家に対して元利金が支払われる。銀行等がABSの信用保証を行うので，ABSの投資の安全性は比較的高いといわれている。

2-3　モーゲージ証券

　モーゲージ証券（MBS：Mortgage Backed Securities）は，種類・金利・満期が同じ住宅ローンを証券化したものである。図表7－8はMBS発行の仕組みを示している。原債権者である住宅ローンを貸し出した金融機関が，例えば返済期限が同じような同種類の住宅ローンを集めたモーゲージ・ローン・プールをつくり，これを政府系金融機関に売却あるいは信託する。その後，ローン・プールの共有持分を表す受益証券としてMBSが発行される。

　住宅ローンの回収者であるサービサーは原債権者である金融機関があたり，回収手数料や保証手数料が差し引かれた残額が投資家に支払われる。MBSは，政府系金融機関によってローン・プールが買い取られたりして，元利金の支払

図表7－8　MBS発行の仕組み

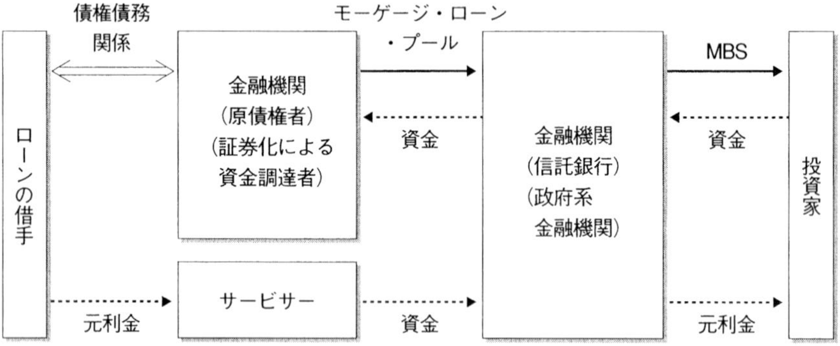

い保証がなされるために，投資の安全性が高いという特徴がある。

図表7－9　CLOの発行の仕組み
【東京都CLOの基本スキーム】

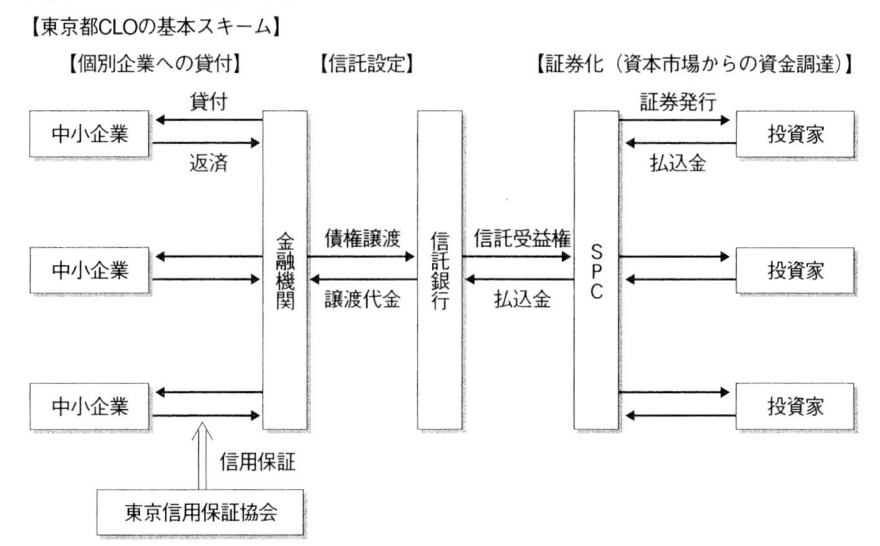

【個別企業への貸付】　【信託設定】　【証券化（資本市場からの資金調達）】

（中小企業―金融機関：貸付／返済）
（金融機関―信託銀行：債権譲渡／譲渡代金）
（信託銀行―SPC：信託受益権／払込金）
（SPC―投資家：証券発行／払込金）
（東京信用保証協会―中小企業：信用保証）

出所：東京信用保証協会ホームページ

2-4　ローン担保証券

　ローン担保証券（CLO：Collateralized Loan Obligation）は中小企業向けの貸付を証券化したものであり，ABSの1種類である。図表7－9はCLOの発行の仕組みを示している。

　金融機関（銀行など）が中小企業向けに資金を貸し出し，その貸出債権を信託銀行に譲渡する。信託銀行は信託受益権をSPCに譲渡する。SPCは信託受益権を担保にしてローン担保証券（CLO）という社債を発行して投資家に購入してもらう。なお，中小企業が金融機関から貸出を受ける際には信用保証協会から信用保証を受ける必要がある。こうすることで，投資家に販売するCLOの格付けが上がるからである。前述したCBOも基本的な仕組みは同じである。CLOもCBOもこれを購入する投資家の数が少なく，中小企業の場合，証券化を利用した資金調達の件数，金額ともまだ低水準にある。

2-5　売掛債権の証券化

売掛債権の証券化とは，中小企業が保有する売掛債権を金融機関に譲渡あるいは信託して資金調達を行い，金融機関がその売掛債権を裏付け資産として証券を発行するABSの1種類である。基本的な仕組みはCLOと同じである。発行された証券を投資家が購入するのであるが，この一部を商工中金という金融機関が購入できるのであり。また，日本銀行もこの証券を担保適格等としており，これによって投資家は証券の換金が容易になっている。中小企業の資金調達や資金繰りを良くしようという目的をもった証券化である。

【7章の課題】

(1) CBとWBを発行した会社の貸借対照表上の違いを説明しなさい。
(2) エクイティ・ファイナンスとは何か。
(3) 格付けとデフォルトリスクの関係を述べなさい。
(4) 最近の社債発行市場の動向について論じなさい。
(5) 中小企業の資金調達手段と証券化の関連について述べなさい。

8章 株式会社の資金調達手段(3) 銀行借入

　本章では資金調達手段としての銀行借入の現状と方法について学習する。銀行借入はかつては大企業の主要な資金調達手段であったが，資金調達手段の多様化と共にその比率は低下している。中小企業は現実の問題として銀行借入以外の多様な資金調達手段を利用することができず，必然的に銀行借入への依存度が高くなっている。

　そこで，まずは中小企業にとっての銀行借入方法について説明する。次に，大企業の銀行借入に関する新しい方法である協調融資，市場金利連動型融資，新株予約権付きローンなどについて解説する。最後に，リース取引を取り上げて，これが銀行借入の代替手段であることを説明する。

1 銀行借入

1-1 銀行借入の現状

　図表8－1は，1999年から2004年にかけての四半期毎の中小企業向け貸出残高と大企業向け貸出残高の推移を示している。ここからわかることは次の2点である。第1に，日本の場合，最近は大企業向けよりも中小企業向けの貸出残高の方が約2倍大きいということである。これは，大企業が多様な資金調達手段を利用できるのに対して，中小企業はそれができずに銀行借入への依存度が高いという事実に一致している。第2に，大企業向け貸出残高と中小企業向け貸出残高がどちらも縮小傾向にあるということである。ただし，「中小企業白書2007年版」を見ると，中小企業向け貸出残高は2005年度第Ⅱ四半期の約245兆

図表8—1　中小企業向け貸出残高と大企業向け貸出残高の推移

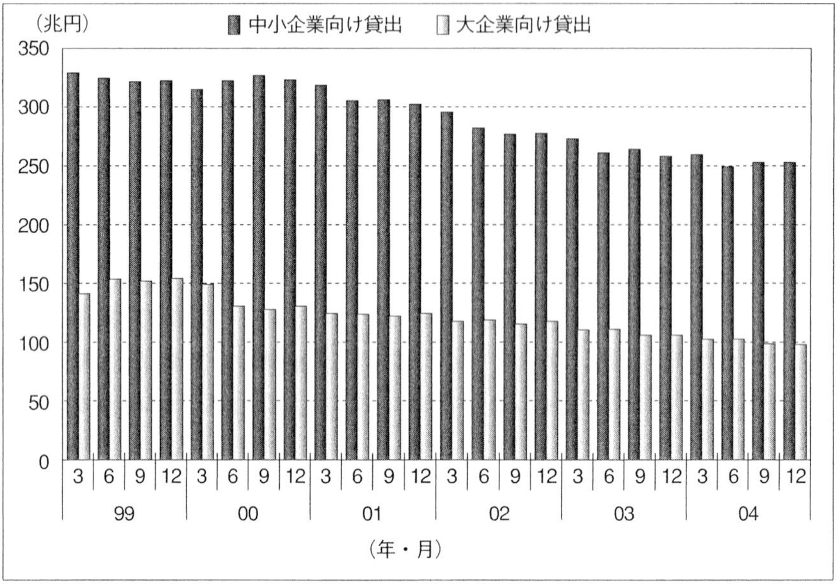

出所：日本銀行「金融経済統計月報」他より中小企業庁調べ
　　　「中小企業白書2005年版」第2-2-1図

円を底にして，2006年第Ⅳ四半期には約257兆円まで増加している。

　図表8－2は，1996年度から2006年度まで半期毎の金融機関業態別貸出金残高に関する推移を示している。都市銀行の貸出残高は長期的に下降傾向にあったが，2006年度前期に増加傾向に転じている。これは同期に過去最高利益を計上した銀行が多くなり，不良債権の処理も進み，積極的な事業活動を再開したことによる。他方，地方銀行や信用金庫，信用組合などの地域金融機関はいち早く2005年度から貸出残高を増加させている。この背景には，特定の地域で地元の中小企業との取引経歴の長い金融機関が積極的な事業活動を行っていることがある。元々，有利な貸出先の少ない地域金融機関が都市銀行の貸出額の低下と貸出態度の厳格化に対して攻勢をかけた面もあったと思われる。

　以上の分析から，最近は中小企業にとって銀行借入は重要な資金調達手段となっているといえる。地域金融機関だけでなく都市銀行にとっても，中小企業向け貸出は重要な事業となっていることがわかる。そこで，以下でははじめに中小企業を念頭に置いて銀行借入の方法を説明していく。続いて，大企業向け

図表8-2　金融機関業態別の貸出金残高の推移

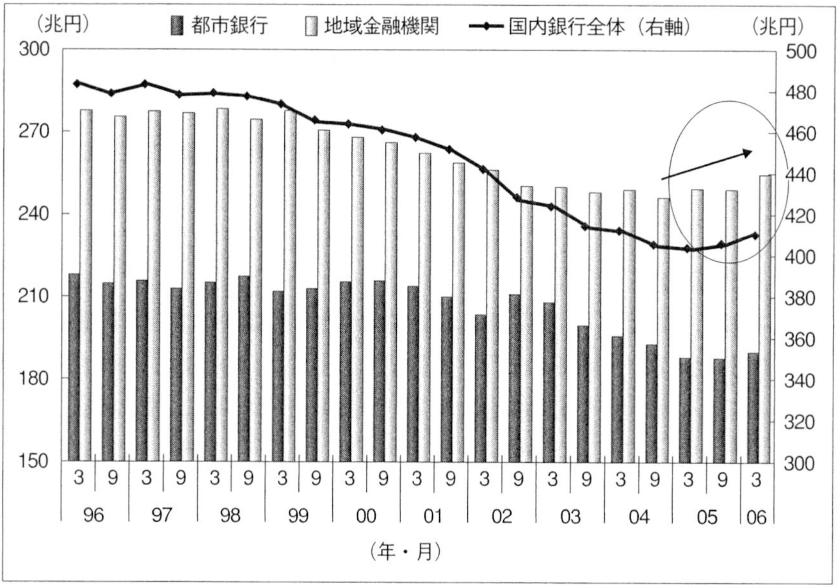

注：1．各金融機関の銀行勘定貸出残高である。
　　2．地域金融機関とは、「地方銀行」、「地方銀行Ⅱ」、「信用金庫」、「信用組合」の合計である。
出所：日本銀行「金融経済統計月報」
　　　「中小企業白書2006年版」第2-3-1図

　貸出に続いて、大企業に向け貸出で使われはじめている新しい方法について説明する。

1-2　銀行借入の方法

　銀行借入を希望する企業は、銀行と交渉する前に次の4つの条件を決定しておかなければならない。それらは、「希望する借入金額、金利、通貨」、「借入予定日と返済日」、「担保や保証人」、「借入形態と返済の財源」である。

　借入形態には次の4つがある。第1に、手形借入である。これは企業が銀行に対して手形を振り出し、支払日までの期間の利子を差し引いた残額を借り入れる方法である。第2に、手形割引である。これは、他社が振り出した手形をその支払日前に銀行に持ち込み、銀行が支払日までの利子を先取りし、その残金を手形を持ち込んだ企業が借り入れる方法である。第3に、証書借入である。これは、企業が銀行に対して借入証書を提出する形で資金を借り入れる方

法である。借入証書には担保や保証人等が記載されるために長期借入に利用されることが多い。第4に，支払承諾である。これは，銀行が直接資金を貸し出すのではなく，借入先の企業に対して債務保証を行う形での銀行貸出である。債務保証を受けた企業は他社から資金を借り入れることになる。

借入を希望する通貨が円以外の外貨である場合，外貨の銀行借入となる。これをインパクトローンという。

1-3　担保について

日本の場合，銀行借入をする際には伝統的に土地や建物のような不動産を担保として設定することが多かった。最近は，大企業においては無担保であることもある。しかし，中小企業においては，物的担保とは別に，個人保証（人的担保）の設定や，信用保証協会の利用が求められることが多いようである。個人保証のほとんどが代表者の個人保証であり，ついで代表者の親族の保証が付されている。

アメリカでは，土地は無価値とみなされるために担保となることはなく，手形や売掛金，在庫などが担保として付されている。これらの担保物件の所有権は譲渡されるが，手元においてそれを使用することはできるようになっている。また，個人保証は人権侵害の恐れから設定されることはない。

日本政府もこのようなアメリカの慣行を参考にして，中小企業対策として保証や担保を設定しない貸出の拡大を図り，また，不動産以外の資産を担保として設定できるような仕組みを推進している。最近になって，預金，債券，有価証券，手形や売掛金が担保として設定されることも多くなり，ようやく在庫が担保として認められるようになっている。

1-4　個人保証

企業が銀行から融資を受ける際に，経営者などの個人が企業の債務返済を保証することを個人保証という。図表8－3はこの仕組みを図示している。

中小企業の場合，担保や信用力が低いために，銀行は返済されないリスクを避けるために経営者の個人保証を求めることが多いとされる。企業が倒産した場合，保証人は自宅や預貯金などの個人資産を処分して債務を返済する必要がある。完済できないときには破産になる。中小企業白書によると，経営者が倒

図表8−3　個人保証の仕組み

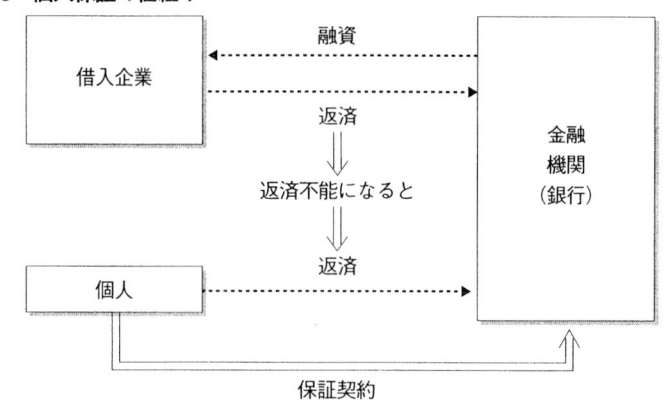

[図：借入企業と金融機関（銀行）の間に「融資」「返済」の矢印。返済不能になると個人が返済。個人と金融機関の間に保証契約。]

産で負った債務額は1億円から5億円が全体の40％以上を占める。破産した場合には再び起業することは難しくなり，第三者保証ではその被害が広がってしまう。また，企業が損失を拡大しているときに倒産などの法的整理に踏み切れない可能性が指摘されていた。

　保証には，特定の債務だけを保証する普通の保証の他に根保証という慣行がある。普通の保証では債務を返済すれば保証も消えることになり，新規の借入や借入金を増額する際には改めて保証契約を結び直す必要がある。このような手間をなくすために，継続的な取引で変動する債務を保証する根保証が利用されてきた。根保証のうち，限度額と期間を定めないものを包括根保証という。この場合，保証した個人の負担が際限なく膨らむ可能性があった。そこで，日本政府は2005年4月に民法を改正してこのような包括根保証を無効にした。併行して，日本政府は銀行に対して無保証の貸出をするように要請をしている。これを受けて，銀行の中には会社法で導入された会計参与制度を採用して，税理士や会計士と共に決算書を作成した場合には，通常よりも低い金利で借入を受けられたり，保証人なしでも良いとする優遇措置をするところも現れている。

1-5　中小企業向け公的信用保証制度

　担保や信用力が低い中小企業が金融機関から融資を受ける場合，中小企業が各地の信用保証協会に保証料を支払って，代わりに債務保証を受けられる仕組

図表8-4　公的信用保証制度と信用保険の仕組み

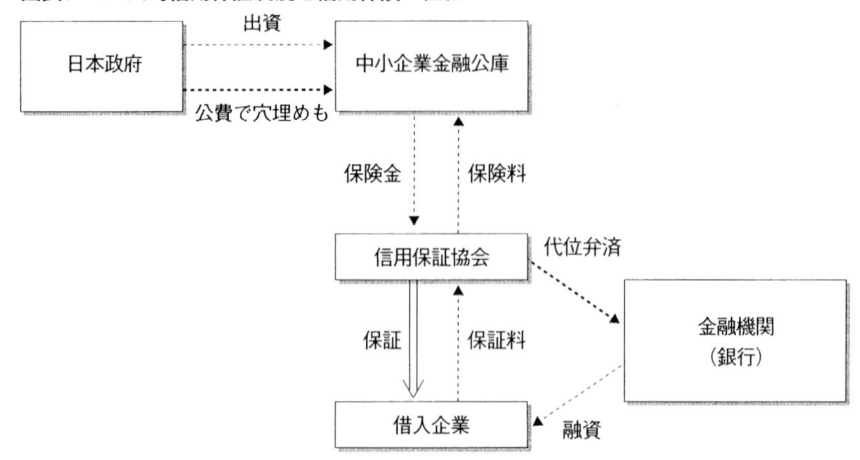

```
日本政府 ──出資──→ 中小企業金融公庫
        ──公費で穴埋め──→
                           ↑↓
                        保険金 保険料
                           ↓↑
              信用保証協会 ──代位弁済──→ 金融機関
                  ↑↓                    （銀行）
                保証 保証料                ↓
                  ↓↑                    融資
                借入企業 ←──────────────
```

みを公的信用保証制度という。図表8-4はこの仕組みを図示したものである。

　信用保証協会は公的信用保証制度を利用したい申し出があった場合，まず企業の信用審査を行う。信用審査の結果この制度が利用できる企業であった場合，金融機関に対して債務保証を行う。担保付きの場合には上限の保証額は2億円，無担保の場合には8,000万円である。もしも債務保証をした企業が金融機関からの借入金を返済できないときには，信用保証協会が銀行に資金を返済する。これを代位弁済という。代位弁済額は以前は100％であったが，2007年10月から80％に引き下げられている。

　中小企業は債務保証を受ける際に信用保証協会に保証料を支払う。以前は保証料は一律であったが，2006年4月から企業のリスクに応じて格差（0.5％から2.2％）が設けられている。

　信用保証協会は日本政府が出資している中小企業金融公庫に保険料を支払う。代位弁済をする場合には，弁済額の70％が公庫から保険金として支払われる。このような公庫の仕組みを信用保険制度という。この信用保険制度は公的信用保証制度の他に民間銀行も利用している。信用保険事業が赤字になった場合，国が公的資金を使って損失の穴埋めを行う。実際に，年当たり数千億円程度の穴埋めを行っている。

1-6　売掛債権担保融資保証制度と売掛債権の買い取り

　2001年に中小企業信用保険法が改正され，中小企業が売掛債権を担保として銀行借入を行う際に，信用保証協会から保証を受けることが可能となった。これを売掛債権担保融資保証制度という。ただし，利用金額は伸び悩んでいる。多くの売掛債権には譲渡を禁じる特約が付いており，これを担保に使えないからである。

　銀行が大企業，中小企業の保有する受取債権を買い取り，これをSPCが証券化して投資家（主に投資信託）に販売する。日銀は，中小企業の資金繰りを良くする目的で，売掛債権を担保とした資産担保証券の一部を買い取っている。

　資産担保証券としては，期間が1年超の資産担保債権と，1年以内の資産担保CPがある。2003年3月末時点での市場規模は，前者が1.5兆円（364件），後者が20.2兆円（64件）である。会社にとってみれば売掛債権が流動化するファクタリングの1種である。

1-7　動産担保融資

　形を変えずに移転できる資産のうち不動産に属さないものを動産という。動産には商品や貨幣などが含まれる。このような動産を担保にして銀行借入する仕組みを動産担保融資という。中小企業はあまり不動産がないために早くから動産担保融資の必要性が指摘されていた。日本では2005年に動産に対する担保権の登記制度が整備され，担保としての価値が保全されるようになってから利用が広がってきている。

　動産のうち担保に供されているものには農産物や機械設備がある。特に，農

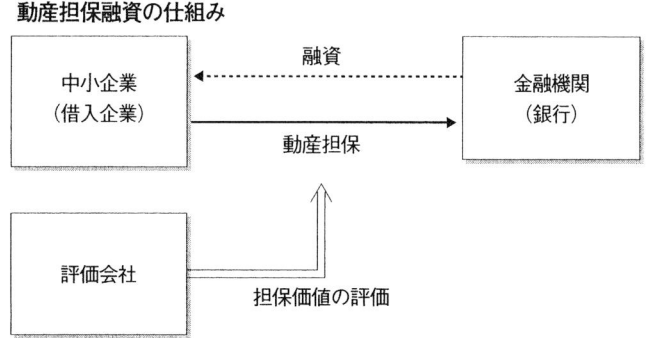

図表8−5　動産担保融資の仕組み

業向け融資に力を入れている地域金融機関で件数，金額とも増加している。動産担保の例として，豚や小松菜，みりん，昆布・煮干し，ピアノ，コンクリート車，ロボットなどの事例がある。

知的財産を担保にする融資も仕組みは同じである。ビジネスモデル特許や商標権を担保にした事例がある。

1-8　無担保ローン

最近，銀行が中小企業向けに貸し出しをする際に，物的担保の提供や代表者の保証を審査項目として重視する割合は低くなってきている。代わりに，計算書類等の信頼，技術力，経営者（代表者）の資質が重視されるようになってきている。経営者の資質の中でも，経営意欲や実行力，判断力が重視される傾向にある。経営者がこのような資質を銀行に伝えるにはどうしたらよいか。

中小企業白書によると，銀行は経営者（代表者）の資質を判断する際に，代表者との面談を重要視していることがわかる。他にも，銀行は経営方針や経営理念，事業計画の進捗状況等からも経営者の資質を判断している。中小企業白書は，銀行との緊密な関係を構築するために正確な業況見通しを作成し，自主的に積極的に銀行にそれらを報告し，事業の利益性等を判断する際の材料としてもらい，無担保融資を受けることを薦めている。

2　新たな大企業向け貸出方法

2-1　協調融資

従来から存在する銀行借入では，銀行と企業が借入金額や金利などを1対1の相対取引で決定してきた。このために，企業からみると必要な金額を1行からしか借り入れできず，銀行からみると貸出先企業が倒産した場合にはそのリスクを1行で負わなければならなかった。協調融資では，幹事銀行が企業と借入条件を決めて，この同じ条件で他の銀行等の金融機関が融資する仕組みである。つまり，複数の金融機関が融資団を組み，同一の条件で1つの企業に融資する仕組みである。シンジケートローンともいう。

協調融資では，1つの銀行が特定の企業に多額の融資を行うリスクを軽減す

ることができ，また貸出債権は銀行間で取引することができるという社債に近い性格を持つために，流動性も確保されている。この意味において，協調融資は市場型間接金融の1つである。企業にとっては協調融資によって一度に多額の資金を同一条件で調達することができ，このために大型のM＆A資金を調達する際や大企業の企業再生時に利用されることが多い。

2-2　市場金利連動型融資

　市場金利連動型融資とは，東京銀行間取引金利（TIBOR：Tokyo Inter-Bank Offered Rate）に借入企業の信用度に応じて一定の金利が上乗せされることで適用金利が決定される融資の方法である。スプレッド型融資とも呼ばれる。融資期間が1から6か月程度の短期銀行借入の際に利用できる。TIBORは貸出市場の需給関係等で決定される市場金利であり，これに基づいているために適用される金利は変動しやすい。上乗せされる金利は年0.1％から1.1％程度であり，大企業で財務内容が良い企業は年1％程度の超低金利で資金が調達できることになる。

2-3　融資枠（コミットメントライン）

　企業が銀行等の金融機関にあらかじめ手数料を支払って，一定金額までいつでも自由に借り入れできるように設定した枠のことを融資枠とかコミットメントラインという。融資枠を設定することで企業は不測の事態に備えて現金預金を積み増しておく必要がなくなり，またM＆A等の機動的な経営判断が必要なときに利用できる。金融機関にとっては，実際に融資して資産を増加させることなく，手数料収入を得ることが可能になる。融資枠を1年毎に見直す場合が多いが，最近は複数年のものも増えてきている。

2-4　新株予約権付きローン

　2008年1月31日に，住友金属鉱山が新株予約権付きローンを使って三井住友銀行から1,000億円を調達することを発表した。新株予約権付きローンは会社法の施行によって可能になった銀行借入の方法であり，この事例が初めてとなる。

　図表8－6はこのローンの仕組みを示したものである。このローンは2008年

図表8-6 新株予約権付きローンの仕組み

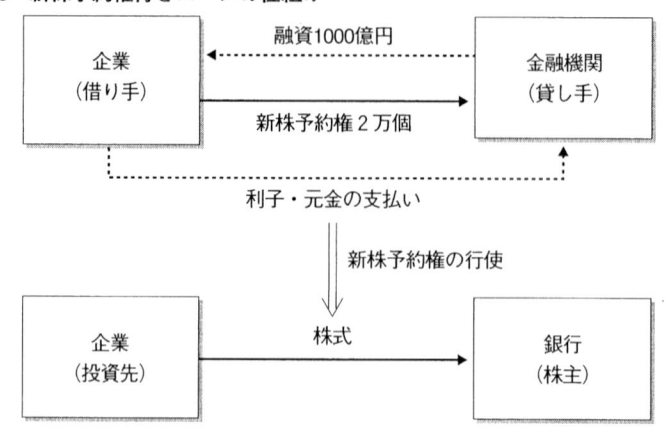

```
┌─────────┐  融資1000億円   ┌─────────┐
│  企業   │ ←------------  │ 金融機関 │
│ (借り手) │ ─────────────→ │ (貸し手) │
└─────────┘ 新株予約権2万個 └─────────┘
     ↑                          │
     └── 利子・元金の支払い ──────┘
                │
                │ 新株予約権の行使
                ↓
┌─────────┐      株式       ┌─────────┐
│  企業   │ ─────────────→ │  銀行   │
│ (投資先) │                │ (株主)  │
└─────────┘                └─────────┘
```

2月8日を実行日,2015年2月8日を満期日とした1,000億円の無担保・無保証の銀行借入であるが,新株予約権2万個を銀行に対して発行している点が新しい。新株予約権とローンは一体型であって分離できないとされている。銀行が新株予約権を行使した場合には,企業は新株か自社株を銀行に渡すことになり,これと引き換えにローン元本は相殺される。この際には企業側の貸借対照表上では負債が減り,同額の自己資本が増加することになる。つまり,転換社債(CB)と仕組みは同じである。行使価額は新株予約権の行使の効力が発生した日の売買高平均価格となっている。それが発行決議前日(1月30日)の株価(終値)の1749円を下回る場合には1749円を下限として,既存株主の権利が希薄化しないように配慮されている。

住友金属鉱山が新株予約権付きローンを選択した理由として,ニッケル等の海外での鉱山開発に必要な多額の資金を一度に調達できること,新株予約権を付与することで年1.45%の固定金利という有利な条件となること,将来は自己資本の増強につながること,既存株主の権利の希薄化に配慮できることなどをあげている。

しかし,その後の株価の動きから判断すると投資家の反応はネガティブなものであった。下限の1749円で権利行使された場合,銀行の持株比率は9.8%程度になって大株主になる可能性がある。これが,銀行との株式持ち合いや新たな買収防衛策として機能するのではないか,あるいは銀行の権利濫用につなが

コラム

銀行の投融資

単位：％

銀行の資産2006年3月末		以前のリスク算定	現在のリスク算定
貸出 3398兆円	住宅ローンなど（114兆円）	50	35
	地方公共団体（14兆円）	0	0
	大企業向け貸出（89兆円）	100	20，50，100，150
	中小企業向け貸出（181兆円）	100	75
投資 207兆円	株式（33兆円）	100	100
	国債（93兆円）	0	0
	その他有価証券（81兆円）	100	350，1250

　銀行は資産に見合った自己資本の最低基準が決められている。その基準を満たす自己資本の算定の際には，まず銀行の資産内容によってリスクが勘案されて資産額が決定される。例えば，現在の算定方式では住宅ローン債権の35％，中小企業向け貸出債権の75％が資産とみなされる。地方公共団体向け貸出債権や国債への投資額は０％であり資産とはみなされない。これらの合計額のうち，国内業務だけを営む銀行では４％，国際業務も営む銀行では８％の自己資本が必要とされる。

　金融庁は2007年３月期以降，国際的なリスク管理規制であるバーゼルⅡを採用した。以前は大企業向け貸出債権の100％を資産としていたが，現在は個々の債権は精緻に見積もられ，リスクは20から150まで４つに分けている。特に，その他有価証券は以前の100から350または1250へと厳格化された。ここには，ファンド向けの投資が含まれ，どのような運用を行っているか不明なファンドに投資した場合には1250が適用される可能性がある。銀行は自己資本を積み増して投資するか，資産を減らすかの選択を迫られた。

　　　　　　　　　　　参考資料：「日本経済新聞」2006年11月28日

る恐れがあるのではないかという反応であった。このような反応の中，住友不動産は新たな不動産投資の資金を調達するために1200億円の新株予約権付きローンを組むと発表した。新株予約権の割当先は三井住友銀行，住友信託銀行，住友生命の３つの金融機関である。すべての新株予約権が行使された場合，３

つの金融機関合計で最大23.2%の持株比率となる。今後も様々な目的から同様の借入方法を採る企業が増加する可能性がある。

3 ファイナンス・リース

　リース事業協会の説明を参考にしてリース取引について説明しよう。企業は事業経営の遂行に必要な設備を調達しなければならないが、自己資金が不足している企業や信用が低い企業は借入等がままならず、設備を購入するのに必要な資金を調達できない。そこで、設備を購入することではなく使用することが設備投資の本来の目的であることに着目し、新たな設備調達手段として1952年にアメリカで誕生したのがリースである。以前からオフィスの賃貸借がリースと呼ばれていたので、これと区別するために新たなリースをファイナンス・リースという。これは、設備投資資金を貸借するのではなくて、設備投資資金調達の代替手段として設備を賃貸借する取引である。

　図表8-7はリース取扱高、リース設備投資額の推移と、リース比率（=100%×リース設備投資額/民間設備投資額）を示している。2005年度のリース比率は9.47%、2006年度のリース比率は8.82%であり、リース設備投資額は民間設備投資額の約1割弱の規模である。2005年度のリース取扱高は79413億円であるが、そのうち資本金1億円超の大企業は45.9%、官公庁が5.4%、中小企業と個人企業が48.7%の利用となっている。業種分類では製造業が24.3%、

図表8-7　リース取扱高、リース設備投資額の推移

年度	リース取扱高	リース設備投資額	民間設備投資額	リース比率
2000	79457億円	69922億円	724526億円	9.65%
2001	77337億円	69148億円	688294億円	10.05%
2002	73743億円	66052億円	651154億円	10.14%
2003	73778億円	65917億円	673970億円	9.78%
2004	76252億円	68086億円	710848億円	9.58%
2005	79413億円	71017億円	749915億円	9.47%
2006	78677億円	71213億円	807574億円	8.82%

出所：リース事業協会ホームページから作成

非製造業が65.6%となっている。機種分類を見ると，コンピュータ等の情報通信機器が34.0%，商業及びサービス業用機器が15.8%，産業機械が13.1%，輸送用機器が9.3%，事務用機器が9.1%，医療用機器が4.9%，工作機械が3.1%，土木建設機械が2.1%，その他8.6%となっている。

　日本の会計上の定義では，ファイナンス・リースとはリース契約に基づくリース期間の中途において当該契約を解除することができないリース取引またはこれに準ずるリース取引であって，借り手がリース物件からもたらされる経済的利益を実質的に享受することができ，かつ当該リース物件の使用に伴って生じるコストを実質的に負担する取引のことである。このうち，借り手がリース物件からもたらされる経済的利益を実質的に享受し，コストを実質的に負担することをフルペイアウトという。

　解約不能（ノンキャンセラブル）でフルペイアウトをファイナンス・リースの定義としているので，次の5つの要件を満たすものがファイナンス・リースとみなされる。5つの要件とは，リース物件の所有権が借り手に移転するリース，割安購入選択権付きリース，特別仕様物件のリース，リース料の総額の現在価値がリース物件の購入金額の90%以上，解約不能リース期間がリース物件の経済的耐用年数の75%以上，である。ファイナンス・リースに該当しないリースをオペレーティング・リースという。

　図表8－8はファイナンス・リースの仕組みを図示している。この取引はユーザーである企業等がまず設備等のリース物件を選定する（①）ことから始ま

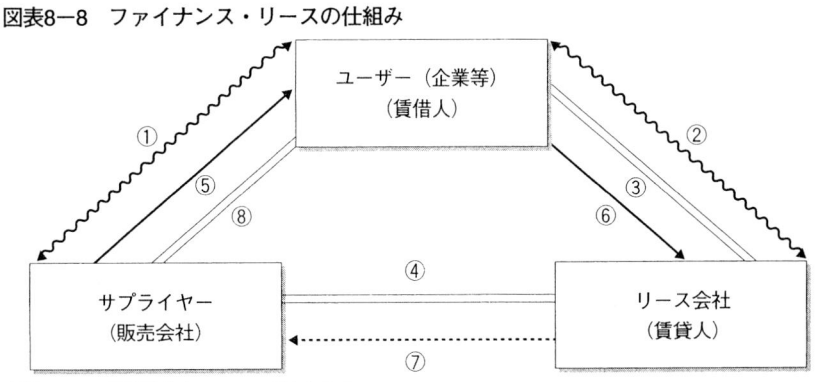

図表8－8　ファイナンス・リースの仕組み

出所：リース事業協会ホームページから作成

る。次に，賃貸人であるリース会社に選定した物件のリース契約を申し込み，リース会社がユーザーの信用等を審査した（②）後，リース契約が結ばれる（③）。リース会社はユーザー指定のサプライヤー（販売会社）と販売契約を締結し（④），サプライヤーからリース物件が直接，ユーザーに納入される（⑤）と，ユーザーはリース物件を検査して物件借受証を発行し，リースが開始される（⑥）。その後，購入代金が支払われる（⑦）。リース物件の保守契約はサプライヤーとユーザーの間で結ばれる（⑧）。

　以上のように，ファイナンス・リースの経済的実態は売買により資産を自己所有した場合とよく似ている。このために，日本の会計基準では，ユーザー側の企業におけるファイナンス・リースは通常の売買取引に準じて処理される。この場合，リース資産の取得原価はリース料の総額から利息相当額を差し引かれた金額で計上される。リース料の総額とその試算を現金で購入した際の金額の差が利息相当額であるとみなされて差し引かれるのである。

　リース物件の所有権がユーザー側の企業に移転しない場合には，ファイナンス・リースであってもオペレーティング・リースのように賃貸借処理が認められるという例外規定があった。リースを利用する企業はこの例外規定を使ってリース料を損金算入していたが，2008年4月からこの規定は廃止された。リース取引の減少が予想されている。

【8章の課題】

(1) 最近の銀行借入（貸出）残高について，大企業向け貸出と中小企業向け貸出，都市銀行と地域金融機関に分けて説明しなさい。
(2) 銀行借入に関する担保と保証に関する最近の動きについて述べよ。
(3) 大企業向け貸出の新しい方法についていくつかの例をあげて説明しなさい。
(4) ファイナンス・リースとは何か。どうしてこのリース取引は通常の資産の売買のように会計処理されるのか。

9章

資本コスト

　会社の経営者やその部下である企業財務担当者は企業価値（＝株式価値）を最大化することを目的として，資金調達や設備投資，資本構成，配当政策など，資金の流出入に関する決定を行わなければならない。このような決定を企業財務政策とか単に財務政策という。投資家の立場から見れば，会社が行った企業財務政策が将来の株価にどのような効果をもたらすかを予想することは重要である。

　本章では企業財務政策を理解するために必要な基礎事項や重要な概念を説明する。具体的には，資金の時間的価値，債券や株式の理論価格の決定理論，資本コストである。

1　現在価値と証券の理論価格

1-1　資金の時間的価値

　簡単な計算例を利用して資金の時間的価値について理解しよう。現在，100万円を年利率10％の複利で銀行に預金したときの1年後，2年後そして3年後の元利合計について考えてみる。預金した100万円は1年後には10万円の利息を生み出し，元利合計は110万円となる。これは，100万円に1.1（＝1＋0.1）をかけて計算される。同様に，2年後，3年後の元利金合計はそれぞれ100万円に$(1.1)^2$，$(1.1)^3$をかけて121万円，133.1万円と計算される。このように現在の100万円は1年後，2年後，3年後には100万円ではなく，時間の経過と共にその価値を増加させていく。現在の資金の価値を将来の価値で評価した値を将来価値という。

図表9−1 将来価値表

	1%	2%	3%	4%	5%	7%	10%	12%	15%
1年	1.010	1.020	1.030	1.040	1.050	1.070	1.100	1.120	1.150
2年	1.020	1.040	1.061	1.082	1.102	1.145	1.210	1.254	1.322
3年	1.030	1.061	1.093	1.125	1.158	1.225	1.331	1.405	1.521
4年	1.041	1.082	1.126	1.170	1.216	1.311	1.464	1.574	1.749
5年	1.051	1.104	1.159	1.217	1.276	1.403	1.611	1.762	2.011

図表9−2 現在価値表

	1%	2%	3%	4%	5%	7%	10%	12%	15%
1年	0.990	0.980	0.971	0.962	0.952	0.935	0.909	0.893	0.870
2年	0.980	0.961	0.943	0.925	0.907	0.873	0.826	0.797	0.756
3年	0.971	0.942	0.915	0.889	0.864	0.816	0.751	0.712	0.658
4年	0.961	0.924	0.888	0.855	0.823	0.763	0.683	0.636	0.572
5年	0.951	0.906	0.863	0.822	0.784	0.713	0.621	0.567	0.497

　反対に，将来の資金の価値を現在の価値で評価した値を現在価値という。上の例においては，1年後の110万円の現在価値は110万円を1.1でわって100万円と計算される。2年後の121万円，3年後の133.1万円の現在価値もそれぞれを$(1.1)^2$，$(1.1)^3$でわって100万円と計算される。このように将来の資金の価値から現在価値を計算することを割り引くといい，この計算の際に利用される率を割引率という。割引率は適正に選択されなければならない。どのような比率を割引率に選択するかによって現在価値が大きく変わることもあるからである。

　図表9−1の将来価値表を利用して将来価値を計算することもできる。年利率を10%としたときの100万円の3年後の将来価値は，100万円に1.331をかけることで133.1万円と計算される。図表9−2の現在価値表を利用して現在価値を計算することができる。割引率を年10%とするときの3年後の133.1万円の現在価値は，133.1万円に0.751をかけて100万円と計算される。

1-2　債券の理論価格

　現在価値の計算方法を利用して債券の理論価格を計算することができる。計算が簡単であるという理由から，1年満期の割引債の理論価格を求めてみよ

う。割引債であるから利子を受け取ることはないが，ちょうど1年後に債券の額面である1040万円の資金を受け取ることができるとする。金融市場で取り引きされている代表的な1年物の金融資産の利子率4％を割引率として利用する。このとき，この割引債の現在の理論価格は1040万円を1.04でわって1,000万円と評価される。現在価値表を使って1040万円に0.962をかけて1,000万円と計算してもよい。差額の40万円が利子相当額である。

1年ものの金融資産ならば手計算できるが，例えば1年後から10年間，100万円をリターンとして生み出すような金融資産の現在価値あるいは理論価格はいくらかという計算は手間がかかる。しかし，エクセルには現在価値を求める財務関数が装備されている。割引率として8％を利用するときには，＝PV（0.08, 10, 100）と入力することで671.01万円という答えを得ることができる。

債券の理論価格は債券の売買が行われる市場が完全資本市場かつ効率的市場であるという前提の下で成立する価格である。完全資本市場とは市場の制度面に関する前提であり，「すべての市場参加者が費用をかけなくても情報を獲得でき，取引の制限や取引に関する費用や税金がかからず，取引される金融商品の流動性が十分に高い市場」を意味している。効率的市場とは，市場の価格形成機能に関する前提であって，「市場参加者の獲得する情報がいつもすぐに価格に織り込まれている市場」を意味する。

1-3 配当割引モデル（DDM）

株式の理論価格を計算する方法はいくつか存在する。まず，企業財務政策に利用されることの多い配当割引モデル（DDM：Dividend Discount Model）による理論株価の決定方法について考察してみよう。

DDMでは，理論株価は現在1株を保有することで将来獲得できる配当を株式を購入する投資家の期待利益率で割り引いた現在価値に等しくなる。割引率として利用される投資家の期待利益率とは投資家が株式投資に関して要求する最低限の利益率であり，会社の経営者はこの要求された利益率を満たすように様々な企業財務政策をしなければならないのである。これが後述する株式に関する資本コストに他ならない。

DDMによる理論株価の決定方法を理解するために，次のような数値例を考えてみよう。A社株を1株保有している株主Bがいる。A社株の1年後の株価は

1100円が予想され，1年後の配当は100円が予想されているとする。また，株主Bを含めたすべての投資家がA社に対して20％の利益率を期待しているとする。このとき，A社の現在の理論株価は，1100円と100円をそれぞれ1.2で割ってこれらを合計し，1,000円と評価されるのである。

　この数値例を踏まえて理論株価に関する一般式を考えよう。現在の理論株価をP_0とし，1年後の予想株価をP_1，1年後の予想配当をd_1とする。また，A社の資本コストを r とすると，これらの間には，

$$P_0 = P_1/(1+r) + d_1/(1+r)$$

という関係がある。1年後の予想株価は2年後の予想株価と2年後の予想配当から決まる。資本コストに変化がないときには，

$$P_1 = P_2/(1+r) + d_2/(1+r)$$

と書ける。同様に，2年後の予想株価は3年後の予想株価と3年後の予想配当から決定される。これらをはじめの式に代入すると，

$$P_0 = d_1/(1+r) + d_2/(1+r)^2 + d_3/(1+r)^3 + \cdots \qquad (1)$$

という関係式を得る。毎期の予想配当 d_1 が一定であるとすると，(1)の両辺に $1/(1+r)$ をかけて，

$$P_0/(1+r) = d_1/(1+r)^2 + d_1/(1+r)^3 + d_1/(1+r)^4 + \cdots \qquad (2)$$

を得る。(1)式から(2)式を引いて整理すると，

$$P_0 = d_1/r$$

を得る。

　例えば，将来ずっと株主に100円の配当を行うと予想されているB社の理論株価は，投資家がB社に対して利益率20％を期待しているときには，100円を0.2で割って500円と評価される。

　DDMの一般式には配当しか出てこないためにキャピタルゲインを無視しているように見える。しかし，DDMは配当だけでなく，キャピタルゲインも考慮して理論株価を評価している。なぜならば，将来の配当は会社の投資活動とこ

れから生じる利益とによって決定されるからである。つまり，DDMでは理論株価は将来の企業の投資活動とそれが生み出す利益によって決まるという考え方を根底ではもっているのである。

また，投資家が期待する利益率は，投資家がその株式保有から長期的にそして平均的に期待する利益率である。これはその会社の株式を購入することに伴う様々なリスクを反映して決定されていると考えることができる。

1-4 一定成長配当割引モデル

上のDDMでは毎期配当が固定されており，この意味において現実的ではない。そこで，配当が毎期一定の率 g で増えていくとしよう。このときには，

$$P_0 = d_1/(1+r) + d_1(1+g)/(1+r)^2 + d_1(1+g)^2/(1+r)^3 + \cdots \quad (3)$$

が成り立つ。$r>g$ であるとして，(3)の両辺に $(1+g)/(1+r)$ をかけると，

$$(1+g)P_0/(1+r) = d_1(1+g)/(1+r)^2 + d_1(1+g)^2/(1+r)^3 + \cdots \quad (4)$$

となる。(3)式から(4)式を引いて整理すると，

$$P_0 = d_1/(r-g)$$

となる。

次の数値例を考えてみよう。投資家はC社の1年後の配当は100円であり，その後，配当が毎期15％の比率で成長すると予想している。投資家がC社の株式に投資することで期待している利益率を年20％とする。このとき，C社の理論株価は，100円を0.05（＝0.20－0.15）でわって2,000円と評価される。

配当成長率 g とは何か。あるいは配当成長率がなぜ g という比率になるのか。これらの疑問に答える代表的な考え方が内部成長率という概念である。内部成長率とは会社が増資しなくても達成できる1株あたりの利益の成長率のことである。内部成長率は次のように計算できる。

内部成長率 ＝（1－配当性向）×ROE
　　　　　＝［1－（配当支払額／配当可能利益）］×（税引後当期純利益／自己資本）

内部成長率は，今期の経営の成果である利益の増加分のうち配当されずに内部留保された資金が次期の経営に再投下された結果，新たに生み出すであろう利益成長率を意味している。したがって，配当性向を一定と仮定した下では，利益成長率分だけ配当成長率は増加することになり，ゆえに利益成長率＝配当成長率となり，配当成長率 g は内部成長率に等しくなるのである。

1-5　配当割引モデルの応用

　株主に対する配当が必ずしも毎期一定の率で増加していくとは限らない。多くの株式は配当が変化すると予想される。実際に，機関投資家や証券会社などが理論株価を求めるときには，将来の配当成長率を成長期と成熟期の２つに分けた２段階モデルや，成長期，過渡期，成熟期の３つに分けた３段階モデルが使われている。

　簡単な数値例を考えてみよう。Ｄ社の１年後の配当は120円であると予想されている。その後，２年間は配当が20％ずつ増加していくが，その後は６％ずつ増加していくと予想されているとする。投資家がＤ社の株式に投資することで期待する利益率を年10％とする。

　このとき，Ｄ社の現在の予想株価は２段階モデルを使って次のように計算される。Ｄ社の２年後と３年後の予想配当はそれぞれ144円，172.8円である。４年後以降の配当は６％ずつ増加していくので，３年後の予想株価は172.8円に1.06をかけてこれを0.04（＝0.1－0.06）でわって4579.2円と評価される。１年後の120円の現在価値は，現在価値法からこれに0.909をかけて109.08円と評価される。同様に，２年後の144円，３年後の172.8円と4579.2円の現在価値を計算し，これらを合計すると，Ｄ社の予想株価は3796.77円と評価される。

　DDMには２つの使い方がある。第１に，ここまで見てきたように予想配当額と投資家が期待する利益率から株式の現在価値を求めて理論株価を計算することである。第２に，株式の資本コストを算出する際にDDMを使うことである。この場合には，予想配当額と現在の株価から投資家が期待している利益率を算出し，これを会社が最低限稼ぎ出さなければならない利益率とみなす使い方である。

　どちらの場合でも，DDMを使うのであればどのモデルが対象とした会社の成長パターンに合っているかを考えてから選択しなければならない。

1-6　PERとEPS

　理論株価を求める第2の方法として，当該会社に関して予想される1株当たりの会社利益（EPS：Earning per Share）に，産業の平均的な株価と会社利益の比率である株価収益率（PER：Price／Earnings Ratio）を掛けて計算する方法がある。

　簡単な計算例を考えてみよう。E社の次年度のEPSが600円であると予想されている。E社の属する産業の平均的なPERが7.0であるときには，E社の理論株価は4200円であると評価される。

　PERは，投資家が会社利益1単位に対して支払う金額を反映した数字である。この計算方法は，投資家が当該会社をこの会社の属する産業の平均的な会社であるとみなしていることを前提としている。日本でもアメリカでも株価水準を判断する投資尺度としてPERは良く利用されている。一般的に，PERが高い銘柄ほど投資家は現在の利益水準に比べて株価を高めに評価しており，将来の利益成長に期待しているとみなされる。

2　CAPM

　CAPM（Capital Asset Pricing Model）とは，各投資家が最適な金融資産を選択することを前提として金融資産の価格設定を分析するモデルである。資本資産価格設定モデルとも訳される。株式の期待利益率，資本コストを計算するときに利用される考え方でもある。

2-1　金融資産への投資にかかわるリスク

　投資家は，配当や利子などのインカムゲインや売買差益（キャピタルゲイン）といったリターンを獲得することを期待して金融資産に投資する。リターンは将来発生する性格をもっているために，期待されたリターンと実際に獲得されたリターンとは必ずしも一致しない。このリターンの差額が金融資産への投資にかかわるリスクである。

　金融資産への投資にかかわる代表的なリスクには次のものがある。第1に，金融資産の価値が利子率の水準の変化によって増減するような可能性，リスク

である。これは主に債券投資に付随するリスクである。第2に，投資した金融資産のリターンがその市場全体のリターンの動向に反応した結果として生じるリスクである。マーケット・リスクと呼ばれる。第3に，個別リスクとも呼ばれる，市場以外の要因によって生じたリスクである。主に，特定の会社や産業の特性に関連したリスクである。株式投資に際しては，マーケット・リスクと個別リスクの評価が大きな関心事となる。

投資家は，金融資産へ投資する際に，リスクを回避する目的で複数の金融資産に分散して投資する。複数の金融資産から構成される組み合わせをポートフォリオと呼ぶ。ただし，分散投資しても回避できるリスクは個別リスクだけであって，マーケット・リスクは回避できない。この仕組みは「卵を1つのバスケットに入れるな」という格言にうまく表されている。卵を保管しておくにはいくつかのバスケットに分散しておくべきであるという意味である。なぜならば，もしも1つのバスケットに入れておいてこのバスケットを床に落としてしまえば，すべての卵が割れてしまうかもしれないからである。バスケットを床に落とすことがマーケット・リスクに当たる。

2-2　CAPMの前提

CAPMは次の前提の下で展開されたモデルである。第1に，投資家は投資計画を1期間ずつ立てて実行していく。これを1期間モデルという。第2に，すべての投資家はリスク回避的に行動する。あえてリスクをとって投資をすることを好まないということである。第3に，投資家はすべての金融資産に関するリターンとリスクを知っており，同じ確率分布を予想しているということである。第4に，金融市場には一切の摩擦は存在しない。これは，税金や手数料は存在しないこと，すべての金融資産に市場性が存在することを意味する。第5に，リスクがない証券が存在し，投資家はリスクがない場合の利子率で自由に資金の貸借ができることである。この利子率をリスクフリーな利子率あるいはリスクレスな利子率という。

2-3　ベータ（β）

リスクのあるすべての金融資産から成るポートフォリオをマーケット・ポートフォリオという。株式取引所に上場されている銘柄から構成された株式市場

図表9−3　証券市場線

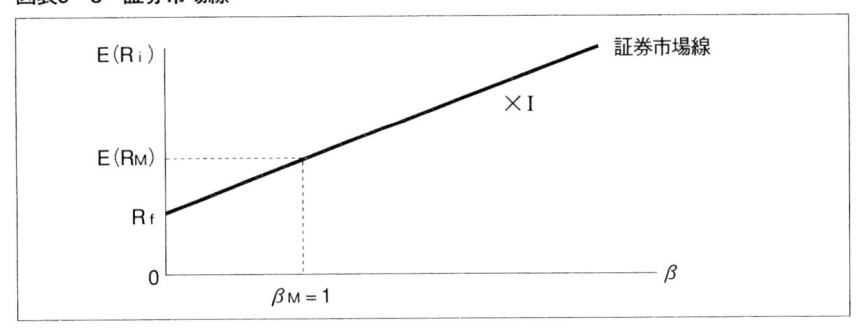

において，すべての株式銘柄から成るマーケット・ポートフォリオは株式市場そのものを意味する。TOPIXはマーケット・ポートフォリオの1つである。

特定の銘柄の株式あるいはある複数の銘柄から成るポートフォリオの期待リターンがリスクフリーな利子率を超えた分をリスク・プレミアムとか超過リターンという。

CAPMでは，マーケット・リスクをベータ（β）というファクターを用いて評価する。ベータは，マーケット・ポートフォリオの超過リターンに対する特定の株式銘柄やポートフォリオの超過リターンの反応度を表す。

ここで，特定の株式銘柄 i の期待リターンとベータをそれぞれ $E(R_i)$，β_i という記号で表すことにしよう。また，マーケット・ポートフォリオの期待リターンとベータをそれぞれ $E(R_M)$，β_M で表す。リスクフリーな利子率を R_f とする。

株式市場が均衡しているときには，リスク1単位当たりの超過リターンはすべての株式銘柄とマーケット・ポートフォリオについて一致するはずである。したがって，

$$\{E(R_i) - R_f\} / \beta_i = \{E(R_M) - R_f\} / \beta_M$$

が成立する。ただし，$\beta_M = 1$ であるので，

$$E(R_i) = R_f + \beta_i (E(R_M) - R_f) \tag{5}$$

と変形される。縦軸に期待リターンを，横軸にベータをとるときには，(5)式は図表9−3に描いたような直線となる。この直線を証券市場線という。

ある株式銘柄の期待リターンとベータの組み合わせがI点のように証券市場線の下側に位置しているとしよう。CAPMによれば、この株式銘柄は誤った価格設定がなされているとみなされ、投資家の受け取るリターンがリスクの負担に見合った値に上昇するまで株価は低下することになる。

ある株式銘柄のベータがちょうど1であるときには、この株式のリターンの変化はマーケットのリターンに等しくなる。ある株式銘柄のベータが1よりも大きいときには、この株式のリターンはマーケットのリターンと同じ方向により大きく変化する。例えば、$\beta=1.2$である株式銘柄の価格は、マーケットのリターンが10％上昇したときには、（配当を考えないときには）12％上昇する。ある株式銘柄のベータが$0<\beta<1$であるときには、この株式のリターンはマーケットのリターンと同じ方向により小さく変化する。$\beta=0.6$である株式銘柄の価格はマーケットのリターンが10％上昇したときには6％上昇する。ベータが負であるときには、このような株式銘柄のリターンはマーケットとは異なる方向に変化することになる。

2-4 数値例

(5)式を利用して株式の期待リターンを計算してみよう。現在、リスクフリーな利子率を年5％とし、株式市場の期待リターン率は年12％であるとする。F社の株式のベータを0.8、G社の株式のベータを1.0、H社の株式のベータを1.2としよう。このとき、各社の株式の期待リターンは、

$$E(R_F) = 0.05 + 0.8(0.12 - 0.05) = 0.106$$
$$E(R_G) = 0.05 + 1.0(0.12 - 0.05) = 0.120$$
$$E(R_H) = 0.05 + 1.2(0.12 - 0.05) = 0.134$$

と計算できる。つまり、F社の期待リターンは年10.6％、G社とH社の期待リターンはそれぞれ年12.0％、年13.4％と評価される。

上の3社の場合にはベータを所与としていたが、ここでは図表9－4にあるようなJ社の株価とTOPIXのデータを使ってベータ(β)を計算してみよう。1期から24期までのJ社とTOPIXのリターン率の推移は図表の通りである。これらの過去のデータからベータを算出するのである。したがって、ベータを使ってJ社の期待リターン率を計算する際には、J社の動きはTOPIXに対して過去と

図表9−4　J社のベータ（β）を計算する

期間	J社(%)	TOPIX(%)	J社の偏差の2乗	TOPIXの偏差の2乗	J社の偏差 × TOPIXの偏差
1期	−5.35	7.88	50.9796	36.56218181	−43.173202
2期	−1.41	0.41	10.24	2.025876829	4.5546656
3期	1.72	−1.12	0.0049	8.722175809	0.20673331
4期	−2.82	−2.29	21.2521	17.00187503	19.0085651
5期	−0.58	−0.12	5.6169	3.815509809	4.62939921
6期	4.67	0.75	8.2944	1.173610389	−3.119999
7期	−1.11	2.58	8.41	0.557511609	−2.1653343
8期	−15.21	−12.31	289	200.0338683	240.436661
9期	1.33	−5.33	0.2116	51.31333967	3.29513318
10期	−8.2	−0.76	99.8001	6.725376049	25.9073967
11期	11.43	10.42	92.9296	73.73085017	82.7754699
12期	−1.6	−4.91	11.4921	45.47253995	22.8598989
13期	−0.33	3.53	4.4944	2.878678909	−3.596934
14期	1.31	−0.44	0.2304	5.168042929	1.09119984
15期	10.65	13.66	78.4996	139.8700523	104.78427
16期	−1.17	5.52	8.7616	13.59151357	−10.912534
17期	−4.72	−2.99	42.3801	23.26454123	31.3998978
18期	18.58	9.18	281.9041	53.97351601	123.350539
19期	5.48	4.43	13.6161	6.742679509	9.58170123
20期	−20.05	−1.47	476.9856	10.91200891	72.1447927
21期	4.95	3.69	9.9856	3.447212349	5.86706772
22期	6.49	3.79	22.09	3.828545749	9.1963349
23期	−4.16	4.97	35.4025	9.838679869	−18.663169
24期	43.06	4.93	1703.2129	9.589346509	127.799447
平均	1.79	1.833333	136.491425	30.42664722	33.63575
分散	136.491	30.42665	136.491425	30.42664722	—
共分散	33.6358		—		33.63575
β	1.10547		1.10547		

同じようになることを前提としている。

　まず，J社とTOPIXのリターン率の平均を計算する。それぞれ1.79，1.833333

となる。次にJ社とTOPIXの分散を計算する。分散を計算するためには偏差を2乗して平均する。1期のJ社の偏差は平均から-5.35を引いて求められる。これを2乗する。つまり、$(1.79-(-5.35))^2=50.9796$となる。同様に、24期まで偏差の2乗を計算して平均値を求めると136.491425となる。これがJ社の分散である。1期のTOPIXの偏差は$(1.833333-7.88)$であり、これを2乗して$(1.833333-7.88)^2=36.56218181$を得る。24期まで計算して平均値を求めると30.42664722を得る。次に、共分散を計算する。これは1期から24期までJ社の偏差とTOPIXの偏差を掛けて、その平均を求めることで計算される。1期については$(1.79-(-5.35))\times(1.833333-7.88)=-43.173202$を得る。24期間での平均値は33.63575となる。ベータは定義によって共分散をTOPIXの分散で割ったものであるので、$(33.63575/30.42664722)=1.10547$となる。

エクセルを使うと非常に簡単にベータを求めることができる。2つの方法がある。第1に、ベータの定義通りに統計関数を使って計算する方法である。まず、TOPIXの分散を求める。これは、＝VARP（C2：C25）と入力すればよい。なお、（C2：C25）というのは1期の7.88から24期の4.93までの数値が入力されている行列を表している。次に、共分散を求める。これは、＝COVAR（B2：B25，C2：C25）と入力すればよい。（B2：B25）というのはJ社に関する1期の-5.35から24期の43.06までの数値が入力されている行列を表している。最後に、COVAR（B2：B25，C2：C25）＝33.63575をVARP（C2：C25）＝30.42665で割って、$\beta=1.1054701$を得ることができる。第2の方法はLINESTという線形関数を使うことである。これは、＝LINEST（B2：B25，C2：C25）と入力すればよい。$\beta=1.1054701$を直接得ることができる。

3 資本コスト

3-1 機会費用概念

企業価値（＝株式価値）や事業価値を算出する際には資本コストという鍵となる概念がある。資本コストはコストあるいは費用に関する1つの考え方である。コストあるいは費用には機会費用（oppotunity cost）という概念と原価（costing）という概念が存在している。経営学や経済学ではコストあるいは費

用というと機会費用の概念を意味しており，会計学では原価の概念を意味している。まず，これら2つの概念の違いを説明しよう。

次のような例を考えよう。X社はビルディングを建設する会社である。X社がある都市に原材料費や工賃等あわせて28億円の費用をかけてあるタイプのオフィスビルディングを建設したとしよう。同業のライバル会社であるY社がすぐ近くに同じ規格や仕様のタイプのビルディングを建設したとする。このビルディングは原材料費の下落の恩恵を受けて20億円で売り出されているとしよう。現在，X社の建設したビルディングを25億円で購入したいというZ社が現れた。X社はZ社にビルディングを売却すべきであろうか。

機会費用の概念では，実際に選ばれなかった他の選択肢を実行したときに獲得したであろう利益，つまり失われた潜在的利益を費用としてとらえる。この例における機会費用は，X社がZ社にビルディングを売却しなかったときに獲得できなくなる25億円とみなされる。同じタイプのビルディングがY社から20億円で売り出されており，X社のビルディングの市場価値は20億円と評価されるので，5億円も高く売却できることになる。したがって，本来ならば20億円まで価格を下げないと売れないものが25億円で売れるのであるから，X社はZ社に売却すべきであるという意思決定になる。X社がビルディングの建設に要した費用28億円は原価概念による費用である。これと比較して生じた3億円の損失は会計上の喪失として処理されることになる。

資本コストは機会費用の概念を採る。つまり，実際に選ばれなかった他の選択肢を実行したときに獲得したであろう利益，失われた潜在的利益を費用としてとらえるのである。これとよく似た言葉に資金コストがある。資金コストとは原価概念による費用であり，実際に要した諸費用を意味する。上の例では，X社がビルディングの建設に要した資金コストは28億円であり，資本コストはX社がビルディングを売却しないという選択肢を選んだときに生じたであろう機会喪失した利益25億円となる。

3-2 コーポレート・ファイナンスにおける資本コスト

コーポレート・ファイナンスにおける資本コストとは，資金の供給者が資金調達の際に資金の需要者である会社に対して要求する最低利益率を意味する。なぜならば，資金の供給者は，資金調達の際に他の方法によって獲得できる利

益を放棄してまで会社に資金を供給しているからである。

　もしも将来生じうるすべての出来事がすべて予測でき，それが100％の確率で生じる確実な世界であるならば，資本コストはただ１つしか存在しない。それはリスクフリーな利子率である。しかし，現実の世界は将来生じうるすべての出来事を完全に予測することはできない。あるいは予測できたとしてもそれらの出来事が100％の確率で生じるわけではない。この意味において，現実の世界は不確実であるからリスクプレミアムが多数存在することになり，資本コストも多数存在することになる。リスクプレミアムは，資金の供給者が資金の運用に関するリスクを負担する代わりに，資金の需要者に対して負担したリスクの程度に応じて要求する追加的報酬である。不確実な世界における資本コストはリスクフリーな利子率にリスクプレミアムを加えた値となる。

　図表９－５は資金調達方法と資本コストの関係を描いている。会社は銀行から資金を借り入れたり，社債を発行してこれを投資家に購入してもらったり，あるいは取引先から企業間信用を利用して資金を調達している。これらの方法によって調達した資金はやがて返済あるいは支払わなければならないために，負債資金を調達したことになる。他方，株主から調達した資金は原則的に返済の義務はないので，自己資金を調達したことになる。会計上はそれぞれ負債，自己資本に分類される。会社はこれらの方法で調達した資金で資産を購入する。

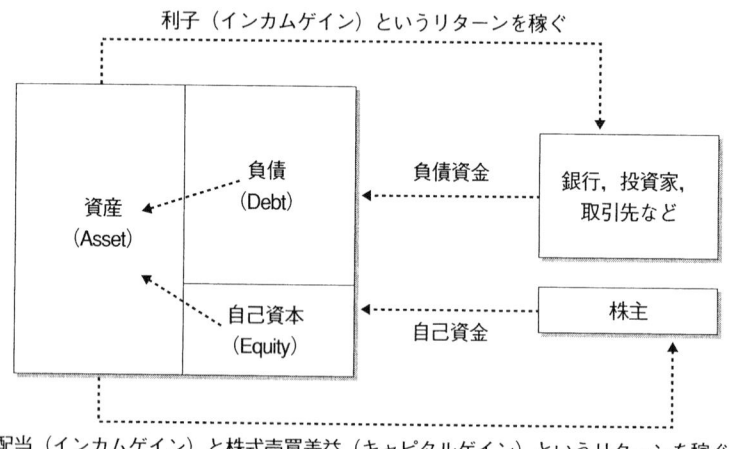

図表9−5　資金調達方法と資本コスト

利子（インカムゲイン）というリターンを稼ぐ

資産（Asset） ← 負債（Debt） ←負債資金― 銀行，投資家，取引先など

　　　　　　　← 自己資本（Equity） ←自己資金― 株主

配当（インカムゲイン）と株式売買差益（キャピタルゲイン）というリターンを稼ぐ

資産は生産力や収益力を持ち，資産は売上高や各種の利益を生み出す。その中から負債資金の提供者に対しては利子という形でリターンが支払われ，株主には配当という形でリターンが支払われる。配当可能な利益のうち配当されなかった留保利益は次期以降に経営に再投下されるであろう。これが成功すれば株価は上昇することになり，株式売買差益（キャピタルゲイン）という形で株主にリターンが支払われることになる。

以上の仕組みを会社の経営者の立場からいい換えると，負債資金の提供者には利子というコストを約束し，株主には配当とキャピタルゲインというコストを約束して資金を調達していることになる。利子，配当，キャピタルゲインが会社の経営者にとっては資本コストであるということになる。DDMではキャピタルゲインは配当に織り込まれているので，利子と配当が資本コストであるともいえる。もちろん，会計上は配当は費用ではない。ここに，資本コストは機会費用概念であって，原価概念ではないということが見て取れる。

3-3 普通株の資本コスト

普通株の資本コストを計算する方法は2つある。1つはCAPMを利用する方法であり，計算された期待リターンを普通株の資本コストとみなすものである。もう1つはDDMを利用する方法である。ここでは，DDMを利用した方法について考察しよう。

すでに発行された普通株の資本コストは，現在の株価が維持されるために最低限必要な利益率であるとみなされる。現在の1株当たりの普通株の価格をP_0，普通株1株当たりの配当をd_1，毎期の配当の成長率をg，すでに発行された普通株の資本コストをk_eとするとき，DDMでは$P_0 = d_1/(k_e - g)$，あるいは$k_e = (d_1/P_0) + g$という関係が成り立っている。

次の簡単な計算例で理解を深めてみよう。S社の普通株の価格は現在500円である。今年度末の配当は1株当たり30円が期待されている。S社の配当は今後9％で一定に増加していくと予想されている。このとき，発行済みのS社の普通株の資本コストは，$(30/500) + 0.09$から$k_e = 0.15$，つまり年15％と計算される。

新株発行時の普通株の資本コストを計算するときには，新規株主が既存株主と同じ配当の獲得を期待して投資しているとみなされる。これは，新規株主が

会社は既存の資産と同程度のリスクを持つ資産への投資を行うであろうと予想していることを前提としている。基本的に，新規発行の普通株の資本コストは発行済み普通株の資本コストと同じである。しかし，新株が現在の株価よりも低い価格で売り出される場合や，新株発行に伴う諸費用がかかるときには，会社の正味資金調達額は少なくなるために新規発行の普通株の資本コストの方が発行済み普通株の資本コストよりもやや割高になることはある。新規発行の普通株の資本コストをk_nとし，新株1株当たりの正味資金調達額をNとするとき，$k_n = (d_1/N) + g$と表すことができる。

先ほどのS社が新株を発行した場合を考えてみよう。現在の株価500円よりも低い価格で新株を発行し，新株発行に伴う諸費用を支払った結果，S社は新株1株当たり正味450円の資金を調達できたとしよう。今年度末の配当は1株当たり30円が期待され，配当は今後9％で一定に増加していくとしよう。このとき，S社の新株の資本コストは，$(30/450) + 0.09$から$k_n = 0.156$，つまり年15.6％となり，発行済み普通株の資本コスト年15％よりもやや割高となる。

3-4　銀行借入の資本コスト

会社が銀行借入によって調達した資金は負債資金である。したがって，会社は銀行に対して，毎期約定した利子を支払い，満期日に借り入れた元本を返済しなければならない。このうち，利子は法人税の支払額を計算するときに損金扱いとなるために節税効果を持ち，その分だけ実質資本コストが名目資本コストよりも小さくなるのである。

T社の総資本は1,000億円である。そのうち，自己資金調達額は850億円であり，残りの150億円を年20％の金利の銀行借入によって調達しているとする。T社の今年度の営業利益は200億円である。U社の今年度の営業利益はT社と同じく200億円であったとする。U社の総資本はT社と同じく1,000億円であるが，全額を自己資金で調達しているとする。法人税率は40％であるとする。図表9－6は2社の損益計算書を表している。ここから，2社は同じ営業利益を稼ぎだしているが，法人税の支払い金額は銀行借入を利用したT社の方がそれを利用しないU社よりも12億円も少ないことがわかる。これは，T社が支払った負債利子額30億円が課税対象から控除されたことによる節税効果分にあたり，負債利子額30億円に法人税率40％をかけた値にちょうど等しくなっている。したが

図表9-6　負債の節税効果

	T社	U社
売上高	×××	×××
売上原価	××	××
販売・管理費	××	××
営業利益	200	200
営業外収益	0	0
負債利子	30	0
税引前当期純利益	170	200
法人税	68	80
税引後当期純利益	102	120

って，T社の実質的な利子負担額は，30億円から12億円を差し引いた残額18億円となる。この18億円は30億円に（1−0.4）をかけても計算できる。T社の実質金利は名目金利20%に（1−0.4）をかけて12%と計算される。

　銀行借入の資本コストはこの実質金利に等しくなる。上の計算例を参考にして，一般式で記してみよう。銀行借入の名目金利をk，法人税率をt，銀行借入の資本コスト（＝実質金利）をk_iで表すときには，$k_i=k(1−t)$と書ける。

3-5　普通社債の資本コスト

　普通社債の資本コストの計算も銀行借入の資本コストの計算と同じである。ただし，普通社債発行の際に割引発行や手数料の支払いがあったときには，額面と正味資金調達額が一致せず，その分だけ資本コストは割高となる。

　V社は2年満期の普通社債を発行する。この社債の額面は150億円であり，表面金利は年20%であるとする。V社はこの社債を割引発行する。割引率は額面の1/6であるとする。額面の1/6にあたる金額を発行手数料として証券会社等に支払うものとする。法人税率を40%とする。このとき，V社の税引前の金利は，$150(1−1/3)=30/(1+k)+(30+150)/(1+k)^2$ からk=0.5，50%となる。V社の税引後の金利，つまり資本コストは，0.5（1−0.4）から$k_i=0.3$，30%となる。

3-6　優先株の資本コスト

優先株の配当支払は毎期一定で無限に続く。現在の優先株1株当たりの価格をP_p，優先株1株当たりの毎期の優先配当額をd_pとする。すでに発行された優先株の資本コストをk_pとするとき，$k_p = d_p/P_p$となる。新規に発行される優先株の資本コストは，普通株と同様に発行時に諸費用がかかるときには，既存の優先株の資本コストよりも高くなる。

次の計算例を考えてみよう。W社の優先株の価格は現在400円である。W社は優先株に対して現在1株当たり優先配当を年40円行っている。このとき，すでに発行された優先株の資本コストは$k_p = 40/400 = 0.10$，年10％となる。W社が，1株当たり400円で優先株100株を新規に発行するとする。1株当たりの配当は年40円であるとする。発行手数料が1株当たり発行価格の10％かかるときに，新規発行の優先株の資本コストは，$(100 \times 40)/(100 \times 400(1-0.10)) = 0.111$，年11.1％となる。

3-7 内部留保，減価償却の資本コスト

内部留保による自己資金の調達には手数料等の費用は一切かからない。この点において内部留保の資金コストはゼロであるが，資本コストはゼロとはならない。内部留保によって調達された資金は，既存株主に配当されなかった利益であるから既存の株主から提供された資金とみなされる。ゆえに，内部留保の資本コストは発行済み普通株の資本コストに等しくなる。

減価償却は生産設備の更新投資に利用されるが，減価償却による自己資金の調達には費用はかかっていない。この点において減価償却の資金コストはゼロである。しかし，減価償却の資本コストはゼロではないとみなされる。なぜならば，生産設備の更新投資が行われていなければ，減価償却分の資金は自己資金と負債資金の提供者に支払われなければならないからである。このように考えるときには，減価償却の資本コストは後述する加重平均資本コストと等しいとみなされる。あるいは，これとは別に，減価償却分の資金を利用して金融資産に投資したときに獲得すると期待できる最低限の利益率を減価償却の資本コストとみなす考え方もある。この場合には，先進国の国債のように貸倒のリスクがないと考えられる金融資産の利益率が想定される。

3-8 転換社債，新株引受権付社債の資本コスト

転換社債の資本コストを算出する方法には2つある。第1に，転換権が行使された後の資本構成を予測して，このとき普通社債と普通株の残高を加重とし，普通社債の資本コストと新規発行の普通株の資本コストを加重平均する方法である。第2に，転換社債の価値を普通社債の価値と転換権の価値とに分け，これを加重として普通社債の資本コストと新規発行の普通株の資本コストを加重平均する方法である。

新株引受権付社債の資本コストを算出する方法は，転換社債の資本コストの算出方法と同じである。新株引受権が行使された後の資本構成における普通社債と普通株の残高を加重とするか，新株引受権付社債の価値を普通社債の価値と新株引受権の価値とに分けてこれを加重として計算するかである。

3-9 リース，短期負債の資本コスト

オペレーティング・リースもファイナンシャル・リースもどちらも長期負債と代替関係にある。したがって，リースの資本コストは，当該会社の他の長期負債の資本コストと同じであるとみなされる。

利子の支払負担がない短期負債，例えば支払手形や買掛金にも資本コストは存在する。しかし，この資本コストは暗黙的に価格に含まれており，ゆえに経常費用に計上されている。したがって，加重平均資本コストを算出する際には，利子の支払負担がない短期負債の資本コストは考慮されない。

3-10 加重平均資本コスト

資金調達源泉別の資本コストに，全体の資本額に占めるそれぞれの資金残高の割合をかけて加重平均した値を加重平均資本コストという。加重平均資本コストは会社1社全体の資金の機会費用を表しているので，これを全社的資本コストということもある。

加重平均資本コストを算出する際には，負債や自己資本の額は簿価ではなくて市場価値によって計算される。なぜならば，証券を売却して実際に調達した額は市場価値にほぼ等しく，また資金調達に伴う資本コストは市場価値を利用して計算されているからである。

加重として利用される市場価値には，過去あるいは現在の資本構成に基づいた市場価値と，会社が目標とする資本構成に基づいた市場価値とがある。加重

平均コストはあくまで概略的な性格を持つものであるので，どちらの加重を利用するかは大きな問題とはならない。理論的な観点から厳密に論じるのであるならば後者の利用が望ましいとされる。しかし，以下では2つの資本構成は大きくは変わらず，同じであるとみなして説明しよう。

次の数値例を使って加重平均資本コストの計算をしてみよう。先ほどのT社は市場価値で測定して150億円の銀行借入と850億円の株式発行によって合計1,000億円の総資本を調達しているとする。銀行借入の資金調達源泉別の資本コストは年12%であり，株式の資本コストは年21.4%であったとする。T社の加重平均資本コストは，12%×(150/1000)+21.4%×(850/1000) から約20%と計算できる。

加重平均資本コストの求め方を一般式で書いてみよう。ある会社が1つの負債資金源泉と1つの自己資金源泉とを利用しているとする。前者の市場価値をb，後者の市場価値をs，これらの合計額を v(=b+s) としよう。vは市場から評価されたこの会社の価値を表す。負債資金と自己資金の資本コストをそれぞれk_i, k_e, としよう。このとき，この会社の加重平均資本コストk_oは，

$$k_o = k_i \cdot (b/v) + k_e \cdot (s/v)$$

と表現される。

【9章の課題】

(1) DDMにおいてはキャピタルゲインが考慮されていないという批判に対して反論せよ。
(2) 配当成長率と内部成長率の関係を述べよ。
(3) CAPMにおけるベータについて説明しなさい。
(4) 機会費用と原価，資本コストと資金コストの違いについて指摘しなさい。
(5) 負債資金の節税効果について説明しなさい。
(6) 加重平均資本コストとは何か。

10章 最適な設備投資政策

　会社の経営者は株主の代理人として株主から会社の所有する資産の管理・運用を委託されている。したがって，株主の富を最大化するように土地や工場，機械等の設備に対する投資を行わなければならない。もちろん，そのような意思決定を行うことで株主以外の利害関係者，例えば従業員や銀行，債権者，地域住民，取引先等の利益を最大にすることができる。この章では株主の富を最大化するという意味において最適となるような設備投資の意思決定について学ぶ。正味現在価値法（NPV法）が最適な設備投資決定の基準であることを述べる。なお，会社も諸資産の束であるとみなせば会社の買収や売却の意思決定も設備投資決定と同様に行うことができる。この1つの実例としてコラムにおいて東ハトの山崎製パンへの売却を取り上げる。

1 投資案の分類

　投資案はその相互関係から独立投資案と従属投資案とに分類される。独立投資案とは同時に検討されている他の投資案の採否と無関係に経済効果が評価できるものをいう。独立投資案に関して投資決定を行う際には，1つずつ採否を決定する。従属投資案とは他の投資案の採否が当該投資案の経済効果に影響を与えるようなものをいう。従属投資案には補完的投資案と排他的投資案とがある。

　補完的投資案とは複数の投資案を別々に採否決定するのではなく，採否の決定が影響を与えあうので1つの投資案として取り扱うべき投資案のことをいう。

例えば，自動車の組立に必要な生産ラインにある川上と川下の機械に対する投資案があげられる。個々の機械に対する投資の採否を別々に行わずに，これら2つの機械に対する投資案を1つの投資案として取り扱うことになる。なぜならば，川上の機械に対してのみ設備投資を行って生産の能力を向上させたとしても，川下の機械の能力が従来のままであればここで生産ラインは滞ってしまい，川上の機械に対する設備投資の意味がなくなるからである。

　排他的投資案とは複数の投資案のうち最も有利な投資案が1つだけ選択され，それ以外の投資案は実行したときに利益を生むとしても資金調達や立地空間等の観点から選択されないような投資案のことをいう。例えば，発電所の建設に関する投資案があげられる。原子力発電所を建設する案，火力，水力，風力発電所をそれぞれ建設する案の中から1つだけが選択されるのである。

　設備投資案を実行することで生じる実際の資金の流出のことをキャッシュ・アウトフローという。キャッシュ・アウトフローには設備等を取得するのに必要な支出だけではなく，それを設置するために要する費用等の周辺的な支出も含まれる。設備投資案を実行して取得した設備等が生み出す資金のことをキャッシュ・インフローと呼ぶ。これら2つのキャッシュフローの差額をネット・キャッシュフローと呼ぶ。この金額はおよそ営業利益と減価償却費の合計額に等しいとされる。

　以下においては，計算を簡単にするという便宜的な理由から，キャッシュフローの発生時点は常に期首であるとする。

2　回収期間法

　設備投資決定に利用される基準にはいくつかあるが，最も単純かつ明快な基準は回収期間法である。回収期間法によって独立投資案の採否を決定する際には，はじめに各投資案の初期支出額が何期後に回収されるかを計算し，あらかじめ会社が設定した回収期間より短いものを採用していくことになる。排他的投資案では回収期間が最も短い投資案が優先される。

　回収期間法を利用して図表10－1に示したような投資案Aと投資案Bに関する投資決定を行ってみよう。投資案A，投資案Bはともに現在120万円の設備投資

図表10−1　回収期間法による設備投資決定

	現在	1年後	2年後	3年後	4年後	回収期間
投資案A	−120	60	60	0	0	2年
投資案B	−120	40	40	40	40	3年

資金を必要とするとしよう。投資案Aは1年後と2年後にそれぞれ60万円の利益を生み出し、投資案Bは1年後から4年後までそれぞれ40万円の利益を生み出すとする。設備投資資金はキャッシュ・アウトフローであるのでマイナス120、利益はキャッシュ・インフローであるのでプラス60あるいは40と記している。投資案Aの回収期間は2年、投資案Bの回収期間は3年である。したがって、投資案Aが投資案Bよりも優先されることになる。

上の例でわかるように、回収期間法による投資決定は計算が簡単であり、結果が明快であるという長所を持つ。この基準は発展途上国に対する投資のようなリスクの高い投資案の採否を決定する際には有効である。なぜならば、投資した資金をできるだけ早く回収することで設備の国有化や政情不安などのリスクを回避できるからである。

しかし、回収期間法による投資決定にはいくつかの短所がある。第1に、回収期間法はキャッシュ・インフローが少しずつ長く発生して総額でより多くの資金を稼ぎ出すタイプの投資案に良い評価を与えないことである。上の投資案Bのキャッシュ・インフローの合計は投資案Aのそれよりも多いにもかかわらず、投資案Aが優先されている。第2に、回収期間法による投資決定は資金の時間的価値をまったく無視してしまっている。

実務では回収期間法はよく利用されているという。その場合であっても、これから説明するいくつかの投資決定基準を使った結果と共に取締役会などに提示されるようである。つまり、設備投資の意思決定は実務の世界では1つだけの投資決定基準の結果から行われるのではなくて、複数の決定基準の結果から総合的に判断されているようである。

3 平均投資利益率法

図表10-2　平均投資利益率法による設備投資決定

	現在	1年後	2年後	3年後	回収期間
投資案C	－480	300	200	100	83.3%
投資案D	－480	100	200	300	83.3%

　平均投資利益率法は設備投資案を実行して得られる会計上の税引後の当期純利益の平均を平均投資額で割って求めた平均投資利益率の大きさを採否の基準とする方法である。図表10－2にある投資案Cと投資案Dを実行するためには現在，480万円の会計上の費用を要する。計算を簡単にするために，これらの設備は減価償却しないものとする。2つの投資案は1年後，2年後，3年後にそれぞれ表にあるような税引後の当期利益が生じるとする。投資案Cの平均投資利益は（300＋200＋100）/3から200万円となる。この投資案の平均投資額は480/2から240万円である。したがって，投資案Cの平均投資利益率は年83.3%（100%×200万円/240万円）となる。同様に，投資案Dの平均投資利益は200万円，平均投資額は240万円となり，平均投資利益率は年83.3%となる。

　平均投資利益率法による投資決定は会計上の利益と費用を利用することから計算しやすい。しかし，実際に発生するキャッシュフローを考慮していないので，投資案を実行した結果，会計上は利益を上げているが実際には資金が不足する可能性がある。また，キャッシュフローの発生時点と資金の時間的価値を考えていないという短所もある。

4 正味現在価値法（NPV法）

　正味現在価値法（NPV法）によって設備投資案の採否を意思決定する手順は次のようである。第1に，資金の時間的価値を考慮するために，発生時点の異なるキャッシュ・インフローにウエイトをつけて比較可能な1つの数値に換算することである。換算方法としては将来価値を求める方法と現在価値を求める

方法とがあるが，計算の簡便性から現在価値を求める方法が利用される。第2に，先に計算したキャッシュ・インフローの現在価値の合計から設備投資資金（キャッシュ・アウトフロー）を差引く。こうして求められた値を正味現在価値（NPV）という。NPVは金額表示であるので，NPVがプラスである投資案を実行したときには，この会社には資金の時間的価値を考慮した後のネット・キャッシュフローが追加されることになる。ネット・キャッシュフローは営業利益と減価償却費の合計額にほぼ等しいと考えられる。反対に，NPVがマイナスである投資案が実行されたときには，会社は損失を被ることになる。したがって，独立投資案の採否を決定する際には，NPVがプラスである投資案をすべて採用して実行すべきであることになる。NPVがマイナスである投資案はすべて否決されなければならない。排他的投資案の場合には，NPVがプラスの投資案の中でその値が大きい投資案ほど優先されて実行されることになる。

　NPV法ではキャッシュ・インフローの現在価値を求める際に利用される割引率の選択によって投資案の採否の結果は異なってしまう。したがって，割引率は合理的な比率が選択されなければならない。合理的な割引率としては投資案を実行するために必要な資金を調達するために要した加重平均資本コストが選択される。

　なぜ加重平均資本コストが利用されるのであろうか。次の数値例を使って説明しよう。X社が投資案Ⅰを実行するか否かの意思決定をしなければならないとする。この投資案Ⅰは初期投資額として1億円必要であるが，10年間にわたって利益を生み出し，その利益率は年7％であるとする。X社はこの1億円を調達するために年6％の資本コストで普通社債を発行できる。普通社債の資本コストを上回る利益率を生み出す投資案Ⅰを実行したとしよう。1週間後に，X社は10年間にわたって12％の利益率を生み出す投資案Ⅱに直面したとする。この投資案の実行のためにも1億円必要であるが，1億円を調達するためには年14％の資本コストで普通株式を新規に発行するしか手段がないとする。投資案Ⅱの利益率は普通株の資本コストを下回っているので，X社はこれを実行しなかったとする。

　X社の投資決定は株主にとって最適な選択であろうか。7％の利益率をもたらす投資案Ⅰを実行し，12％の利益率をもたらす投資案Ⅱを否決しているので，最適な投資決定をしているとはいえない。6％の資本コストの普通社債を

1億円，14％の資本コストの普通株式を1億円調達したときの加重平均資本コストを計算してみると，それは6％×(1/2)＋14％×(1/2)＝10％である。もしもX社が投資決定の際に加重資本コストを利用していたならば，X社は利益率の高い投資案Ⅱを実行して投資案Ⅰを否決し，株主に利益をもたらす最適な投資決定ができていたはずなのである。

先ほどの投資案A，投資案B，投資案C，投資案DをNPV法で投資決定してみよう。加重平均資本コストを10％とする。それぞれのNPVを計算すると次のようになる。

投資案AのNPV $= 60/1.1 + 60/(1.1)^2 - 120 = -15.9$
投資案BのNPV $= 40/1.1 + 40/(1.1)^2 + 40/(1.1)^3 + 40/(1.1)^4 - 120 = 6.7$
投資案CのNPV $= 300/1.1 + 200/(1.1)^2 + 100/(1.1)^3 - 480 = 33.1$
投資案DのNPV $= 100/1.1 + 200/(1.1)^2 + 300/(1.1)^3 - 480 = 1.6$

これらの投資案が独立投資であるときには，NPVがマイナスの投資案Aは否決され，NPVがプラスの投資案B，投資案C，投資案Dが採用される。排他的投資案であるときには，投資案C，投資案B，投資案Dの順に優先順位がつけられることになる。

現在価値の計算をする際に，現在価値表を利用することもできる。この表を利用して各投資案の正味現在価値を計算してみると次のようになる。

投資案AのNPV $= 60 \times 0.909 + 60 \times 0.826 - 120 = -15.9$
投資案BのNPV $= 40 \times 0.909 + 40 \times 0.826 + 40 \times 0.751 + 40 \times 0.683 - 120 = 6.7$
投資案CのNPV $= 300 \times 0.909 + 200 \times 0.826 + 100 \times 0.751 - 480 = 33.1$
投資案DのNPV $= 100 \times 0.909 + 200 \times 0.826 + 300 \times 0.751 - 480 = 1.6$

結果は同じである。

回収期間法では投資案Bよりも投資案Aが選ばれ，平均投資利益率法は投資案Cと投資案Dとの間に優劣がつけられなかった。しかし，NPV法ではキャッシュフローの発生時点と資金の時間的価値を考慮するために，投資案Aよりも投資案B，投資案Dよりも投資案Cを実行することが望ましいという結果になる。

5 内部利益率法（IRR法）

図表10−3　IRR法による投資決定

	現在	1年後	2年後	3年後	IRR	NPV（割引率10％）
投資案E	−900	400	500	600	28.27％	327.65

図表10−4　NPV曲線

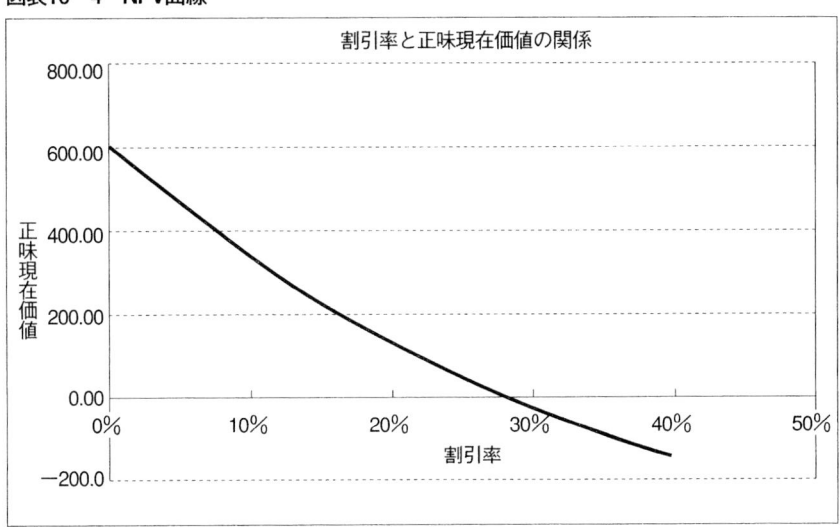

割引率と正味現在価値の関係

（縦軸：正味現在価値、横軸：割引率）

　内部利益率（IRR：Internal Rate of Return）とは，キャッシュ・アウトフローの現在価値とキャッシュ・インフローの現在価値とを等しくする割引率のことである。つまり，NPV＝0となるような割引率のことである。図表10−3にあるような投資案EのIRRを計算するにはどうしたら良いか。キャッシュ・インフローが3年後まで発生するときには3次方程式を解かねばならない。しかし，エクセルを使うとIRRを簡単に計算できる。エクセルには財務関数IRRがあるので，例えば投資案Eでは−900から600という数値をB2からE2の行列に入力し，＝IRR（B2：E2）と入力すればIRR＝28.27％と計算される。

　投資案EのIRRとNPVの関係を表示したものが図表10−4である。ここでは，割引率を0％から40％まで変化させたときのNPVの様子を描いている。この曲線をNPV曲線（正味現在価値曲線）という。NPV＝0となる割引率がIRRであ

り，それは28.27％である。この図表からわかるように，投資案Eを実行するために必要な設備投資資金の加重平均資本コストがIRR＝28.27％よりも小さいときには，NPVはプラスとなり，投資案を実行することによって利益を得ることができる。反対に，IRRよりも大きな加重平均資本コストで資金を調達した場合には投資案は否決されるべきである。

　IRR法を利用して独立投資案の採否の決定を行うときには，算出された投資案のIRRが加重平均資本コストを超えたすべての投資案を採用し，これを下回った投資案はすべて否決されるべきである。排他的投資案については，IRRが加重平均資本コストを超えたもののうちIRRが高いものから優先順位がつけられることになる。

6　IRR法の限界

　IRR法を利用して設備投資決定を行うときには，特定の投資案に関して誤った結果をもたらす可能性があることに注意しなければならない。

　第1に，IRR法はキャッシュフローの額の絶対値が同じで符号が異なる貸付型投資案と借入型投資案を区別できないということである。図表10－5にある投資案Fは貸付型投資案であり，投資案Gは借入型投資案である。これら2つの投資案のキャッシュフローの額の絶対値は同じであるが符号はちょうど逆になっている。IRRを計算するとどちらも50.0％である。しかし，割引率を変えて2つの投資案のNPV曲線を描いてみると，貸付型投資案は右下がりの曲線であり，借入型投資案は右上がりの曲線となる。投資案Aから投資案Eまではすべて貸付型投資案であった。割引率10％のときのNPVは貸付型投資案ではプラスであり，借入型投資案はマイナスとなっている。IRRを使って投資決定する際には借入型投資案に注意する必要がある。

図表10－5　貸付型投資案と借入型投資案

	現在	1年後	IRR
投資案F	−100	150	50.0％
投資案G	100	−150	50.0％

図表10-6　貸付型投資案と借入型投資案のNPV曲線

割引率と正味現在価値

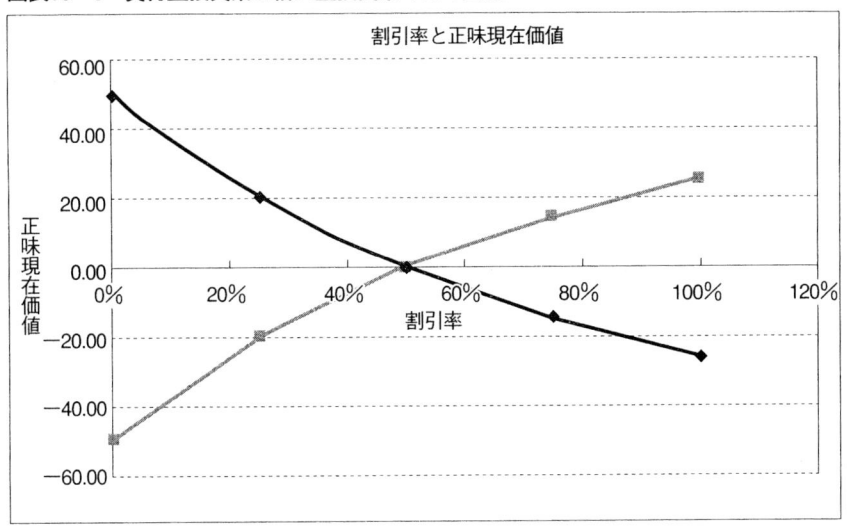

図表10-7　キャッシュフローの規模が異なる投資案

	現在	1年後	IRR	NPV（割引率20％）
投資案H	-100	150	50.0％	25.00
投資案I	1000	1300	30.0％	83.33

　第2に，キャッシュフローの大きさが異なる投資案の採否を決定するときである。図表10-7にある投資案Hと投資案Iについて考えてみよう。投資案HのIRRは50％であり，投資案IのIRRは30％であるので，もしもこれらが排他的投資案であるならば，投資案Hが採用されて投資案Iは否決されるであろう。しかし，割引率が20％であるときにNPVを計算すると，投資案IのNPVは83.33となり，投資案HのNPV25.00よりも大きくなる。したがって，投資案Iを採用して投資案Hを否決することが望ましくなる。

　第3に，キャッシュフローの符号が2回以上変化する投資案のIRRを計算すると，IRRが複数計算されてしまい，どれを投資基準として利用したらよいか混乱してしまう可能性がある。図表10-8にあるような投資案JのIRRは25％と400％の2つとなる。NPV曲線を描いてみると図表10-9のような形状になっている。この図表からわかるように，加重平均資本コストが25％と400％の間にあるときだけNPVはプラスになるのである。このような投資案はほとんど

図表10−8　IRRが2つ計算される投資案

	現在	1年後	2年後	IRR
投資案J	−100	625	−625	25%, 400%

図表10−9　投資案JのNPV曲線

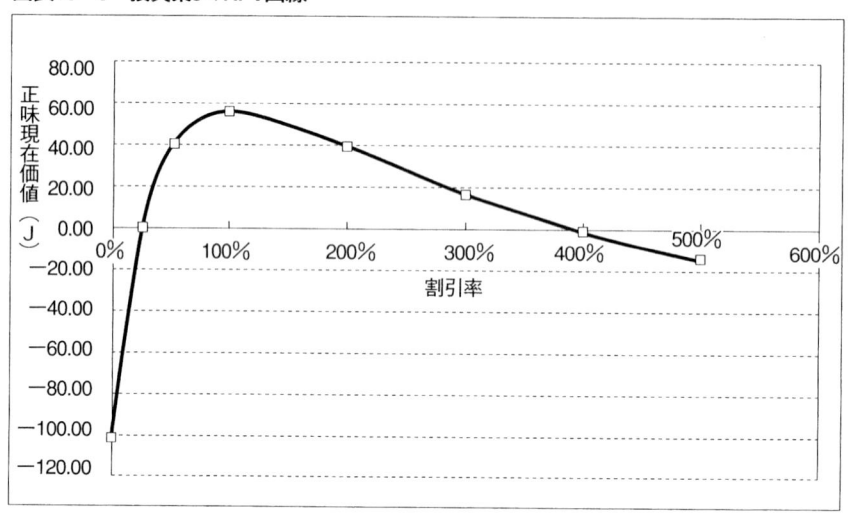

ないと思われるが，IRR法を利用するときには注意を要する。

　第4に，キャッシュフローの発生するタイミングが異なる投資案の採否を決定するときである。図表10−10にあるような投資案Kと投資案Lについて考えてみよう。投資案KのIRRは10％であり，投資案LのIRRは20％である。もしもこれらが排他的投資案であるならば，投資案Lが採用されて投資案Kは否決される。しかし，割引率が1％であるときのNPVを計算すると，投資案KのNPVは519.8となり，投資案LのNPV496.9よりも大きく，株主の富を最大化するためには，投資案Kを採用して投資案Lを否決することが望ましい。

　会社の経営者が株主の富の最大化を目標として最適な投資決定を行うために

図表10−10　キャッシュフロー発生のタイミングが異なる投資案

	現在	1年後	2年後	3年後	IRR	NPV（割引率1%）
投資案K	−1000	110	121	1331	10%	519.8
投資案L	−1000	1200	144	172.8	20%	496.9

> コラム
>
> ## IRRを使った企業の売却決定
> －東ハトを山崎製パンに売却した事例－
>
> ```
> 買収価額           投資対象の        a=bとなる割引率がIRR
> （初期投資額a）  ＝  現在価値（b） ←─────────┐
>                                                │
>                              ┌──────────┬──────────┐
>                              │ 投資対象  │          │
>                              │  のFCF    │ 売却価格 │
>                              └──────────┴──────────┘
> ```
>
> 　2003年に東ハトは約65億円で買収ファンドのユニゾンキャピタルに買収された。ユニゾンキャピタルは東ハトを再生して株式市場に再上場し，ここで持株を売却して投資資金を回収するつもりであった。しかし，2006年7月19日に，ユニゾンキャピタルは東ハトを約183億円で山崎製パンに売却した。
> 　ファンドが投資判断に使う基準がIRRである。買収ファンドにとって初期投資額となる企業の買収価額(a)が投資対象の現在価値(b)に等しくなるような割引率がIRRである。投資対象の現在価値(b)は投資対象の企業が毎年生み出すフリー・キャッシュフローを年々，現在価値に換算してこれらを合計し，さらに企業の売却価格を現在価値に換算したものを加算して算出される。
> 　ユニゾンキャピタルの資本コストは年20％台である。東ハトを売却したときのIRRは年40％であり，十分な利益を生み出す。しかも，1年後に株式市場に再上場して持株を売却したときに同額の約183億円を回収したとしてもIRRは年30％まで低下してしまう。これは，早く回収するほど現在価値が大きくなるからである。
> 　参考資料：「投資の勝算3　成長戦略を追う」日本経済新聞2006年7月21日

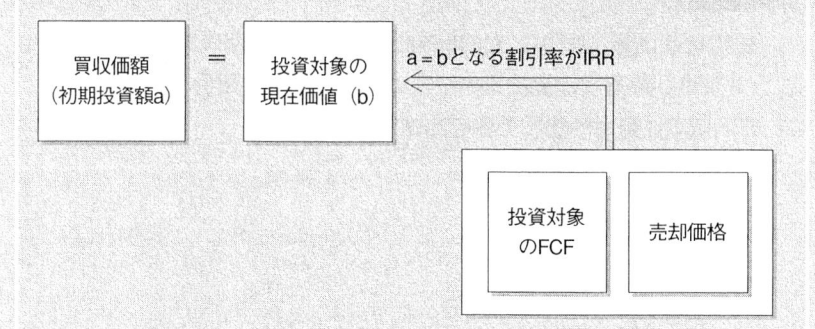

は，資金の時間的価値と実際のキャッシュフローを考慮しているという理由から，NPV法とIRR法を利用することは望ましい。IRR法はパーセント表示され，

NPVは金額表示されるために，理解しやすいという理由からNPV法よりもIRR法が多く利用されている。しかし，理論的には，IRR法よりもNPV法を利用する方が誤りをもたらさないという意味において望ましいといえる。

【10章の課題】
(1) 正味現在価値（NPV）と内部利益率（IRR）の関係を指摘しなさい。
(2) NPV法が最適な設備投資の決定に際して最適な理由を述べなさい。
(3) IRR法の注意点や限界の例をあげなさい。

11章 最適な資本構成政策

資本構成とは負債と自己資本の比率のことを意味する。本章では株主にとって最適な資本構成が存在するのか，存在するときにはそれはどのような要因によって決定されるかという課題を取り上げて説明していく。

1 資本構成理論の基本

1-1 レバレッジ効果

会社の負債利用度のことをレバレッジ（leverage）と呼ぶ。会社が利用している負債の金額をB，自己資本の金額をS，総資本の金額をV（＝B+S）とするときに，レバレッジはB/SあるいはB/Vで表すことができる。

会社が負債を利用したときには，営業利益額の大小にかかわらず負債の提供者に対して約定した利子を毎期支払わなければならない。このような負債の提供者に対する利子支払の固定性の存在によって，法人税を考えないときには，自己資本利益率は総資本利益率と負債金利との大小関係に依存してレバレッジの上昇と共に押し上げられたり，反対に押し下げられたりする。これを財務レバレッジ効果とか単にレバレッジ効果という。

次の数値例を利用して財務レバレッジ効果を理解しよう。甲社，乙社，丙社の総資本の金額を1,000億円とし，営業利益を年200億円とする。3社の総資本利益率は年20％（＝100％×200/1000）で同じである。法人税は存在しないとする。甲社，乙社，丙社が負債資金を調達するときの負債の資本コストをそれぞれ年当たり10％，20％，30％とする。これらはレバレッジが変化しても一定で

図表11-1　負債の資本コストとレバレッジ，自己資本比率との関係

共通	負債額	0	200	400	600
	自己資本額	1000	800	600	400
	営業利益	200	200	200	200
甲社	支払利子額	0	20	40	60
	自己資本利益	200	180	160	140
	自己資本利益率	20.0%	22.5%	26.6%	35.0%
乙社	支払利子額	0	40	80	120
	自己資本利益	200	160	120	80
	自己資本利益率	20.0%	20.0%	20.0%	20.0%
丙社	支払利子額	0	60	120	180
	自己資本利益	200	140	80	20
	自己資本利益率	20.0%	17.5%	13.3%	5.0%

あるとする。このような前提の下で，レバレッジを変化させたときの各社の自己資本利益率を計算する。甲社の場合，負債の資本コストは年10％であるので，負債を200億円利用したときの支払利子額が年20億円となる。したがって，営業利益200億円からこの20億円を差し引いた残額180億円が株主の利益となる。自己資本利益率は180億円を自己資本の利用金額である800億円で割って22.5％となる。負債の利用金額を変化させたときや他社についても同じように計算すると，その結果は図表11-1のようになる。

　図表11-1から次のことがわかる。甲社は総資本利益率20％が負債資金の資本コスト10％よりも大きな状態にある。このときには負債を利用するほど，つまりレバレッジが大きくなるほど自己資本利益率は上昇している。乙社は総資本利益率20％と負債資金の資本コスト20％であり，これらが等しい状態にある。このときには自己資本利益率はレバレッジの変化に関係なく一定となっている。丙社は総資本利益率20％が負債資金の資本コスト30％を下回っている状態にある。このときには自己資本利益率はレバレッジの上昇と共に低下している。この結果を図示したものが図表11-2である。ここからいえることは，株主にとっては甲社のケースのように総資本利益率が負債資金の資本コストを上回るときには，資本構成に占める負債資本の割合が高いほど，つまり会社が負債を利用する比率が高いほど望ましいということになる。

図表11－2　レバレッジと自己資本利益率との関係

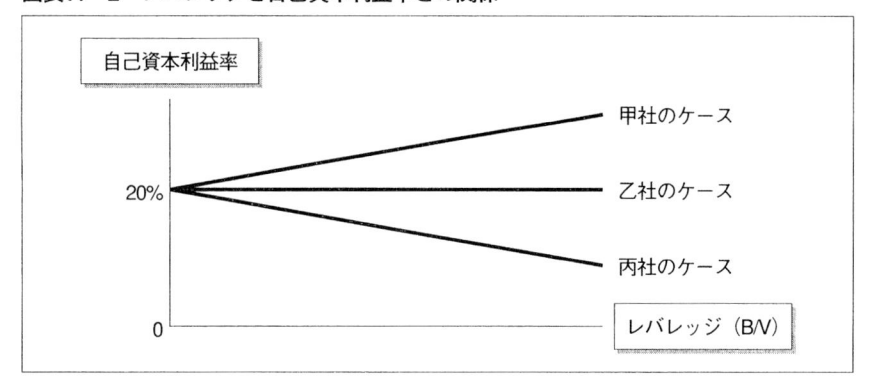

[グラフ：縦軸 自己資本利益率、横軸 レバレッジ（B/V）。20%から甲社のケース（上昇）、乙社のケース（一定）、丙社のケース（低下）]

1-2　経営リスクと財務リスク

　上の計算例の結果を一般式で書いてみよう。簿価で表した負債額と自己資本額，総資本額をそれぞれB，S，Vで表す。営業利益（＝総資本利益）をX，支払利子額をI，負債金利をi，自己資本利益（＝純利益）をYとし，総資本利益率をr_o（＝X/V），自己資本利益率をr_e（＝Y/S）で表示する。

　自己資本利益Yは，$Y=X-I=r_oV-iB=r_o(S+B)-iB=r_oS+(r_o-i)B$ と書ける。このとき，自己資本利益率 r_e は $r_o+(r_o-i)B/S$ となる。したがって，レバレッジが上昇するにつれて，$r_o>i$ のときには r_e は上昇し，$r_o=i$ のときには r_e は一定，$r_o<i$ のときには r_e は低下することがわかる。

　自己資本利益率は株主にとっての株式投資に対するリターンを意味する。自己資本利益率の変動はリターンの変動であるので，それは株主にとって株式投資に対するリスクを意味する。会社が負債を利用していないときには，株主は総資本利益率に等しい期待リターンを受け取るが，他方，総資本利益率の変動のリスクも負担する。正のレバレッジ効果が存在し，株主が総資本利益率よりも大きな自己資本利益率を期待リターンとして受け取るときでも，総資本利益率の変動よりも大きな自己資本利益率の変動というリスクを負担することになる。負のレバレッジ効果が存在するときも，株主は同様のリスクを負担する。

　会社が負債を利用していないときには，株主は総資本利益率の変動というリスクのみを負担する。このリスクは，会社が本来の営業活動に関して有しているリスクである。これを経営リスクあるいはビジネス・リスクという。会社が負債を利用して資金調達しているときには，株主は経営リスクよりも大きなリ

スクを負担しなければならない。会社が負債を利用したことに伴って，株主が追加的に負担しなければならないリスクを財務リスクとかファイナンシャル・リスクという。株主はこれら2つのリスクを負担する報酬としてリターンを要求している。このリターンが普通株の資本コストである。リスクフリーな金融資産の利益率をr_f，株主が経営リスクを負担することで要求する報酬部分をa，財務リスクを負担することで要求する報酬部分をb，普通株式の資本コストをk_eと表すとき，$k_e=r_f+a+b$と書くことができる。

　負債資金の提供者は約定された利子の支払いと元本の償還を保証されており，経営リスクを負担することはない。しかし，会社が負債を利用するに伴って貸し倒れのリスクが上昇するときには，負債資金の提供者はこのリスクを負担することになり，このリスク負担に対する報酬を要求する。この報酬部分をc，負債資金の資本コストをk_dと表すときには，$k_d=r_f+c$と書くことができる。会社がレバレッジを上昇させるほどcは高くなっていき，負債資金の資本コストは上昇していくことになる。

1-3　最適資本構成に関する伝統的見解

　会社の負債利用度の違いによって資本構成を3段階に分け，経験的に最適な資本構成が存在すると主張する資本構成理論のことを伝統的見解という。

　第1段階は会社の負債利用度が小さいときである。この段階では，負債が利用されても財務リスクに影響を与えず，負債資金と自己資金のどちらの資本コストも変化しない。この結果，負債資金の資本コストk_dが自己資本の資本コストk_eよりも小さいときには，会社は負債資金の利用度B/Sを高くするほど，加重平均資本コストk_0を低下させることができる。第2段階は会社の負債利用度が適度なときである。この段階では，会社が負債利用度を高くするにつれて株主の財務リスク負担が顕在化しはじめ，これに伴って自己資金の資本コストが上昇しはじめる。他方，負債資金提供者の貸倒リスクは顕在化せず，負債資金の資本コストに変化はない。このために，しばらくの間は，会社が負債利用度を高くしても加重平均資本コストは低下することになる。第3段階は，会社の負債利用度が適度な水準を超えた段階である。この段階では，会社が負債利用度を高くするにつれて，負債資金提供者の貸倒リスクも顕在化しはじめ，これによって負債資金の資本コストも上昇する。第2段階ですでに上昇をはじめた

図表11－3　最適な資本構成（B/S）＊の決定

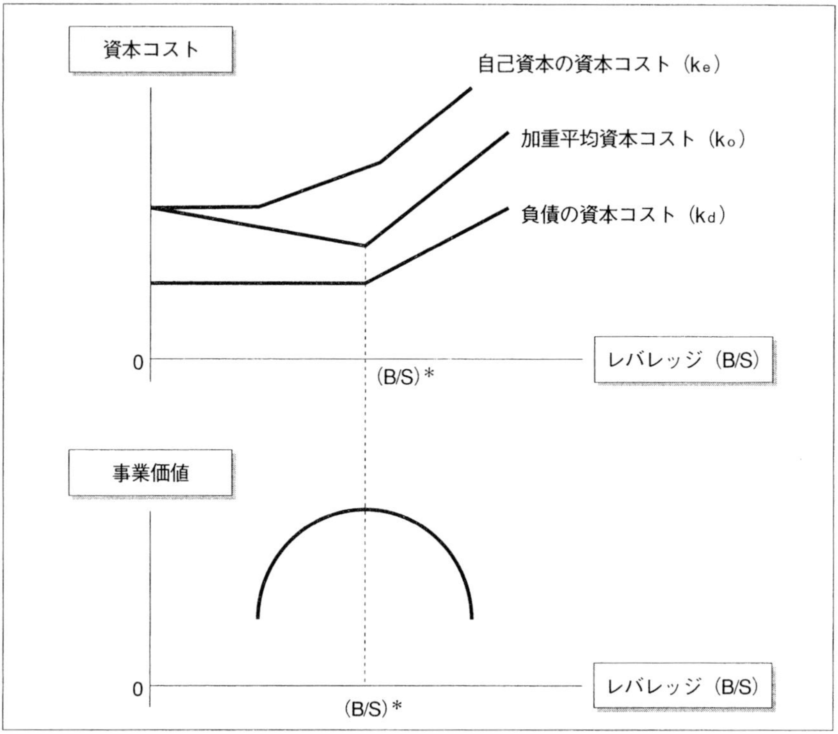
資本コスト
自己資本の資本コスト（ke）
加重平均資本コスト（ko）
負債の資本コスト（kd）
0
レバレッジ（B/S）
(B/S)＊
事業価値
0
レバレッジ（B/S）
(B/S)＊

自己資金の資本コストはさらに大きく上昇する。この結果，負債利用度の上昇と共に会社の加重平均資本コストは増加することになる。

以上の結果を図示したものが図表11－3である。この図は，会社の負債利用度B/Sと自己資金の資本コストk_e，負債資金の資本コストk_d，加重平均資本コストk_oと会社の事業価値Vとの関連を図示している。会社が負債利用度を上昇させるにつれて，加重平均資本コストははじめ低下して後に上昇する。この結果，加重平均資本コストが最低となるような最適な負債利用度あるいは資本構成が存在することになる。(B/S)*が最適な負債利用度を表している。会社の事業価値は会社が生み出すキャッシュフローを加重平均資本コストで割り引いて求められる。したがって，会社の事業価値は加重平均資本コストが最小となる負債利用度（B/S)*において最大となる。

1-4　MMの無関連命題

F.モジリアニ&M.H.ミラー（F.Modigliani&M.H.Miller）は，諸仮定の下では「資本構成の違いによって加重平均資本コストや会社の市場価値が異なることはなく，最適資本構成は存在しない」ことを簡単な数学モデルを使って証明した。この主張をMMの無関連命題あるいは第Ⅰ命題という。

　MMの無関連命題は次の7つの仮定の下で証明されている。第1に資本市場は完全競争市場であること，第2に税金は存在しないこと，第3にすべての投資家は合理的に行動すること，第4にすべての投資家は会社の将来の各期の期待営業利益について同じ予測をすること，第5に会社は期待営業利益に伴う経営リスクに関して分類されること，第6に会社と個人投資家が発行する負債はどちらもリスクフリーであり，借入の際には同じリスクフリーな金利が適用されること，第7に会社は配当可能な利益をすべて株主に配当し，減価償却により調達した資金をすべて更新投資にあてることである。

　MMは，農民が生産したミルクを販売する例を利用して無関連命題の本質を次のように説明している。農民は，生産したミルクをそのまま販売することも，これをクリームとスキムミルクとに分解して販売することもできる。分解することに費用がかからないときには，どちらの方法で販売しても，農民が獲得できる資金は同じになるはずである。なぜならば，ミルクを分解して販売する方がそのまま販売するよりも多くの資金を獲得できるときには，農民からミルクを買ってクリームとスキムミルクとに分けて販売し，もうけを得ようとする業者が現れるからである。このような業者を裁定取引者といい，裁定取引者が行う取引を裁定取引という。裁定取引は，ミルクをそのまま販売するときとこれを分解して販売するときとの価格が同じになるまで続けられるであろう。つまり，本来，同じ価格で販売されるものが異なる価格で販売されているときには，裁定取引者が現れて資産が本来の価格で販売されるようになるまで裁定取引が続くのである。

　資産の価格は，これに投資したことで得られる期待リターンと投資に伴うリスクによって評価される。会社という諸資産の集まりから成る1つの資産を評価するときには，会社それ自体に投資したことで獲得できる期待リターンとリスクとによって決定される。MMの無関連命題は，会社の事業価値を評価する際には貸借対照表左側の資産の評価で決まるのであって，貸借対照表右側に関連する資本構成から決まるのではなく，それは事業価値の分け方に過ぎないということを述べているのである。上のミルクの例にあてはめると，ミルクの価

格（諸資産の集まりから成る１つの資産としての会社の価値）とクリームとスキムミルクの合計価格（負債と自己資本の価値）は裁定取引によって同じになるということになる。

　資産と事業内容がまったく同じL社とN社があるとする。資産と事業内容が同じであるのでこの２社の経営リスクは同一となる。また，２社の期待営業利益は年240億円であるとする。２社を丸ごと買収したときの年当たりの投資リターンは同じである。２社の資金調達源泉と資本構成は異なっているとする。N社は必要な資金をすべて普通株の発行によって調達しており，資本構成をみると100％自己資本である。N社の普通株の資本コストは年12％であるとする。他方，L社は必要な資金のうち1,000億円を普通社債で調達し，残りを普通株の発行で調達しているとする。L社の普通社債の資本コストは年５％であるとする。

　L社とN社の経営リスクは等しく，期待リターンも同じであるので，「リスクとリターンが同じ資産の価値は同じである」という資産評価の原則から，２社の事業価値は同じになるはずである。N社の期待営業利益240億円は全額株主に配当されるので，これを普通株の資本コスト12％で割り引けば，N社の事業価値は2000（＝240/0.12）億円と算出される。他方，L社の事業価値もN社と同じく2,000億円となる。L社の社債の市場価値は1,000億円であるから，L社の普通株の市場価値は1,000億円になる。L社は社債の投資家に対して利子を50億円支払うので，株主への配当額は190億円となる。したがって，L社の株主が会社に要求している最低利益率，つまり普通株の資本コストは年19％（＝100％×(190/1000)）であると推定される。もちろん，２社の加重平均資本コストは同じになっているはずである。N社の加重平均資本コストは普通株の資本コストに等しくなり，年12％である。L社の加重平均資本コストは，５％×(1000/2000)＋19％×(1000/2000)＝12％である。

　次に，２社の事業価値の市場価格が等しくなくなったときにどのような取引が行われるかを考えてみよう。今，N社の株価が上昇して株式時価総額が2200億円になったとする。他方，L社の株価は下落して，株式時価総額が900億円になったとする。L社の社債の市場価値は1,000億円で変化がないものとする。投資家ZがN社の株式の10％分を購入する場合をとりあげてみよう。投資家Zは220（＝2200×10％）億円の投資資金を必要とする。投資家Zがこの投資を実行したときには，年24（＝240×10％）億円の配当を獲得しよう。

しかし，同じ24億円の利益をより低い投資資金で獲得する投資案が存在する。図表11－4の投資家の裁定取引Ⅰの欄を参照されたい。それはL社の株式の10％分を90億円，L社の社債の10％分を100億円で購入する投資案である。この投資案では必要な資金は合計で190億円ですむ。したがって，投資家は前者の投資案から後者の投資案へと切り替えを行う。この結果，L社の株価は需要が増えることから上昇し，反対にN社の株価は需要が減ることから下落するであろう。このような裁定取引に伴う株価の上昇下落は，2社の株式価値に株価が等しくなるまで続くことになる。裁定取引Ⅱは2社の株価が株式価値に等しいときの取引を表している。N社の株式を10％分購入する投資案とL社の株式を10％分購入し，L社の社債を10％分購入する投資案とは，どちらも投資に必要な金額は200億円，期待投資利益は年24億円になって同じになる。先ほどの裁定取引はこのような状態になるときに止まることになる。

　もしもL社の株価が上昇して株式時価総額が1100億円に増加し，N社の株価は下落して株式時価総額が1800億円になったらどうなるであろうか。L社の普通社債の市場価値は1,000億円のままであるとする。このとき，投資家ZがL社の株式の10％分を110億円で購入している場合をとりあげてみよう。投資家ZはL社から年19億円の配当を受け取ることができる。しかし，同じ19億円の利益をより低い投資資金で獲得できる投資案が存在する。それは，図表11－4の裁定取引Ⅲのように，L社の社債の10％分と同じ金額100億円を同じ金利年5％で銀行から借り入れを行い，この資金を利用してN社の株式の10％分を180億円で購入するような投資案である。この投資案ではN社の株式の購入によって24億円の配当を受け取り，銀行に対して5億円の利子を支払うことになるので，総額で19億円の純利益を得る。投資資金は80億円であるのに，期待投資利益は現在の投資と変わらないのである。投資家は裁定取引した結果，前者から後者の投資案へと切り替えるであろう。N社の株価は上昇し，L社の株価は下落することになろう。このような裁定取引は裁定取引Ⅳのような状態になるまで続くであろう。このとき，2社の株価は事業価値2,000億円通りの株価となっており，N社の株価は2,000億円，L社の株価は1,000億円である。

　つまり，裁定取引の結果，「価値が等しい2つの資産の価格は等しくなる」のである。

図表11-4　投資家の裁定取引

投資家の裁定取引 I	投資必要額	期待投資利益
N社の株式を10%分購入	220億円	24億円
L社の株式を10%分購入	90億円	19億円
L社の社債を10%分購入	100億円	5億円
合計	190億円	24億円
投資家の裁定取引 II	投資必要額	期待投資利益
N社の株式を10%分購入	200億円	24億円
L社の株式を10%分購入	100億円	19億円
L社の社債を10%分購入	100億円	5億円
合計	200億円	24億円
投資家の裁定取引 III	投資必要額	期待投資利益
L社の株式を10%分購入	110億円	19億円
N社の株式を10%分購入	180億円	24億円
L社の社債10%分の借入	-100億円	-5億円
合計	80億円	19億円
投資家の裁定取引 IV	投資必要額	期待投資利益
L社の株式を10%分購入	100億円	19億円
N社の株式を10%分購入	200億円	24億円
L社の社債を10%分借入	-100億円	-5億円
合計	100億円	19億円

1-5　MMの無関連命題の一般化

上の計算例を記号を用いて書き直し，MMの無関連命題を一般化してみよう。

図表11-5　MMの無関連命題

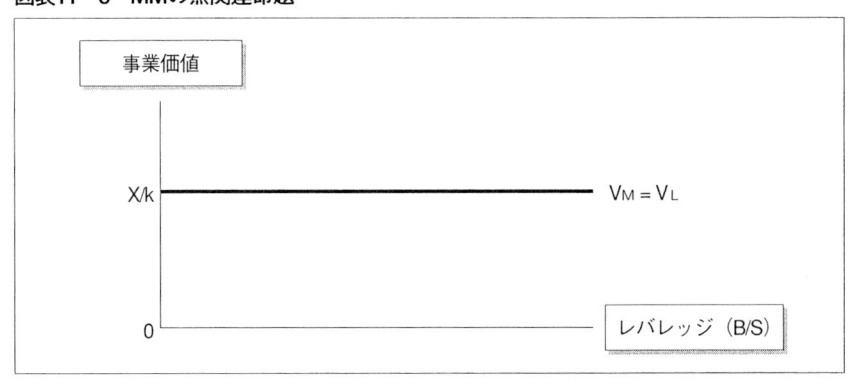

事業価値

X/k　　　　　　　$V_M = V_L$

レバレッジ（B/S）

0

第11章　最適な資本構成政策　163

同じ経営リスクのクラスに属し，同じ期待営業利益を持つL社とN社について考えてみる。N社は必要な資金を全額，普通株の発行によって資金調達している。N社の普通株の市場価値をS_Nとする。L社は必要な資金の一部を負債で，残りを普通株で調達している。L社の負債の金利をi，負債の市場価値をB_L，株式の市場価値をS_Lとする。N社とL社の企業価値をそれぞれV_N，V_Lとし，両社の期待営業利益をXとする。

投資に関するリスクと利益が同じ２つの投資案は市場から同じ評価を受けるはずである。ゆえに，L社とN社の事業価値は同じになり，

$$V_N \equiv V_L = S_L + B_L$$

が成立する。

L社とN社の事業価値は，両社が属する経営リスクのクラスに適用される割引率で期待営業利益を割り引いて算出される。この割引率をkとしよう。L社とN社は資本構成は異なるが，期待営業利益と割引率は同じであるために市場価値（事業価値）は同じとなる。これは，会社の事業価値は資本構成とは無関連に決定されることを意味している。したがって，事業価値とレバレッジとの関係は図表11－5のように水平線で表すことができる。

資本市場において裁定取引が生じる限り，MMの無関連命題は必ず成立する。図表11－6は，$V_N > V_L$のときと$V_N < V_L$のときの裁定取引の過程を示している。

$V_N > V_L$のとき，投資家はN社株のうちシェアaにあたる部分の株式を購入しても，L社株とL社債のうちシェアaにあたる部分を購入しても同じ利益aXを獲得できる。しかし，$V_N > V_L$であるので，投資家にとっては，後者の投資案の実行に必要な資金が前者よりも少なくてすむ。ゆえに，後者の投資案が実行され，前者の投資案は実行されなくなる。この結果，N社の株価は低下し，L社の株価は上昇するであろう。このような裁定取引は，$V_N = V_L$になるまで続く。反対に，$V_N < V_L$のときには，投資家はL社株全体のうちシェアaにあたる部分を購入すると，$a(X - iB_L)$という利益を獲得できる。また，L社債全体のうちaにあたる部分と同じ金額を金利iで借入して，この資金をN社株全体のうちシェアaにあたる部分の購入にあてても，同じ利益を獲得できる。$V_N < V_L$であるので，投資家にとっては，後者の投資案の実行に必要な資金が前者のそれよりも少なくてすむ。したがって，後者の投資案が実行され，前者の投資案は

図表11－6　投資家の裁定取引

$V_N > V_L$ のときの投資家の裁定取引	投資必要額	期待投資利益
N社株のシェアa分購入	$aS_N = aV_N$	aX
L社株のシェアa分購入	aS_L	$a(X - iB_L)$
L社債のシェアa分購入	aB_L	aiB_L
合計	aV_L	aX
$V_N < V_L$ のときの投資家の裁定取引	投資必要額	期待投資利益
L社株のシェアa分購入	aS_L	$a(X - iB_L)$
N社株のシェアa分購入	$aS_N = aV_N$	aX
L社債のシェアa分借入	$-aB_L$	$-aiB_L$
合計	$a(V_N - B_L)$	$a(X - iB_L)$

実行されなくなる。この結果，L社の株価は低下し，N社の株価は上昇するであろう。このような裁定取引は，$V_N = V_L$ になるまで続くのである。

2　資本構成理論の現実化

　MMの無関連命題はいくつかの仮定の下で成立する1つのモデルの結論である。それは現実とはかけ離れた世界における1つの究極的な基準（polarity）である。したがって，非現実的な仮定を緩めたときにMMの無関連命題がどのように変化していくのかを考察することは理論の現実適応性や応用の観点から有効である。以下では，仮定をより現実に近いものにしたときの資本構成理論を考えていく。

2-1　法人税が存在するときのMMの無関連命題

　MMの無関連命題が成立するための仮定の中に，税金が存在しないというものがあった。究極的な基準を求めるためにはこの仮定は妥当であるが，現実に応用することを考えた場合には非現実的な仮定である。まず，この仮定を緩めて法人税が存在する世界ではMMの無関連命題がどのように変化するかをみていこう。

　次のような数値例を考える。L社とN社はまったく同じ資産と事業内容を持

ち,両社の期待営業利益も年240億円で同じであるとする。N社は必要な資金を年12％の資本コストの普通株の発行のみで調達しており,L社は必要な資金のうち1,000億円を年5％の資本コストの普通社債を発行して調達しているとする。法人税が存在し,課税率を40％とする。このような前提の下で計算した2社の損益計算書を示したものが図表11-7である。図表中の資金提供者が受け取るキャッシュフロー合計とは,株主と社債保有者に対して会社から支払われたキャッシュフローの金額の合計を表している。L社の株主には114億円,L社の社債保有者には50億円が支払われている。N社の株主には144億円が支払われる。したがって,負債を利用したL社の方がN社よりも資金提供者に支払ったキャッシュフローの合計額が20億円だけ多くなっている。この金額はちょうど両社が支払った法人税96億円と76億円の差額20億円に等しくなっている。なぜならば,会社が社債保有者に支払う負債利子は課税されないのに対して,株主に支払う利益は課税後の利益であるからである。つまり,負債の利子には節税効果があるのである。

記号を用いて上の結果を一般化してみよう。L社とN社の期待営業利益をXとする。L社が発行した社債の額をB_L,その金利をiとする。したがって,L社が社債保有者に対して支払った社債利子額はiB_Lで表されるがこれをRとしよう。そして,法人税率をt_cとする。また,N社の普通株の資本コストをρとする。

図表11-7 L社とN社の損益計算書

	L社	N社
売上高	×××	×××
売上原価	××	××
販売・一般管理費	××	××
営業利益	240億円	240億円
営業外収益	0億円	0億円
負債利子	50億円	0億円
経常利益	190億円	240億円
法人税	76億円	96億円
税引後当期純利益	114億円	144億円
資金提供者が受け取るキャッシュフロー合計	164億円 (＝50＋114)	144億円 (＝0＋144)

このとき，L社の税引前利益は $(X-R)$，法人税の支払額は $t_c(X-R)$ となるので，税引後利益は $(X-R)-t_c(X-R)=(1-t_c)X-(1-t_c)R$ と表される。これに対して，N社の税引前利益はX，法人税の支払額は t_cX となるので，税引後利益は $X-t_cX=(1-t_c)X$ と表される。したがって，L社が支払う法人税は，N社の支払う法人税よりも t_cR だけ少なくなる。これが負債利用に伴う利子の節税効果を表している。

N社は，株主に対して税引後利益 $(1-t_c)X$ を支払う。L社は，株主に対して税引後利益 $(1-t_c)X-(1-t_c)R$ を支払い，社債保有者に対してRを支払う。したがって，L社は，資金提供者に対して $(1-t_c)X-(1-t_c)R+R=(1-t_c)X+t_cR$ を支払っている。L社はN社よりも，資金提供者に対して t_cR だけ多く支払っているが，この金額はちょうど節税効果に等しくなっている。

N社の事業価値は，$(1-t_c)X$ を普通株の資本コスト ρ で割り引いて求められる。これを V_N $(=(1-t_c)X/\rho)$ と書こう。そして，L社の事業価値を V_L で表そう。これは，L社が資金提供者に支払ったキャッシュフロー $(1-t_c)X+t_cR$ を割り引いて求められる。このキャッシュフローは，確実な利益の流列 t_cR と不確実な利益の流列 $(1-t_c)X$ とから成る。前者の市場価値は，確実な流列に対する割引率 i を用いて，$t_cR/i=t_cB_L$ となる。後者の市場価値は，ρ を割引率として，$(1-t_c)/\rho$ となる。したがって，L社の事業価値 V_L は，

$$V_L = t_cB_L + (1-t_c)X/\rho$$
$$= t_cB_L + V_N \quad (1)$$

と書ける。(1)式から，負債を利用したL社の事業価値は，負債を利用しないN社の事業価値よりも負債の節税効果分だけ大きくなることがわかる。したがって，会社は最大限負債を利用することで会社の事業価値を高めることができるという結果を得る。この結果を図示したものが図表11－8である。

先の計算例にあったL社とN社の事業価値を計算してみよう。N社の事業価値は144億円を普通株の資本コスト12％で割り引いて1200億円と算出される。L社の節税効果は20億円である。これを5％で割り引くと400億円となる。したがって，L社の事業価値は1600億円と算出される。

2-2　個人所得税を考慮したときのMMの無関連命題

図表11−8 負債を利用したL社の事業価値

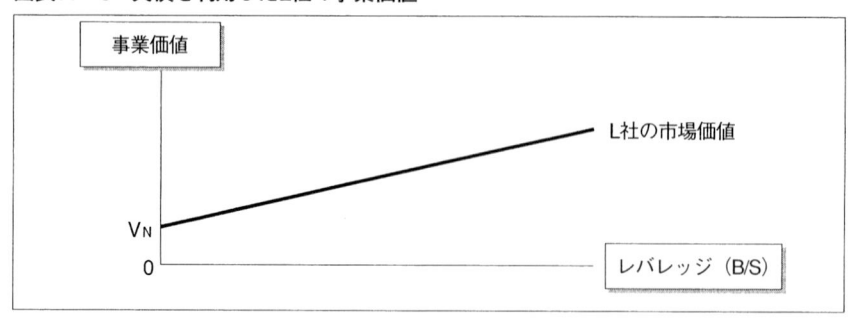

事業価値／L社の市場価値／V_N／レバレッジ（B/S）

　法人税に加えて，個人所得税を考慮したときのMMの無関連命題についてさらに考えてみよう。ここでも上のL社とN社の数値例を使って説明する。

　2社の期待営業利益はXであり，法人税は t_c で同じである。N社は負債を利用していないが，L社は金利 i で社債を B_L だけ発行している。株主が配当を獲得したときに課税される所得税率を t_S，社債保有者が利子を受け取ったときに課税される所得税率を t_B としよう。N社の株主が法人税を支払った後の税引後利益 $(1-t_c)X$ を全額配当で受け取ったときには，彼は所得税として $t_S(1-t_c)X$ を支払うので，税引後所得 $(1-t_S)(1-t_c)X$ を獲得する。この税引後所得を割引率 ρ （＞i）で割り引くと，会社の事業価値 V_N が評価される。

　L社は社債保有者に対して利子 iB_L を支払う。L社の社債保有者は，受けとった利子に対して所得税 $t_B iB_L$ を支払うので，税引後所得 $(1-t_B)iB_L$ を獲得する。また，L社の株主が法人税を支払った後の税引後利益 $(1-t_c)(X-iB_L)$ を受け取ったときには，彼は所得税として $t_S(1-t_c)(X-iB_L)$ を支払うので，税引後所得 $(1-t_S)(1-t_c)(X-iB_L)$ を獲得する。

　したがって，L社の資金提供者が受け取る税引後のキャッシュフローは，

$$(1-t_B)iB_L + (1-t_S)(1-t_c)(X-iB_L)$$
$$= iB_L(1-t_B)[1-(1-t_S)(1-t_c)/(1-t_B)] + X(1-t_S)(1-t_c) \qquad (2)$$

となる。L社の市場価値を評価してみよう。(2)式の第1項は確実な利益の流列であるので，これを $i(1-t_B)$ で割引き，第2項は不確実な利益の流列であるのでこれを ρ で割り引く。したがって，L社の市場価値は，

図表11-9 法人税と個人所得税を考慮したときの会社の市場価値とレバレッジ

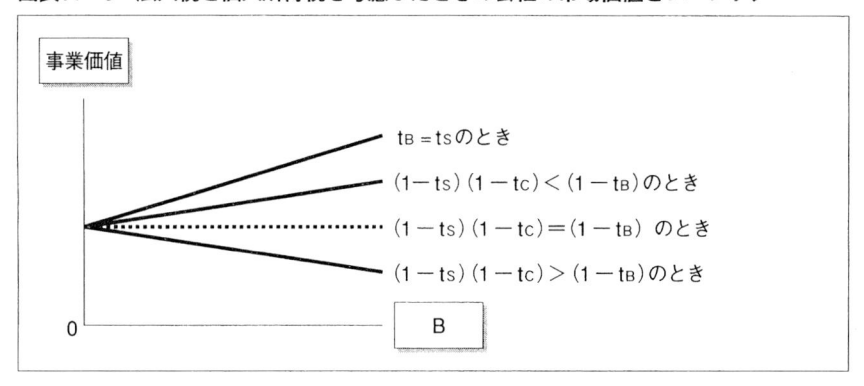

事業価値

- $t_B = t_S$ のとき
- $(1-t_S)(1-t_C) < (1-t_B)$ のとき
- $(1-t_S)(1-t_C) = (1-t_B)$ のとき
- $(1-t_S)(1-t_C) > (1-t_B)$ のとき

B

$$V_L = B_L \left[1 - (1-t_S)(1-t_C)/(1-t_B)\right] + V_N \tag{3}$$

と書ける。

(3)式から次のことがいえる。第1に，$t_B = t_S$ のときには，$V_L = V_N + t_C B_L$ が成立し，(1)式に等しくなる。このときには，会社の市場価値は，負債を利用するほど高くなっていく。第2に，$(1-t_S)(1-t_C) = (1-t_B)$ のときには，MMの無関連命題が成立する。したがって，法人税と個人所得税を考慮したときでも，会社の市場価値とレバレッジは無関連となる可能性がある。第3に，$(1-t_S)(1-t_C) > (1-t_B)$ のときには $V_L < V_N$ となるので，会社の市場価値は負債を利用するほど低下していく。第4に，$(1-t_S)(1-t_C) < (1-t_B)$ のときには，$V_L > V_N$ となるので，会社の市場価値は負債を利用するほど上昇していく。これらの関係を図示したものが，図表11-9である。

ここでの議論は，M.H.Miller (1977) で示されたために，ミラーモデルと呼ばれる。ミラーモデルによれば，$t_B = t_S$ のときあるいは $(1-t_S)(1-t_C) < (1-t_B)$ のときには，会社が負債を利用するほど，節税効果のために会社の市場価値を高くすることができることを指摘している。しかし，このモデルは，利子が控除できるほどの営業利益がいつも存在することを暗黙的に仮定している。

2-3 財務的困難に伴うコスト

(1)式は，負債利用のメリットである節税効果を考慮したときの結論である。メリットのみを考慮したために，会社はできる限り，自己資本ではなくて負債を利用した方が良く，資本構成は100％負債であることが最適であるという結

果になっている。しかし，実際に100％負債である会社は存在しない。これは，そのような会社が存続できないことを意味している。(1)式では負債利用のデメリットを考慮していない。負債を利用することに伴うデメリットの1つが財務的困難に伴うコストである。

　会社が負債を利用したときには，約定された利子の支払いと元本の返済をしなければならない。もしもこれらの義務を履行できなかったならば，会社は次のような財務的困難に陥ることになる。第1に，債権者同士の話し合いが長期に及び，これが資産の売却や清算に支障をきたすことである。この間に，資産の価値が低下したり，陳腐化してしまう可能性がある。第2に，弁護士費用，訴訟費用，会計士の費用，管理費用等が従来よりもかかり，これが会社の価値を低下させてしまうことである。第3に，経営者や従業員は負債が増加するほど会社が倒産したときの身の上を案じるようになり，失職を恐れて短期の利益のみを追求する行動をとってしまう可能性があることである。例えば，コスト削減のために機械の維持を怠ったり，製造する製品の品質を落としたり，あるいは価値ある資産を売却してしまったりという行動である。これらの行動はすべて会社成長や将来の事業価値を低下させてしまうのである。第4に，財務的困難に陥ったことを知った納入業者等が取引を中止したり，顧客が製品を購入しなくなったりする行動を採ることである。これがさらに財務的困難を悪化させてしまうのである。最終的には，究極的な財務的困難である倒産へと進んでしまう。

　会社が負債を利用するほど，会社が支払ったり返済しなければならない利子や元本は多くなっていく。利子や元本は会社の利益の増減に関係なく固定性を持つので，特に利益が減少したときには財務的困難に陥る可能性が高くなる。これに伴って財務的困難に伴うコストの負担額も増えてしまうという悪循環にはまってしまう。ゆえに，会社は負債を過度に利用することを特に慎まなければならない。

2-4　エージェンシー・コスト

　経営者が会社に対して100％の出資を行っていないときには，経営者と株主との間に利害の対立が生じる可能性がある。経営者は株主のために経営をしなければならない。このために，経営者は最善の努力をし，注意を払い，会社が

所有する資産を有効に活用しなければならない。しかし，経営者が100％の出資を行っていないときには，株主にとって最適な経営努力を怠ったり，会社が所有する資産を私的な満足のために利用する可能性がある。例えば，高級車を社用車としたり，必要のない社用機や高価な応接セットを購入することである。このような経営者の行動を経営者のモラルハザード（道徳心の欠如）という。株主と経営者の利害対立の結果，経営者のモラルハザードが生じてしまうと，そうでないときと比べて会社の事業価値は低下している可能性が高くなる。このような理由から低下した会社の事業価値分を自己資本のエージェンシー・コストという。

　負債資金の提供者に対する固定的な利子の支払いや元本の返済義務は，経営者によって自由に利用できる資金額を減少させるので，結果として経営者のモラルハザードを生じさせない効果を持つ。この意味において，会社が負債を利用することは，経営者と株主との間の利害対立を緩和して自己資本のエージェンシー・コストを低下させるメリットがある。他方，負債の利用はデメリットを持つ。会社が負債を利用するほど，株主は負債資金の提供者の利益を損ねて，自らの利益を追求するような行動を経営者に強く求めることがある。このような株主の行動は，株主と負債資金の提供者との間に利害の対立を招き，会社の事業価値を低下させてしまうことがある。このような会社の事業価値の低下分を負債のエージェンシー・コストという。

　自己の利益を追求する株主の行動には3つある。第1に，株主は，ローリスク・ローリターンの安全な投資よりもハイリスク・ハイリターンの投資を選択するインセンティブを持つことである。次の2つの投資案を利用してこのインセンティブを説明しよう。

　投資案甲は，成功したときには20億円のキャッシュフローをもたらすが，失敗したときには10億円のキャッシュフローしかもたらさないとする。投資案乙は成功したときには24億円，失敗したときには5億円のキャッシュフローをもたらすとする。どちらの投資案も成功と失敗の確率は0.5ずつであるとする。ある会社T社がこれら2つの投資案に直面しているとする。T社は元利金あわせて10億円分の普通社債を発行しているとする。T社が投資案甲と投資案乙をそれぞれ実行したときの株主と社債保有者に対するキャッシュフローの分配を表したものが図表11－10である。投資案甲が実行されたときに期待される会社

図表11-10　ハイリスク・ハイリターンな投資案乙を好む株主

		会社の価値	社債保有者への分配	株主への分配
投資案甲を実行	成功時	20億円	10億円	10億円
	失敗時	10億円	10億円	0億円
投資案乙を実行	成功時	24億円	10億円	14億円
	失敗時	5億円	5億円	0億円

の事業価値は15億円（＝0.5×20億円＋0.5×10億円）である。投資案乙が実行されたときに期待される会社の事業価値は14.5億円（＝0.5×24億円＋0.5×5億円）である。したがって，T社にとってはより安全な投資案甲を実行することが望ましいといえる。しかし，株主の期待分配キャッシュフロー額を計算すると，投資案甲が実行されたときは5億円，投資案乙が実行されたときは7億円となる。このために，株主は投資案甲よりもリスクの高い投資案乙の実行を経営者に求めるであろう。他方，社債保有者の期待分配キャッシュフロー額を計算すると，投資案甲については10億円，投資案乙については7.5億円となる。つまり，経営者が株主の利益と要求に沿って投資案乙を実行した場合，社債保有者の利益は損なわれてしまう。

　第2に，株主は過小投資のインセンティブを持つのである。次の数値例を利用してこれを説明しよう。U社は負債資金を40億円利用しているとする。現在の事業を中心にして経営を続けたときには，U社は好況時には50億円のキャッシュフローを獲得するが，不況時には24億円のキャッシュフローしか獲得できないような財務的困難な状態にあるとする。もしも既存株主がU社に対して10億円の資金を提供し，U社が新規の事業に投資する案丙を実行したならば，状況は改善して好況時には67億円のキャッシュフローを獲得し，不況時でも41億円のキャッシュフローを得ることができるとする。この新規投資案丙は，10億円の投資によって好況時でも不況時でも17億円のキャッシュフローを新たに発生させるので，正の現在価値（NPV）をもった投資案であるといえる。ゆえに，U社が投資案丙を実行することは株主にとって望ましい。しかし，既存株主は10億円の資金提供を行うインセンティブをもたないのである。

　図表11-11は，U社がこの投資案丙を実行したときとしないときの株主と負債資金提供者へのキャッシュフローの分配を表している。好況時と不況時が確

図表11-11 投資案を実行したときとしないときのキャッシュフローの分配

	状況	キャッシュフロー	負債資金提供者への分配	株主への分配
投資案実行前	好況時	50億円	40億円	10億円
	不況時	24億円	24億円	0億円
投資案実行後	好況時	67億円	40億円	27億円
	不況時	41億円	40億円	1億円

率0.5で生じるときに,彼らの期待分配キャッシュフロー額を計算してみよう。投資案を実行しないときの負債提供者の期待分配キャッシュフロー額は32億円であり,投資案を実行したときのそれは40億円となる。ゆえに,この投資案が実行されたときには,負債資金提供者の富は増加する。他方,投資案を実行しないときの株主の期待分配キャッシュフロー額は5億円であり,投資案を実行したときのそれは14億円となる。したがって,この投資案が実行されるときの株主の富は,そうでないときに比べて9億円増加する。しかし,この投資案を実行するためには株主は10億円の資金を提供しなければならない。このために,株主はこの投資案を実行するために資金を提供するインセンティブをもたないのである。このように,正の正味現在価値(NPV)をもった投資案が実行されないような状況を過小投資という。これは,負債の存在によって引き起こされている。つまり,負債を利用した会社は過小投資の状態に陥ってしまって会社の事業価値が低下してしまう可能性がある。

第3に,会社が財務的困難に陥ったときには,株主は会社の諸資産が負債提供者のものとなって担保処分される前に,会社に対して過剰な配当を要求したり,資産の処分による配当を求める行動をとるインセンティブを持つ。

上の第1と第2の例は負債の存在によって会社の投資政策が歪められることを示している。第3の例は株主の財産の収奪(milking the property)という行動である。負債の利用に伴うエージェンシー・コストを削減するためにはいくつかの方法がある。例えば,社債発行や多額の銀行借入の際に特別な条項を設けて株主や経営者の行動に制約を課すことがあげられる。日本ではメインバンクと呼ばれる主力取引銀行が取引先の株式を保有することも1つの方法である。この場合には負債資金の提供者である銀行が同時に株主となっているのである。

2-5 最適な資本構成

法人税，財務的困難に伴うコスト，負債のエージェンシー・コストを考慮し

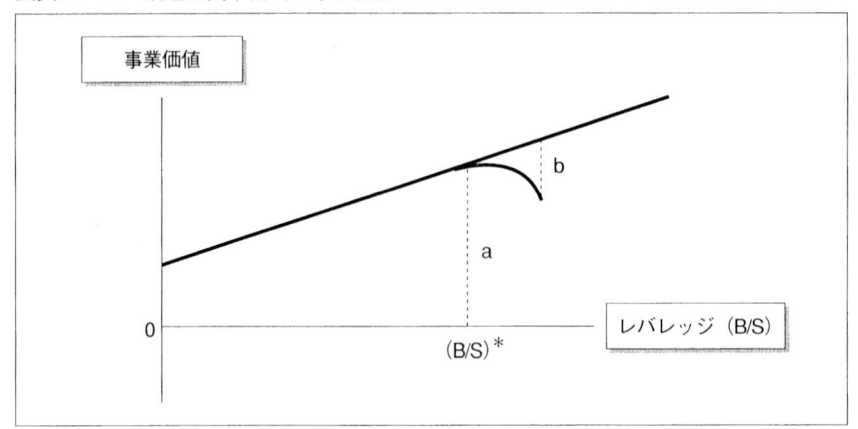

図表11−12　最適な資本構成と事業価値

たときには，負債を利用した会社の事業価値は(1)式を一部修正して，

$$V_L = t_c B_L + V_N - (財務的困難に伴うコストの現在価値)$$
$$- (負債のエージェンシー・コストの現在価値) \qquad (4)$$

と書くことができる。ここでは，個人所得税の考慮はしていない。

　図表11−12はレバレッジ（B/S）と会社の事業価値の関係を表している。会社の負債利用度が小さいときには，節税効果が財務的困難に伴うコストとエージェンシー・コストの現在価値を上回っているので，会社の事業価値は負債利用度の上昇と共に増加する。しかし，負債利用度がある水準を超えると，負債利用のメリットとデメリットは逆転し，事業価値は低下していくことになる。その間に，メリットとデメリットが等しくなる負債利用度が存在することになる。図表11−12ではこの水準が（B/S）*であり，ここで最適な資本構成となる。図中のaの部分は節税効果の現在価値を，bの部分は財務的困難に伴うコストとエージェンシー・コストの現在価値を表している。

　会社は最適な資本構成を求めるために理論的なシミュレーションをして，実際に資金を調達して時間の経過と共に資本構成を調整するという試行錯誤的な方法を使っている。

> コラム

最適資本構成理論の応用事例
― 花王によるカネボウ化粧品の買収 ―

　2005年12月に，産業再生機構が経営再建を支援してきたカネボウ化粧品の譲渡先について入札が行われ，2006年2月にカネボウ化粧品のすべての株式と商標が花王に譲渡されることになった。

　当時の花王の化粧品事業売上高は約800億円であり，カネボウ化粧品の売上高は約2,000億円であった。業界1位の資生堂の国内化粧品売上高は約3300億円であった。花王はカネボウ化粧品の買収に成功すれば売上高で2位となり，資生堂に近づくことができるのである。また，当時の花王の化粧品の主力商品はソフィーナであったが，このブランドではプレステージ市場を攻略できていなかったのである。もしもカネボウ化粧品の買収に成功すれば，一気に専門店や百貨店の販売ルートを手に入れることができたのである。

　カネボウ化粧品の買収に必要な資金は約4080億円であった。当時の花王の資本構成を見ると，約1億7300万円のほとんどが自己資本であった。自社株買いによる金庫株もあったので，買収資金の調達を自己資本でまかなうことは比較的容易であった。しかし，花王がカネボウ化粧品の買収資金の調達に選んだのは全額を銀行借入と社債の発行でまかなう方法であった。あえて有利子負債を調達したのである。こうした理由は有利子負債を調達することで加重平均資本コストを引き下げることができたからである。

　買収前の自己資本の資本コストは約5％であった。花王の有利子負債はほぼゼロであったので，銀行借入や社債をごく安価な資本コストで調達できた。この結果，加重平均資本コストは約4.2％に低下したのである。

　買収前の花王全体の事業利益率が年約13％，化粧品事業のそれは約10％，カネボウ化粧品のそれは約9％であった。花王は，有利子負債を新たに調達して資本構成を変えることで加重平均資本コストを低下させ，化粧品事業からの利益を大きくすることに成功したのである。

　参考資料：「新資本政策2　市場と向き合う」日本経済新聞2004年2月26日

【11章の課題】

(1) （財務）レバレッジ効果とは何か。
(2) 経営リスクと財務リスクの違いを指摘しなさい。
(3) MMの無関連命題を裁定取引の概念を使って説明しなさい。
(4) エージェンシー・コストとは何か。
(5) 過小投資問題について説明しなさい。
(6) 最適な資本構成を決定する要因について指摘しなさい。

12章 最適な配当政策

本章では株主にとって最適な配当政策についてとりあげる。株主にとって最適な配当政策とは，企業価値（＝株式価値）を最大化するように税引後当期純利益あるいは配当可能な利益を配当と内部留保に分配する経営者や財務担当者の意思決定のことをいう。最近は株価の低迷を追い風にして，株主への利益還元政策として自社株買いが増えてきており，また伝統的な配当性向以外にも新しい配当に関する指標を掲げる会社も増えてきている。これらのことを数値例や実際の会社の行動を例にあげて説明していこう。

1 MMの配当無関連命題

1-1 配当政策とは

株式会社が税引後当期純利益を株主にどう配分するかを決める基本的な考え方のことを利益還元政策といい，特に，税引後当期純利益のうち配当としていくらを支払うかを配当政策という。配当されなかった当期純利益は内部留保と呼ばれ，設備投資等の資金として会社が次期以降の経営に再投下することで利用される。

利益還元政策では，配当と内部留保のどちらか一方の金額が決定されれば，他方はほぼ自動的に金額が決定されるという特徴を持つ。会社が成長段階にあったり，有利な事業機会や投資機会に直面して将来，株価が上昇する可能性があるときには，内部留保が優先されて先に決定され，税引後当期純利益は事業に再投資される。会社が成熟期に入り，有利な投資機会等が減って余剰資金が

生じたときには，配当支払い等で株主に利益還元するという構図が基本となる。例えば，マイクロソフト社はつい最近まで，無配当政策を採っていた。

　株主への利益還元政策には，株主に対して現金を配当金として渡す以外に，会社が過去に発行した自社の株式を購入する方法がある。これを自社株買いという。2007年度は株価が低迷したために，自社株買いを行う会社が過去最高になった。これは，株価が低いときに自社株を安く購入しておいて将来，自社株を使って他社を買収するといった動機や，利益還元策として配当を増やした場合，将来，配当を減らすことは株価に悪影響を及ぼすので増配しにくいという理由もある。

　現在の会社法の下では，連結利益剰余金が赤字であっても親会社は配当できる仕組みになっている。これは，配当規制が単独決算を基にしているからである。2009年3月期から，四半期決算が義務化される（現在は取引所ルールに基づいている）。いずれは配当の支払いも年4回になると予想されている。

　以上のように，会社は株主還元策を重視し，また配当に関する法律等の整備も進んでいる。他方では，ある仮定の下では理論的には「配当政策の変更は株価等に影響を与えない」ことが証明されている。このような理論の結果と現実の会社の行動との違いを配当のパズルという。本章の主要な課題は配当パズルを解くことにある。

1-2　配当性向，株主資本配当率（DOE），総配分性向

　税引後当期純利益のうち，実際に株主に配当された金額の比率（100％×（配当金）／（税引後当期純利益））を配当性向という。この指標は株主に対する利益還元の伝統的な目安となっている。日本の会社の場合，安定配当と称して業績が好調なときも不調なときでも基本的に配当額を変えないところが多い。この結果，配当性向は好況時に低く，不況時に高くなるという傾向にある。日本における2003年から2005年の配当性向は20％台であるが，同時期の米国をみると30％台，英国では60％前後で推移している。最近では，日本おいても株主に対して目標配当性向を定めて株主利益還元を重視するる会社が増えつつある。この場合には，会社は純利益の増減にしたがって配当金の支払額を見直すことになる。

　最近は利益還元政策に関する新しい指標を掲げる会社も増えてきている。第

1に株主資本配当率（DOE：Dividend on Equity）である。DOEは（100%×(配当金)/(株主資本)）で計算され，株主からの出資金と利益の蓄積の合計である株主資本のうちどれだけを配当に回しているかを測っている。DOEは（ROE×配当性向）でも計算される。したがって，DOEを高くするためには，会社は配当を増やすだけではなく，資本の効率を高めてROEを向上させる必要がある。東証上場会社（金融を除く）の場合，ROEは9％前後であり，米国S＆P500種採用企業では16％位ある。

第2に総配分性向(総還元性向)がある。総配分性向は(100%×(配当金＋自社株買い)/(税引後純利益))で計算される。資金を株主に返すという点において，配当支払いと自社株買いは同じ効果を持つという考えがこの指標の背景にはある。この指標を特に重視している業界はグローバルな再編に直面している業界であって，その中でも外国人株主の比重が高い会社はこの傾向が強い。例えば，自動車，電機，医薬品などである。製薬大手4社の総配分性向は特に高いといわれている。2007年3月期において，武田薬品は100％強，アステラス製薬は220％，第一三共製薬は62％，エーザイ製薬は64％という結果であった。

すべての上場会社（3795社）に関しても総配分性向は上昇傾向にあり，2006年度の総配分性向は52％程度であり，前年度からは9％上昇している。これは，2007年から日本も会社法の制定や改革により本格的なM＆A時代を迎えたために，株主への利益還元を増加して市場の評価を高めて株価を高くし，同時に内部留保を少なくすることで買収者にとっての魅力を小さくして買収されにくくしようという理由からこのような政策が採られているものと思われる。

1-3　MMの配当無関連命題

モジリアニ＆ミラー（MM）は，次の5つの仮定の下では「配当政策の変化は株式の市場価値に何の影響も与えない」ことを証明した。これをMMの配当無関連命題という。MMの置いた仮定とは，第1に法人税や個人所得税などの税金が存在しないこと，第2に新株発行の費用や取引費用は存在しないこと，第3に投資家は同じ金額であれば配当の形であってもキャピタルゲインの形であっても同じ満足を得ること，第4に会社の設備投資政策と資本構成は変化しないこと，第5に投資家と経営者は会社の将来の投資機会について同じ情報をもっていることである。資本構成に関する無関連命題のときと同じ様に，これ

らの仮定の中には厳しすぎるものや非現実的なものも含まれている。したがって，MMの配当無関連命題も1つの究極的な基準である。MMの配当無関連命題は資本構成に関する無関連命題と同じ様に，会社の事業価値は会社の稼ぎ出す利益とそのリスクとから決定されるという考え方に基づいている。したがって，株主に配当可能な利益を実際に配当するかあるいは内部留保するかの選択は，事業価値や株式の市場価値に影響を与えないということを述べているのである。

次の計算例を利用してMMの配当無関連命題を説明しよう。A社は1万株の普通株を発行しており，毎期500万円の利益を配当する政策を採っているとする。今期の配当は1株当たり500円である。A社の普通株の資本コストは年10％であるとする。このとき，配当割引モデル（DDM）を利用してA社の今期の配当支払前の株価を評価すると，それは5500（＝500＋500/0.1）円となる。配当支払後の株価は5000（＝5500－500）円となる。これを配当落ち後の株価という。

ここで，A社が配当政策を変更して今期だけ配当を1株当たり550円に増配したとしよう。これに伴ってA社は50万円の追加資金が必要となる。A社はこれを新株の発行で調達したとしよう。新株の資本コストは既存株と同じく年10％であるとする。新たな株主には来期，総額で5万円分の利益が配当されることになる。他方，既存株主には来期，総額で495万円（＝500万円－5万円）分の利益が配当されることになる。1株当たりに直すと来期の配当は495円となる。現在，既存株主が保有する株式の価格を評価すると，それは5500（＝550＋495/0.1）円となる。この評価額は配当政策を変更する前の配当支払前の株価と等しくなる。したがって，配当政策の変更は株式の市場価値には影響を与えないというMMの無関連命題が成立することになる。

なぜMMの無関連命題が成立するのであろうか。変更前の配当政策の下では，1株を保有する既存株主は今期500円，来期以降も500円の配当を獲得できる。変更後の配当政策の下では，既存株主は今期550円，来期以降は495円の配当を獲得する。配当政策の変更によって，既存株主が受け取る今期の配当は変更前の配当政策の下で獲得する配当よりも50円多くなっているが，来期以降の配当は5円少なくなっている。来期以降ずっと5円の配当を受け取ることの現在価値は50（＝5/0.1）円であるので，獲得する配当の増減はちょうど相殺されているのである。これがMMの無関連命題が成立する理由である。

図表12−1 株式の市場価値と配当性向の関係

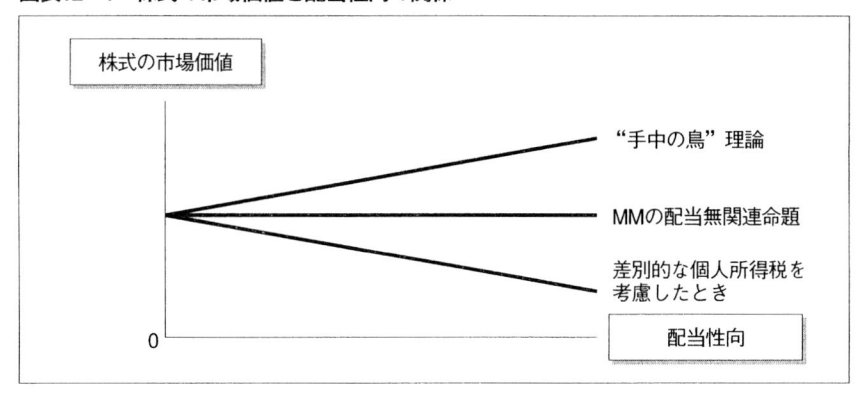

（図：株式の市場価値を縦軸、配当性向を横軸とし、"手中の鳥"理論は右上がり、MMの配当無関連命題は水平線、差別的な個人所得税を考慮したときは右下がりの線で示される）

　MMの配当無関連命題は、配当とは会社の中にあった株主のものである利益が実際に株主に分配されただけであることを指摘している。実際に、配当落ち日には株価は配当分だけ下がることが多い。

　配当性向と株式の市場価値との関係を描くと、図表12−1にあるように、MMの無関連命題の理論的な結論は水平線となる。

1-4　自家製の配当

　A社が配当政策を変更したときに、既存株主が従来の配当の支払いを望んだときには、株式の市場価値はどのような影響を受けるだろうか。このような既存株主は、自家製の配当（homemade dividend）と呼ばれる行動をとることで自ら望ましい配当政策を実行することができる。今期の超過配当分50円をA社に再投資すれば、来期以降10％の利益が期待できるので、毎期5円を獲得する。したがって、来期には500（＝495＋5）円の配当を受け取ることになる。

　A社が従来通りの配当政策をとるときに、既存株主が配当政策の変更を望んだときには株式の市場価値はどのような影響を受けるであろうか。既存株主は今期に500円の配当を受け取って、50円分の株式を市場で売却すれば550円を獲得できる。しかし、来期は50円分の株主配当部分である5円を受け取ることができない。したがって、来期には495（＝500−5）円を獲得することになる。

　ただし、現実には売買コストや取引制限があるために、自家製配当をつくり出すことは難しい。

1-5　第4の仮定を置く理由

　MMが置いた仮定の中に，第4に会社の設備投資政策と資本構成は変化しないことというものがあった。このような仮定が置かれる理由は以下の通りである。会社の設備投資は減価償却，内部留保，銀行借入や社債発行による負債調達，有償増資でまかなわれる。つまり，粗設備投資資金＝（減価償却＋内部留保＋負債調達＋有償増資）の増加分という関係にある。減価償却（費）がすべて更新投資にあてられたときには，純設備投資資金＝（内部留保＋負債調達＋有償増資）の増加分となる。

　したがって，配当の増減は内部留保の増減をもたらし，これが純設備投資資金の変化あるいは（負債調達＋有償増資）の変化をもたらすことになってしまう。そこで，配当の増減が株式の市場価値に与える影響を考慮する際に，これらの変化がないようにと設備投資政策と資本構成は一定という仮定を置いたのである。

　もちろん，内部留保が再投資に回されて正味現在価値（NPV）が正である設備投資計画が実行されたときには株式の市場価値は上昇する。NPVが負である設備投資計画が実行されたときには株式の市場価値は下落してしまう。これらは会社の設備投資計画が変更されているときにあたる。MMの配当無関連命題ではこのような事態を考慮してはいないのである。

1-6　株式配当，株式分割，無償交付

　ここまでは現金配当について考えてきた。既存株主に対する配当方法には現金配当以外にも，株式配当，株式分割，株式の無償交付がある。これらの財務政策が株主に与える効果は同じである。株式配当等は1株を細分化する効果を持つが，会社の経済的実態は変化しない。この結果，1株当たりの株価は株数の増加分だけ低下することになる。しかし，株式の時価総額に与える影響はない。したがって，会社の投資政策や借入政策に変化がなく，税金を考慮しないときには，これらの財務政策が既存株主の利益に変化を与えることはない。

　ただし，株式分割した際に1株あたりの配当を変えないときには実質的な増配となる。これが株価にプラスの影響を与えることがある。これは後述するような配当のシグナリング効果による影響である。また，現実の株価は理論的に効果がないとされていても投資家の心理的な影響を受けて変化することが大き

い。特に、株式分割は株価を押し上げる傾向にあるということを投資家が信じている場合には、実際に株価が上昇することがある。これは一種の投資家の錯覚である。あくまでも株式分割等の財務政策は理論的には株主の利益に影響を与えることはないのである。

2 MMの無関連命題の現実化

2-1 手中の鳥理論

　MMの配当無関連命題では、投資家は同じ金額であればそれを配当の形で受け取ってもキャピタルゲインの形で受け取っても同じ満足を得ることを仮定していた。これに対して、株主は、配当可能な利益を内部留保してこれを再投資し、将来キャピタルゲインを得るよりも、現在獲得できる配当の方を好むという考え方がある。M. J. ゴードン（M.J.Gordon）はこの考え方に基づいて配当の増加は株式の市場価値を増加させると説明している。このような考え方は手中の鳥（bird in the hand）理論と呼ばれている。これは、配当を手の中の鳥に、キャピタルゲインをやぶの中の鳥に例えた呼び方である。図表12－1にあるように、この理論の結論では会社が配当性向を高くするほど株式の市場価値も高くなるので、配当性向と株式の市場価値は右上がりの関係にある。

2-2　差別的な個人所得税　－配当課税率とキャピタルゲイン課税率－

　MMの無関連命題では税金は存在しないと仮定されていた。ここでは、配当とキャピタルゲインに対する課税が存在するものとしよう。

　配当課税率がキャピタルゲイン課税率よりも高いときの配当政策について考

図表12－2　配当に対する課税率（td）とキャピタルゲインに対する課税率（tc）が異なるとき

	個人投資家	機関投資家
X国	td＞tcであるので、配当よりもキャピタルゲインが好まれる。	td＜tcであるので、キャピタルゲインよりも配当が好まれる。
Y国	td＝tcであるから無差別になる。	td＞tcであるので、配当よりもキャピタルゲインが好まれる。

えてみよう。前者をtd，後者をtcで表すことにする。td＞tcという差別的な個人所得税が導入されているときに，投資家が同じ金額を受け取るときには税引後のリターンを考えると配当よりもキャピタルゲインの形で受け取ることを好むであろう。会社が増配政策を採ることは内部留保の減少，経営への再投下資金の減少，ゆえにキャピタルゲインの減少を意味することになるので，株式の市場価値を低下させてしまう可能性がある。反対に，td＜tcという差別的な個人所得税が導入されているときに，投資家はキャピタルゲインよりも配当という形で利益の分配を好むであろう。次の数値例を利用して説明しよう。

　S社の株価は現在，1,000円である。1株当たり100円の配当を行う予定がある。これを内部留保して経営に再投下したときには来年の株価は1100円になると予想されている。X国では個人投資家に対して配当課税率は20％，キャピタルゲイン課税率を10％である。機関投資家に対しては配当課税率は10％，キャピタルゲイン課税率は20％である。資金の時間的価値を簡単化のために考えないことにすると，個人投資家にとっての配当100円の税引き後受取額は80円，キャピタルゲイン100円の税引き後受取額は90円になる。したがって，個人投資家は配当よりもキャピタルゲインを好むことになる。同様に，機関投資家の税引き後の受取額は配当の場合には90円，キャピタルゲインに場合には80円になる。ゆえに，機関投資家はキャピタルゲインよりも配当を好むことになる。

　図表12－1において，キャピタルゲイン課税率が配当課税率よりも低いときには，株式の市場価値と配当性向の関係は右下がりに描ける。

2-3　配当のシグナリング効果

　MMの配当無関連命題においては，投資家が持つ期待は同じであると仮定した。しかし，会社の支払う配当や将来の期待リターンに関する投資家の期待は必ずしも同じであるわけではない。また，会社の内部にいる経営者は会社の外部にいる投資家よりも会社の将来性や成長性，財務的状況に関して多くの情報をもっている。このような場合，経営者と投資家との間には情報の非対称性が存在するという。

　情報の非対称性の存在によって，投資家は会社の配当政策の変更を内部情報の具体化とみなす。例えば，投資家は，増配するという会社の発表を，経営者が現在の財務的状況は悪くなく，将来性や成長性についても自信をもっている

というシグナルを送っているとみなすのである。この場合，株価は上昇することが多い。反対に，減配や無配という会社の発表は悪いシグナルとして受け取られ，株価は下落する場合が多い。このように，会社の配当政策の変化それ自体が投資家に与える効果を配当のシグナリング効果という。

2-4 配当の顧客効果

MMの配当無関連命題においては，投資家は同じ金額であればそれを配当の形で受け取ってもキャピタルゲインの形で受け取っても同じ満足を得ると仮定した。しかし，配当とキャピタルゲインに対する課税率が差別的であるときには，この仮定は現実的ではないことを述べた。差別的な税金の存在以外の要因を利用して，この仮定が現実的ではないと論じることができる。それは，投資家のキャラクターの違いである。

投資家には個人投資家もいれば，機関投資家もいる。彼らの性別や年齢，投資に関するリスクへの態度も異なる。例えば，年金生活者や学校法人等の投資家は，将来のキャピタルゲインよりも現在の配当の形での所得を好み，この結果，比較的配当性向の高い会社の株式に投資することが多いとされている。反対に，配当よりも将来のキャピタルゲインを好むような投資家は，比較的配当性向が低い会社の株式を購入するであろう。このように，異なる配当政策を採っているために，会社はそれぞれ好みが異なる投資家をひきつけているのである。こうした配当政策の効果を配当の顧客効果という。このような顧客効果が存在するときには，会社が配当政策を大きく変更することは株価を低下させてしまう可能性がある。

2-5 取引コストの影響

増資には株式の発行コストのような取引コストがかかるので，自己資本を使って投資を行うときにはなるべく内部留保でまかない，残りを配当すべきであるという考え方がある。これを残余配当政策という。成長性が豊かな会社や起業してまもない若い会社では残余配当政策が採られている場合が多い。

2-6 まとめ

上で検討してきたように，配当政策の理論は複数存在した。MMの置いた仮

定の下では，MMの無関連命題が成立する。しかし，資本市場が完全かつ効率的であるという仮定を現実に近づけていくと，必ずしも配当政策と株式の市場価値は無関連であるとはいえなくなる。

現実には，差別的な課税率や配当のシグナリング効果，配当の顧客効果，取引コストの影響といった要因によって，会社の配当政策と株式の市場価値の関係は決定される。配当政策の変更には様々な効果が生じる。したがって，すべての会社にとって共通である最適な配当政策はないのである。個々の会社にとってそれぞれ最適な配当政策が存在するであろうとしか結論できないのである。

配当パズルを完全に解いた答えはいまだにないのである。1ついえることは，経営者は顧客効果や情報効果をかなり重視しているということである。

3 自社株買いの理論

会社が発行済みの株式を株式市場から買い戻すことを自社株買いという。自社株買いはマイナスの時価発行増資であり，会社が正の正味現在価値（NPV）の投資案をもたないときには一種の配当政策になる。

取得された自社株は会社の判断により消却されるか保有し続けられる。保有し続けられる自社株を金庫株という。日本では消却を目的とした自社株買いは1994年に，金庫株制度は2001年に解禁されたばかりである。

取得された自社株は会計上は純資産の部にマイナス計上されている。これは会計上，自社株買いはマイナスの有償増資とみなされているからである。取得された自社株は株主資本から控除されるために，1株当たり利益やROEは高くなる。この効果から投資家は会社の自社株買いを好感する傾向にある。

特に，取得された自社株の消却は株価上昇に結びつくことが多い。消却は自社株と資本剰余金のうちのその他資本剰余金と相殺することで行われる。会計上は純資産の部の合計に変化は見られない。消却されずに金庫株となった自社株は他社のM＆Aの対価に使われたり，従業員に対するストック・オプションに使われる。あるいは，資金調達のために再度売り出されることもある。これらの政策は，株式の需給を悪化させて株価の下落を招くことが多いので，投資家は自社株の消却を求める傾向にある。

会社の投資政策と借入政策に変化がなく税金が存在しないときには，株主に現金配当を行っても，配当にあてることのできる資金を利用して自社株を購入しても，投資家の利益には無差別である。次の数値例を考えてみよう。

　T社は現金資産を1,000万円，固定資産を9,000万円，総額1億円分の資産を所有している。T社は負債によって資金を調達しておらず，普通株を1万株発行して資金調達している。いま，株主に対して1,000万円の現金配当を行うとする。このとき，株主は1株当たり1,000円の配当を受け取る。また，配当支払後の株式の市場価値は9,000円（＝9,000万円/1万株）となるので，株主は1株当たり1万円の利益を得る。

　もしもT社が1,000万円の資金を配当せずに，これを利用して株式市場から自社株を購入したらどうなるであろうか。現在のT社の株式の市場価値は1万円（＝1億円/1万株）である。したがって，T社は市場から自社株を1,000株（＝1,000万円/1万円）購入できる。T社の発行済み株式数は9,000株に減少する。T社の自己資本の市場価値は9,000万円であるので，1株当たりの市場価値は1万円（＝9,000万円/9,000株）となる。つまり，株主の1株当たりの利益は1万円であり，これは総額1,000万円の配当が行われたときの株主の利益と同じである。

　なぜ自社株の購入は配当の支払いと同じ効果をもたらすのであろうか。それは，1株当たりの自己資本額が同じとなるからである。上の数値例においては，配当を行うときの総自己資本額は1億円であり，発行済み株式数は1万株であった。したがって，1株当たりの自己資本額は1万円となる。自社株購入を行うときの総自己資本額は9,000万円であって，発行済み株式数は9,000株である。したがって，1株当たりの自己資本額はやはり1万円となっている。

　以上のように，理論的には自社株買いと現金配当は同じ効果を持つ。しかし，実際には自社株買いは株価を押し上げることが多いようである。これは，投資家が消却期待をもっているからか，あるいは自社株買いは株価を押し上げる効果を持つと錯覚しているからである。あるいは，経営者が現在の財務状況や自社の将来性から判断して，現在の自社の株価が安い今のうちに自社株買いをしておこうというシグナリング効果を認めているからである。

4 現実の配当政策と自社株買いの事例

4-1 分配可能配当額の計算

会社法では次の計算式で表される一定の金額を剰余金と規定している。

剰余金＝（直前の貸借対照表上の資産の額から負債の額を引いた残額）
　　　＋（自己株式の帳簿価額）－（当期に消却した自己株式の簿価）
　　　－（資本金及び準備金の額）＋（当期の資本及び準備金減少差益）
　　　－（当期に分配した金銭等の額）－（法務省令に定める金額）

会社はこのようにして算出された剰余金を使って，損失の処理をしたり，任意積立金の積立などを行うことができる。また，剰余金を使って株主に対する分配ができる。これが配当である。剰余金の配当を行うときには，減少する準備金の 1/10 を資本剰余金または利益準備金として計上しなければならない。

主な配当の原資としては貸借対照表の純資産の部にあるその他資本剰余金，その他利益剰余金，繰越利益剰余金，任意積立金などがある。これらの分配可能額から自己株式の簿価，その他有価証券差額金（評価差損），のれん等調整額が控除される。のれん等調整額とは，貸借対照表の資産の部に計上された営業費（のれん）の 1/2 とのれん以外の繰延資産の合計額のことをいう。

のれん等調整額が（資本金＋資本準備金＋利益準備金）で計算される資本等金額とその他資本剰余金合計額以下である場合には，のれん等調整額から資本等金額を控除した金額が分配可能額から引かれる。もしものれん等調整額が資本等金額とその他資本剰余金合計額を超えて，かつのれんの 1/2 の金額が資本等金額とその他資本剰余金合計額を超えているときには，その他資本剰余金の金額と繰延資産の部の金額の合計額が分配可能額から引かれる。

4-2 大東建託の事例

2008年3月21日に，大東建託は平成20年3月期の配当に関して1株当たり180円かゼロにするという発表を行った。同社は株主への利益還元政策の一環として平成20年度中に消却を目的とした上限で347万株（187億円）の自社株買いを行っていた。その途中で，発行済み株式の30％を保有する創業者が持株を売却する意向を表明し，エートスが中心になったファンド連合がすべての株式を取

得するという同社の買収計画が進められた。

このために，自社株買いが中断され，平成20年度末にあたる3月末において約47.7万株（約28.1億円）しか自社株買いが達成されない見通しとなった。そこで，ファンド連合がすべての株式を取得する際には（すべての株主から買い取る株価にはプレミアムが付けられると予想されるので）配当はゼロとなり，買収がないときには今期の配当予想額を従来の52円から180円に引き上げて128円の増配をするという利益還元策を発表したのである。

【12章の課題】

(1) 株主への利益還元政策と配当性向，DOE，総配分性向の関係を説明しなさい。
(2) MMの配当無関連命題は何を主張しているのか。
(3) 配当とキャピタルゲインへの課税率と配当政策の関連について述べよ。
(4) 配当のシグナリング効果，顧客効果について説明しなさい。
(5) 自社株買いしたときの会計上の処理方法と株価に与える影響を指摘しなさい。

13章 M&A

　本章ではM&A，つまり企業買収に関する理論と現実を学ぶ。従来，日本では経営が悪化した上場企業や金融機関が同業他社に救済合併されるという事例以外にはあまりなかった。ところが，1990年代終わり頃から外国資本の日本への資金流入に関する規制が徐々に緩和されていくにしたがってファンドが日本市場に参入するようになり，日本の会計制度が大きく変化し，2006年に会社法が制定されたことで，救済合併だけでなく，友好的なM&Aの他にも敵対的なM&Aの事例も見られるようになった。

　まず，M&Aの種類と特徴に関して述べ，次に会社法の制定によってどのようにM&Aが実行されやすくなったかを説明する。最後に，TOBやLBO，MBOと呼ばれるM&Aの方法について説明し，日本における事例を中心にしてコーポレート・ファイナンスの理論を応用しながら解説していく。

1　M&Aに関する基礎知識

1-1　M&Aとは

　M&Aとは合併（mergers）と取得（acquisitions）の略である。合併とは複数の会社が1つになる行為のことであり，新設合併と吸収合併がある。新設合併とは複数の会社が新しい1つの会社に組織されることをいい，吸収合併とは1つの会社が他の会社を吸収して存続することをいう。取得とは合併以外の買収を意味し，具体的には株式取得による子会社化，資産取得としての事業譲渡がある。

M&Aは会社間の関係から次のように分類される。第1に水平的M&Aである。これは同業他社に対するM&Aのことである。例えば，東京三菱銀行とUFJ銀行の合併による三菱UFJ銀行の誕生がこの例である。第2に垂直的M&Aである。これは一連の経営サイクル（チェーン・バリュー）において他の段階にある会社に対するM&Aのことをいう。第3に同質的M&Aである。これは関連するビジネスに対するM&Aのうち上の2つに分類されないものをいう。牛角を経営しているレックスHDが成城石井というスーパーを買収した例がある。第4にコングロマリット的M&Aである。これは直接的には関連しないビジネスを営む会社へのM&Aのことをいう。

M&Aは買収先の経営陣が合意しているか否かによって友好的M&Aと敵対的M&Aに分類される。前者は経営陣が合意しているものであり，後者は合意していないものである。

1-2　M&Aの理由

M&Aを行う理由には次の7つがあげられる。第1にシナジー効果である。これは1＋1が2以上になるような効果のことと例えられる。複数の会社がM&Aによって1つになることで，競争緩和，マーケット・パワーの拡大，規模の経済性などが生じ，この結果そのような効果を生み出すのである。第2に時間の節約である。ある会社が新規事業に進出する際に，既存の他社を買収することによって人材の育成や技術の開発，販売ルートの確立等にかかる時間を節約できるからである。

第3に設備投資の代替手段としてM&Aを利用することである。例えば新たに設備投資を行うよりもその設備を保有している他社を買収することでコストが安く済み，また供給過剰を防ぐことができるからである。王子製紙による北越製紙への敵対的M&Aはこれが1つの理由であったとされる。

第4に節税効果である。利益性が高くて税率が高い会社が利益性の低い他社を買収することで税率を低くすることができるという理由である。一時期アメリカでこれを理由にM&Aが行われたが，失敗に終わった事例が多かった。第5に敵対的M&Aから自社を守るために先に他社を買収してしまうという理由である。第6に経営者が大きな会社を経営してみたいという欲求である。第7に，他社を買収してこれを事業毎に分解して売却し，利益を稼ぐという理由で

ある。

　M＆Aはヨーロッパや米国に件数が多く，また買収金額も大きい。特にM＆Aの件数が多い業種は，通信，薬品，エネルギー関連である。通信と薬品は規模の経済性が出やすく，エネルギー関連は扱う製品が同質であるという理由がある。上の理由ではシナジー効果が出やすい業種であるということである。

　なお，ヨーロッパの多くの国々では敵対的買収をする際にはすべての株主から買い付けをしなければならないとされている。これが金額が大きくなる理由の1つでもある。

1-3　日本におけるM＆A

　日本におけるM＆Aの事例を見ると，金融と通信の分野におけるM＆Aの金額が高くなっている。三菱UFJフィナンシャルグループ，三井住友フィナンシャルグループ，みずほフィナンシャルグループといったメガバンクはM＆Aの成果であるし，ソフトバンクの携帯電話事業はボーダフォン・ジャパンの買収によるものである。

　最近は外国企業による日本企業へのM＆Aも目立つようになった。このようなM＆AをクロスボーダーM＆Aという。日産自動車，マツダなどがこの例としてあげられる。日本の会社の場合，トヨタ自動車や松下電器産業のような一部の会社を除くと，業界トップの会社であってもその時価総額で比べると，同じ業界に属する世界トップの会社の数分の1から数十分の1といった規模に過ぎないのである。1996年に発足した橋本内閣の改革を契機にして，日本の金融制度や会計制度は米国型の制度を見本にして短期間に大胆に変化を遂げたのである。金融制度や会計制度が米国型の制度に変わることにより，必然的に日本企業の経営も米国型の経営へと大きく変革を遂げた。この10年間で会社法に関する改革も同様に大胆に米国型に変わってきたとされる。

1-4　M＆Aを促進させる制度

　日本におけるM＆Aを促進させる一番の原因は会社法の制定である。日本には商法は存在していたが，会社法というものはなかった。そこで，商法において会社に関する規定である商法第2編，有限会社法，商法特例法などの会社に関する法律を独立させて再編したものが会社法である。

会社法では，商法の時代の原則禁止から原則自由へという流れが色濃く打ち出されている。このような米国型の会社法の制定は実際には2006年と2007年に行われたが，原則禁止から原則自由へという流れは1997年の持株会社の解禁から始まっている。その後10年間で経済活動や会社に関する様々な法律が改正されてきたが，これらに共通している発想は「カネをかけないで景気回復するには法律を改正すればよい」というものであるととらえられている。

　会社法は「M&Aの促進」，「株式制度の柔軟化」，「コーポレート・ガバナンス制度の多様化」を3つの柱として制定されており，この結果，日本の会社経営全般における大改革をもたらす可能性がある。従来の日本では常識であった経営に関する慣行が常識ではなくなり，また日本ではあり得なかった出来事が起こる可能性がある。すでに，その一端は垣間見えている。王子製紙と北越製紙の間で生じた東証一部上場企業同士の敵対的なM&Aなどは従来では考えられなかった出来事である。

　会社法は経営者の権限を強化した法律である。具体的には，株主総会において定款を変更することで経営者の権限が強化できるようになっている。定款とは，会社などの社団法人の組織活動の根本原則であり，会社の最も重要な規則を定めたものである。これを変更するには議決権の2/3以上の賛成が必要とされている。

　会社法においてM&Aを促進するために行われた改革には，合併対価の柔軟化，簡易組織再編行為と略式組織再編行為の3つがある。

1-5　合併対価の柔軟化

　合併，分割，株式交換，株式移転をする際，商法では消滅する会社の株主に対して支払う対価は存続する会社の株式に限定されていた。会社法ではこの対価が存続する会社の株式にとどまらず，「金銭その他の財産」へと拡大された。これを合併対価の柔軟化という。つまり，会社法では定款で定めていれば，合併の対価は現金，親会社の株式，社債，これらの組み合わせ等，何でも可能となった。

　合併対価の柔軟化による一番大きな影響は，外国企業の株式等を対価とする三角合併が可能となったことである。三角合併とは，親会社A（外国の会社を含む）によって出資された国内子会社aが国内の会社Bを吸収合併する際に，

図表13-1　シティグループによる日興コーディアルに対する三角合併

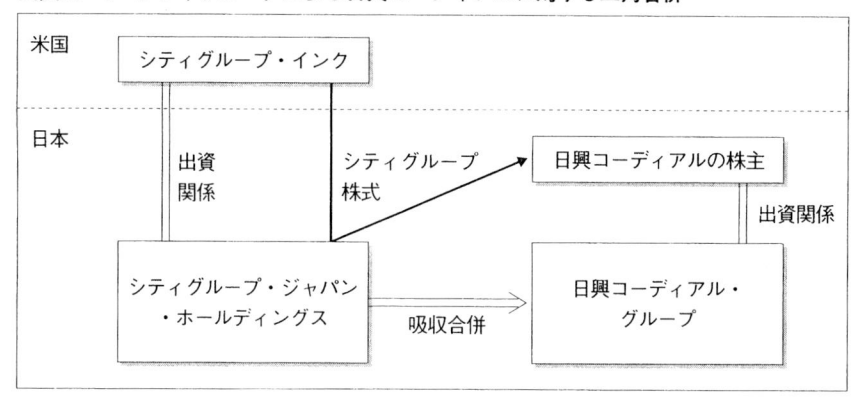

```
米国    ┌─────────────────┐
        │ シティグループ・インク │
        └─────────────────┘
──────────┼──────┼───────────────────────
日本      │      │
        出資     シティグループ        ┌──────────────┐
        関係     株式          →    │ 日興コーディアルの株主 │
          │      │                    └──────────────┘
          │      │                              │
          ▼      │                           出資関係
  ┌──────────────┐                            │
  │ シティグループ・ジャパン │   吸収合併    ┌──────────┐
  │ ・ホールディングス  │ ────────→ │ 日興コーディアル・ │
  └──────────────┘                │  グループ    │
                                    └──────────┘
```

国内の会社Bの株主に対して親会社Aの株式を対価として支払い，会社Bを完全子会社化する手法のことをいう。合併には消滅する国内の会社Bの株主総会において議決権の2/3以上の賛成が必要である。2/3以上の賛成が得られた場合には，合併に賛成しない少数株主を強制的に会社Bの株主の地位から排除することができる。これをスクイーズアウトという。

　2007年10月2日に，米国のシティグループ・インクが日興コーディアル・グループを三角合併の手法を使って完全子会社化することを発表した。外国企業が自社株を使って日本企業を買収する三角合併は2007年5月から可能になっていたが，この形態での第1号案件である。その仕組みは図表13-1の通りである。日興コーディアルの株主に対して1株当たり1700円相当のシティグループ株式と交換し，シティグループの日本現地法人シティグループ・ジャパン・ホールディングスが日興コーディアルを吸収合併するのである。シティグループ株式の株価と円ドル為替レートが変動するために，一定期間（2008年1月15日から17日）のニューヨーク証券取引所におけるVWAP（取引高加重平均株価）を基にして株式交換比率が決定されることとなった。実際には，日興コーディアルの株式1株に対してシティ株式0.602株と交換された。シティグループは合併に賛成しなかった株主から1株あたり1,650円の現金で日興コーディアルの株式を買い取ってスクイーズアウトした。

　日本企業が海外の会社を三角合併することは2006年5月から可能であった。この第1号案件は2007年10月末に発表になった，独立系M&A助言会社である

図表13-2　GCAホールディングスによるサヴィアンに対する三角合併

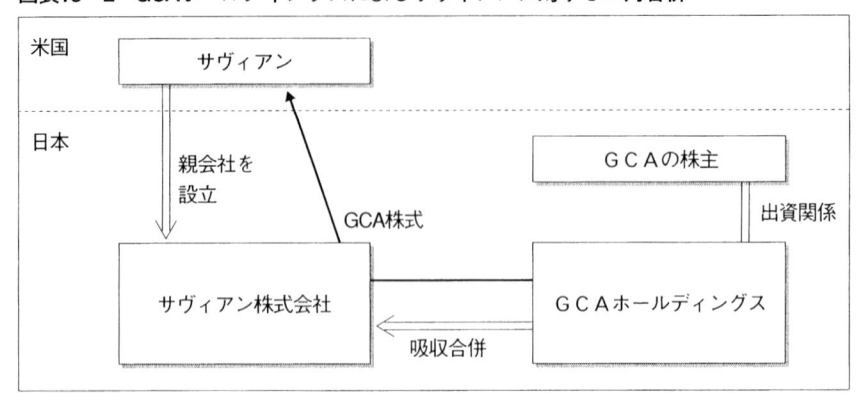

　GCAホールディングスが米国のM＆A助言会社であるサヴィアンを三角合併した事例である。仕組みは図表13-2の通りである。まず，サヴィアンが日本に親会社サヴィアン株式会社をつくる。次に，サヴィアンの株式とGCAの自社株を1対1の比率で株式交換した。サヴィアンは非上場会社であり，株主は創業者兼経営者しかいないために，スクイーズアウトは必要なかった。最後に，GCAが日本国内にあるサヴィアン株式会社を吸収合併した。

　今後も三角合併が解禁されたためにクロスボーダーM＆Aが増加する可能性が高い。

1-6　簡易組織再編行為と略式組織再編行為

　会社法によって，被合併会社の規模が小さい場合には，合併する会社が株主総会において2／3以上の賛成を得なくても，取締役会の決議だけでM＆Aすることが可能になった。これを簡易組織再編行為という。ここで，会社の規模が小さい場合とは「存続会社の純資産額の20％以下」である場合を意味している。イオンや日本電産は今までに比較的規模の小さな会社をM＆Aすることが多かったが，会社法によってより一層今までのようなM＆Aがやりやすくなった。

　また，会社法によって，親会社が子会社の議決権の90％以上を保有している場合には，子会社において株主総会を開催して特別決議を経なくても親会社は子会社を100％子会社にするためにM＆Aできるようになった。これを略式組織

再編行為という。会社法では，議決権の基準日以降に株主になった場合であっても，会社の定款によってそのような株主に議決権を付与できるようになっている。

2 TOB，LBO，MBO

2-1 TOBとは

　TOB（Take-Over Bid）とは株式公開買い付けと訳されており，会社の経営権の取得などを目的にして，価格等の条件を公開しながら不特定多数の株主から株式を買い集めることをいう。

　1971年の証券取引法の改正時にTOBの仕組みが導入され，当初は市場外で大量の株式を買い集める場合に公開買い付けが義務づけられていた。その後，市場外で買い付け後の持株比率が1/3を超える場合に変更され，さらに2005年のライブドア事件を契機にして現在は市場内外で買い付け後の持株比率が1/3を超える場合に公開買い付けが義務づけられている。

　TOBの際に公開する条件には次のものがある。第1に買い付け価格である。通常は直近2から3か月間の平均株価に買収プレミアムを2，3割程度上乗せした価格に設定されることが多い。第2に買い付け株数である。完全子会社をめざす場合には発行済み株式数の100％を買い付けるが，過半数や1/3を上限とする場合もある。ただし，買い付け後の株式数が2/3以上になる際には応募株式すべてを買い付けることが義務づけられている。第3に買い付け期間である。第4に代理人となる証券会社である。

　TOBの目的はいくつかある。第1に，上場している子会社に対してTOBを行って100％子会社にするためである。子会社を上場させる財務政策は日本に特有な慣行である。米国の場合，利益を出している子会社であれば，親会社がその利益を100％独り占めするためにも子会社を上場させる必要はないと考えられているからである。最近，子会社の上場をやめて非公開会社にするために，日本においても子会社に対するTOBが増えている。

　第2に，友好的M＆Aの手段としてTOBを使うことができる。本業の強化やグループの強化等の理由から，同業他社に対して経営陣の賛成を得た後でTOB

を行う。例としては富士フイルムによる富山化学工業へのTOBがあげられる。

　第3に，敵対的M＆Aの手段としてTOBを使うことができる。投資ファンドによる短期的利益目的のものと同業他社による業界再編目的のものがある。前者の例としては，スティール・パートナーズというファンドによるブルドックソース社へのTOBのケースがあげられる。後者の例としては，王子製紙による北越製紙へのTOBのケースがある。

　第4に，マネジメント・バイアウト（MBO：Management Buyout）である。これは，経営再建を目的として経営者が自社株をTOBして，上場廃止による非公開化をめざすものである。ポッカコーヒーのケースがあげられる。

2-2　買収防衛策と委任状争奪戦

　買収防衛策とは敵対的買収を防ぐための方策のことであり，ポイズンピル（毒薬条項）ともいう。具体的には，大量の新株を発行して買収者の持株比率を薄める方策が多くとられる。買収防衛策には2種類ある。第1に事前警告型である。これはTOBを仕掛けられた側の会社が買収者に目的や事業計画を提出してもらい，それらを吟味した上で新株発行に踏み切る防衛策である。取締役会の決議のみでこの防衛策を導入できる。防衛策を導入した日本の上場会社のうち90％超がこの方策である。第2にライツプラン型である。これは，あらかじめ新株予約権を信託銀行に発行しておき，買収者が出現したら株主に新株を交付する防衛策である。

　株主総会は，株式会社の基本的な経営方針を決める最高決議機関である。ここで，経営者等が提案した議案について株主が投票をし，賛否を決める。株主総会で投票する権利が議決権である。会社側の提案とは別に，総株主の議決権の1％以上または300個以上の議決権を6か月以上保有した株主は自らの意思を議案として提出できる。これを株主提案という。敵対的TOBを仕掛けた買収者は株主総会において経営者が提案する者ではない者を取締役に選任するように要求することが多い。

　株主総会では議決権を他の株主に託すことができる。その代理権を証明するものを委任状という。会社側と株主の提案が異なる場合，双方が多くの委任状を獲得しようと多数派工作をすることがある。これを委任状争奪戦（プロクシー・ファイト）という。会社側は株主に対して「議決権行使書面」を送り，株

主提案側は株主名簿の閲覧権を使って株主の氏名と住所を調べてから「委任用紙」を送る。

2-3　王子製紙による北越製紙への敵対的TOB

　2006年8月1日に製紙業界国内売上高トップの王子製紙が国内6位の北越製紙に対して敵対的TOBを仕掛けた。これは大企業同士では日本初の事例であった。王子製紙が敵対的TOBに踏み切る前には友好的なM＆Aを念頭にして北越製紙に打診をしていたようである。なぜ王子製紙は北越製紙に対して敵対的なTOBを仕掛けたのであろうか。その理由としては次のようなことが考えられる。

　第1に，製紙業界は中国の会社が台頭してきた結果，製紙の供給能力は伸びたが需要は頭打ちであり，国際的に価格競争が激化していたことである。王子製紙は競争に勝ち残るためにも国内ライバル会社を買収することで供給過剰状態を是正したかったのである。

　第2に，王子製紙の工場は老朽化しており，効率性を高めるためにも新たな設備投資が必要であった。北越製紙は国内トップの生産効率をもった最新鋭の工場をもっており，設備投資の代替案としてM＆A戦略を選択したのではないかということである。紙の製造工程は木材チップからパルプ（紙の原料）を抽出することに始まり，合計で12の工程からなる大がかりなものである。設備投資資金が莫大になる。北越製紙の従業員1人当たりの生産量は約1800tであり，業界トップの生産性を誇っており，製造される塗工紙（カタログや雑誌に使用）の品質は高くしかも安いということも背景にあったと思われる。

図表13-3　敵対的TOBの経緯

日付	出来事
2006年3月頃	王子製紙が北越製紙に統合を打診する。
7月21日	北越製紙は自主独立の成長戦略を選択して王子製紙の申し出を拒否し，三菱商事に支援を要請する。三菱商事は北越製紙の株式を買い付け，24％を所有する筆頭株主になる。
8月1日	王子製紙は北越製紙に対する敵対的TOBを発表する。
8月3日	日本製紙が参戦する。北越製紙の株式を8.85％所有する。
8月29日	王子製紙は北越製紙の株式を5.3％しか集められず，TOBを断念した。

第3に，王子製紙は事前に綿密なシミュレーションを立てていたことである。経営陣の同意を得た友好的なTOBが望ましいが，経営陣の同意が得られなかった場合にはすぐに敵対的TOBに移り，買付価格を高く設定することで株式を買い集め，北越製紙の抵抗を完全に断念させられる先制攻撃が有効であると判断していたようである。

　王子製紙の敵対的TOBに対して，北越製紙は王子の子会社になった場合には従業員のモチベーションが下がることを理由にして拒否し，三菱商事に支援を求めた。また，業界2位の日本製紙が北越製紙側に立って王子の敵対的なTOBを阻止する行動に出た。当時の製紙業界の売上高を見ると，1位が王子製紙で12138億円，2位が日本製紙で11521億円，3位が大王製紙で4022億円，4位がレンゴーで4021億円，5位が三菱製紙で2284億円，6位が北越製紙で1536億円であった。日本製紙にとってみれば，王子製紙が北越製紙を取り込むことで差が拡大してしまうことを恐れたのである。

　8月29日にあっけなく敵対的TOBは終わりを告げた。王子製紙はほとんど北越製紙の株式を買い集められず，失敗に終わったのである。失敗の原因としては次のものがあげられる。第1に，友好的M＆Aをするならば徹底的に交渉を続けるべきであったのに途中で敵対的なTOBに移行してしまったことである。第2に，敵対的なTOBでは徹底的に敵対的な姿勢をとって株式市場で投資家に判断を下してもらえば良かったのに，北越製紙との交渉の余地を残しているという印象を与えてしまったことである。第3に，王子製紙の敵対的なTOBが余りにも正攻法過ぎたことである。敵対的なTOBではある比率まで株式を買い進めておいてからTOBに切り替える方法が採られることが多いのに，王子製紙はそれをしなかったのである。この結果，三菱商事や日本製紙が登場する猶予を与えてしまったのである。北越製紙も敵対的なTOBには勝利したが，新たに三菱商事と日本製紙が大株主となり，これからの経営ではこれら2社に対する大株主対策が必要になってしまったという結果を残した。

2-4　ブルドックソース事件

　2007年5月18日に，アクティビスト・ファンドの1つであるスティール・パートナーズ（以下スティールP）がブルドックソース社に対して1株当たり1700円で購入するという条件で敵対的なTOBを仕掛けた。この敵対的なTOBに

図表13-4　ブルドックソース事件の経緯

日付	出来事
2007年5月18日	スティールPがブルドックソース株式を1株1700円でTOBを開始する。
6月7日	ブルドックソース社がTOBに反対し買収防衛策を発表する。
6月13日	スティールPが東京地裁に買収防衛策の差し止めを請求。
6月24日	ブルドックソース社の株主総会で買収防衛策を特別決議する。
6月28日	東京地裁はスティールPの請求を却下。 スティールPは東京高裁に即時抗告。
7月9日	東京高裁はスティールPの抗告を棄却。
7月10日	スティールPが最高裁に特別抗告と許可抗告を行う。
7月11日	ブルドックソース社が買収防衛策を発動する。
7月24日	ブルドックソース社が臨時取締役会で株主への新株交付手続きを決定。
8月7日	最高裁がスティールの特別抗告等を棄却。
8月9日	ブルドックソース社が株主から新株予約権を取得し、株主に新株を交付する。
8月10日	スティールPのTOB期間が終了する。

対して，ブルドックソース社は買収防衛策を実際に発動するという世界的に見ても稀な行動を採ったのである。このために，この事例はブルドックソース事件と称されている。また，この事例は最高裁まで争われたのであるが，そこまでの3つの判決において日本の司法当局の敵対的なM＆AやTOBに対する基本的な考え方が示されたのであり，この意味においても重要な事件となったのである。

アクティビスト・ファンドとは，少数株主の立場から企業価値を高めるために経営に注文をつけることに特徴があるファンドのことであり，経営にかなり口出しをすることからものいう株主であるといわれている。2007年10月末現在，日本国内で活動するアクティビスト・ファンドは12あり，5％超の株式を保有している対象会社は93社あるといわれている。

アクティビスト・ファンドは，株価を1株当たり純資産で割った値である株価純資産倍率（PBR：Price Book Value Ratio）を投資尺度とし，これが1程度の割安株式を購入する。そして，増配や資本政策の見直しを持ちかけたり，買収すると牽制したりすることで資本政策を変更させ，株価を上昇させてキャピタルゲインを得るという行動様式が多い。図表13-5はスティールPが大量に株式を購入した会社とその結果を表したものである。この図表からわかるよう

図表13－5　スティールPが大量に株式を購入した会社とその結果

対象企業	行動	結果
ブルドックソース	TOB提案	防衛策発動，新株予約権を買い取らせる
サッポロHD	TOB提案	質問状のやりとりがつづく，膠着状態
明星食品	TOB提案	日清食品に株式売却
ユシロ化学	TOB提案	TOBは失敗したが，増配を引き出す
江崎グリコ	増配と自社株買い要求	増配発表（ただし提案は拒否）
ブラザー工業	増配要求	増配発表（ただし提案は拒否）
アデランス	委任状争奪戦	膠着状態

に，スティールPは企業価値の向上を掲げてTOBの提案，増配や自社株買いの要求，委任状争奪戦といった積極的な行動を採っている。その結果，いくつの会社に関しては増配を引き出したり，株式を他社に売却するなどとして実際にキャピタルゲインを獲得している。

ブルドックソースの行動は早かった。6月7日にスティールPの敵対的なTOBに対して反対を表明し，買収防衛策を発表した。その内容は次の通りであった。第1に，すべての株主に対して1株当たり3株の新株予約権（事前に決定された価格で株式を取得する権利）を無償で与える。第2に，ただし，スティールPに対する新株予約権は1個当たり396円（総額で約23億円の現金）ですべての権利をブルドックソース社が買い取るというものであった。この防衛策が発動されたときにはスティールPの持株比率は約10％から3％に低下するという効果を持つものであった。

スティールPはこのような買収防衛策が株主平等の観点から違法なものであり，著しく自社の利益を損なわせる不公正な方法であるとして東京地方裁判所に対して，差し止め請求を行った。地裁では株主平等の観点，不公正な方法かの観点に加えて，スティールPが濫用的買収者であるかの3点が争われた。

濫用的買収者とは，東京高等裁判所がライブドアによるニッポン放送の新株予約権の発行差し止めを巡る仮処分決定において，平成17年3月23日に示した次の4類型をいう。第1に，経営参加の意思はなく，高値で株式を会社関係者に引き取らせる投資家であるグリーンメーラーである。第2に，経営に必要な知的財産，企業秘密，取引先などを買収者に移譲させるような焦土的経営目的をもった投資家である。第3に，会社資産を債務の担保や返済源資として流用

図表13－6　ブルドックソース事件に関する司法判断

	①「株主平等の原則に反するか」に関する判断
東京地裁の判断	スティールPには現金を支払うのであるから適正な対価が交付されており，経済的利益の平等は一応確保されている
東京高裁の判断	企業価値の毀損防止のためには，合理的な範囲であるならば株主平等の原則には反しない
最高裁の判断	株主共同の利益を損なう場合には，特定の株主を差別的に取り扱っても直ちに反しない
	②「不公正な方法か」に関する判断
東京地裁の判断	誰を経営者とするかは株主総会で決定すべきであり，総会で支持されているので経営支配権の取得防止でも権限の濫用とは認められない
東京高裁の判断	株主総会の特別決議で導入しており，買収者には現金を支払うことで過度の財産的損害を与えてはいないので相当性がある
最高裁の判断	買収者以外のほとんどの株主が企業価値を損ねないために必要な措置として是認している
	③「スティールPは濫用的買収者か」に関する判断
東京地裁の判断	株式を高値で引き取るように求めた証明はなく，グリーンメーラーと認めるには足らない
東京高裁の判断	過去の事例を踏まえると，投資ファンドの性格上，短中期的に株式転売を目指す濫用的買収者である
最高裁の判断	判断せず

する目的をもった投資家である（この結果，日本では後述するようなレバレジド・バイアウト（LBO）が認められない可能性がある）。第4に，高額な資産の処分による一時的な高配当，株価上昇による高値での売り抜けを目的とした投資家である。

　東京地裁は図表13－6にまとめたような判断を下してスティールPの差し止め請求を却下した。スティールPには約23億円の現金が支払われ，適正な対価が支払われているので株主平等の原則には反していないと判断された。買収防衛策は（取締役会ではなくて）株主総会で支持されたので不公正な方法ではないとされた。しかし，スティールPが高値で株式を求めた証明はないのでグリーンメーラーとはいえないとされた。

　スティールPはこの判決を不服として6月28日に即日，東京高裁に抗告をした。しかし，7月9日に東京高裁は抗告を棄却する決定をした。まず，買収防

衛策は企業価値の毀損を防止するためであって合理的な範囲ならば株主平等の原則には反しないとした。また，防衛策は株主総会の特別決議において賛成多数で導入されたものであり，スティールPには現金が支払われているので不公正な方法ではないとされた。ただし，スティールPの過去の事例を見ると，短中期的に株式転売を目指した濫用的買収者であるという画期的な判断が下されたのである。しかし，この判断では投資ファンドのほとんどすべてが濫用的買収者と判断される可能性があるのではないかという批判も寄せられた。

スティールPは7月10日にこの判決を不服として，憲法が保障する財産権の侵害があるとして特別抗告と，会社法の解釈に重大な誤りがあるとして許可抗告とを行った。8月7日に最高裁は特別抗告を棄却する決定をした。まず，株主共同の利益を損なう場合には特定の株主を差別的に取り扱っても株主平等の原則には反しないとした。また，買収者以外の株主が企業価値を損ねないために必要な措置であるから不公正な方法ではないと判断した。スティールPが濫用的買収者であるかに関しては判断しなかった。

以上のような，ブルドックソース事件における司法判断に対しては，法的な手続き上の判断だけがなされて企業価値の算定や経済的効果，経営上の影響に関してはほとんど判断されてはいないという批判が寄せられた。M&Aの経済的効果，経営上の影響は1株当たり純利益で判断されることが多いのである。また，司法判断では投資ファンド等があたかも利益獲得動機をもった組織として悪者扱いされているのではないかという批判もあった。投資ファンド等は買収の脅威や価格差（価値と市場価格の乖離）の利用によって，会社の経営を監視する機能や会社の再編を促進する機能，あるいは非効率な経営をする会社を淘汰することで経済を活性化する機能を果たしているのも事実である。

スティールPは以上のように司法判断の場ではすべて負けたのであるが，ブルドックソース社が7月24日に株主に対して与えた新株予約権を8月9日に取得して新株を交付するにあたって，スティールPは約24億円の現金を手に入れたのである。その後，保有していたブルドックソース株式も売却し，数億円のキャピタルゲインを獲得したものと推測されている。他方，ブルドックソース社はスティールPから買い取った新株予約権が9月30日で無価値になったために約21億円で損失処理をし，さらに弁護士や証券会社に対して約7億円の手数料等を支払ったために，2008年3月期の連結最終損益が従来予想の約5億円の黒字

から約10億円の赤字見通しへと悪化してしまった。

2-5　MBOとは

　経営者による自社の買収のことをマネジメント・バイアウト（MBO：Management Buyout）という。MBOは経営者が金融機関やファンドから出資や借入を受け，その資金を基にして株主から自社の株式を買い戻すことで達成される。買収後は非上場になり，現在の経営者がそのまま経営を担当することが多いようである。あるいはそれらを目的にしてMBOが実行されるといった方がよいのかもしれない。非上場後に経営再建を進めて収益性を高め，4，5年後に再上場することをめざし，ファンド等が出資によって所有している株式を売却して利益を上げることになる。

　MBOのメリットや動機として次のものがあげられる。第1に，経営者のモチベーションが高まることである。株主の利益を第1に考えた場合，機動性に富んだ経営ができないこともある。非上場となることで思い通りの経営戦略で経営が可能になるのである。第2に，株式市場でM＆Aされる可能性がなくなることである。上場していれば誰でも株主になることができる。会社にとってみれば望まない投資家が株主となるかもしれない。つまり，MBOは究極的な買収防衛策として利用できるのである。第3に，会社のグループを再編する際に，本業を中核事業として選択してここに経営資源を集中することで，中核事業以外の事業を切り離すことがある。そのような事業を営む子会社等をその経営者にMBOしてもらうことでうまくグループの再編ができる。第4に，中小企業においても後継者難に悩む創業者経営者が幹部に事業を譲渡する際に利用できる。

　図表13－7ではMBOを実行した会社を表示している。DDIポケット（現ウイルコム）や東芝セラミックスはKDDIグループや東芝グループの中核事業からはずれた会社であった。ポッカコーヒーは創業者経営者の引退後，リーダーシップが欠如して経営の改革が進まない会社であった。DDIポケット，すかいらーく，レックスHDも同様に経営の改革が思うように進展しないという問題点があった。MBOでは実質的にファンドがM＆Aするのであり，同業他社である事業会社がM＆Aするときのようにシナジー効果が生じない。しかし，古くからの取引関係等に起因したコスト削減の困難さを招くしがらみ等がないので改革しやすくなるという。ワールド，サンスター，キュウサイなどは収益力や資

図表13−7　MBOを実行した会社

会社名	発表期日	主要な出資者	プレミアム	価格決定基準期間
ワールド	05年7月	経営陣	約26%	過去6ヶ月平均
ポッカコーヒー	05年8月	アドバンテッジ	23.7%	過去1ヶ月平均
すかいらーく	06年8月	野村プリンシパル	27.4%	過去6ヶ月平均
東芝セラミックス	06年10月	ユニゾン カーライル	23.4%	過去6ヶ月平均
サンスター	07年2月	創業者一族が支配している会社	19.0%	過去6ヶ月平均
キューサイ	06年10月	エヌ・アイ・エフ	16.7%	過去3ヶ月平均
レックスHD	06年11月	アドバンテッジ	13.9%	過去1ヶ月平均

産価値に比べて株価が安く，敵対的M＆Aの可能性が高いと判断してMBOをしたものであると考えられている。

　MBOのデメリットとして次のものがあげられる。第1に，MBOによって過大な債務負担が重荷になる可能性がある。第2に，非上場化によって経営に対する外部からの監視が弱まり，経営者のモラルが低下する可能性がある。第3に，MBOは究極のインサイダー取引であり，経営者は株式を売る側と買う側の両面をもち，利益相反の問題が発生することである。買い手であるファンド等には第三者による買収価格の評価書の添付義務があり，意思決定の過程などを具体的に説明しなければならないという法律上のしばりがある。しかし，売り手である経営者には東証が対価の公平性，株主への利益相反回避措置の説明を充実させること，上場廃止の説明を要請しているに過ぎない。経営者は売り手であり，ファンドに協力してもらっている買い手でもある。株主の代理人である経営者は自社を高く売るべきであるが，買い手である経営者は安く買う方が有利となる。しかし，MBOの価格が適正なものであるのか，経営者がその決定に関して最善の努力をしたのかははっきりとはわからないのである。

　MBOではMBO価格に不満である等の理由から，MBOに応じない少数株主が必ず存在してしまう。少数株主を退出させる方法としては2つある。第1に，端株株式交付・株式交換方法である。これは，株式交換比率を極端に低くし，少数株主には買収会社の端株を渡し，その後にその端株を現金で買い取るやりかたである。キューサイや東芝セラミックスがこの方法を使った。第2に，全部取得条項付種類株式方法である。これは，株主総会の特別決議で，会社が保

有者の同意なしに強制取得できる全部取得条項付種類株式を発行することを決議し，次に被買収会社が定款を変更して普通株式を全部取得条項付種類株式に変更する。そして，少数株主から株式をすべて取得し，別の普通株を交付する。この際に交付比率を低くして端株しか割り当てない。その後，端株を現金と引き変えて買い取るというやり方である。

　どちらにしても，少数株主は弱い立場にある。また，前述したように，MBOは究極的なインサイダー情報であり，利益相反の問題が発生するという仕組みになっている。それにもかかわらず，日本のMBOに関する法整備等は不十分な状態にあるといえよう。

　2006年12月の証券取引法の改正によって，TOB価格の算定根拠を示さなければならず，第三者の意見を聞いた場合にはこの開示が義務づけられている。MBOの場合には，さらに第三者の評価書の添付義務があるとされている。ただし，評価書は経営者の事業計画を基にして作成されることが多く，事業計画が保守的であるときには企業価値，TOB価格も低めに見積もられることが多いのである。

　MBOの場合，利益相反の回避や公正性を担保するためにとった措置を記載する義務がある。しかし，米国では厳しい情報開示規制があり，買収者との交渉は独立取締役で構成された特別委員会が担うとされている。日本にはこのようなルールがない。また，全部取得条項付種類株の取得対価が不服である株主は20日以内に裁判所に申し立てができるとされている。しかし，会社側と株主側の双方が価格と根拠を立証する必要がある。その後，裁判所は専門家の鑑定などを参考にして買い取り価格を決定するのであるが，鑑定にはかなりの資金が必要となり，資金力の乏しい個人株主が裁判所に申し立てるのは難しいであろう。株主は損害賠償を取締役に求めることができるとされているが，米国のように一部の株主が全株主を代表して訴訟を起こせるという集団訴訟制度（クラスアクション）がない。どうしても日本では訴えを起こした株主に資金負担が集中してしまうのである。

2-6　LBOとは

　レバレッジド・バイアウト（LBO：Leveraged Buyoutk）はM＆Aの1つの形態であり，会社買収のための資金の大部分が負債によって調達されたものであ

コラム
JTのM&A戦略　—世界第3位のタバコ会社へ—

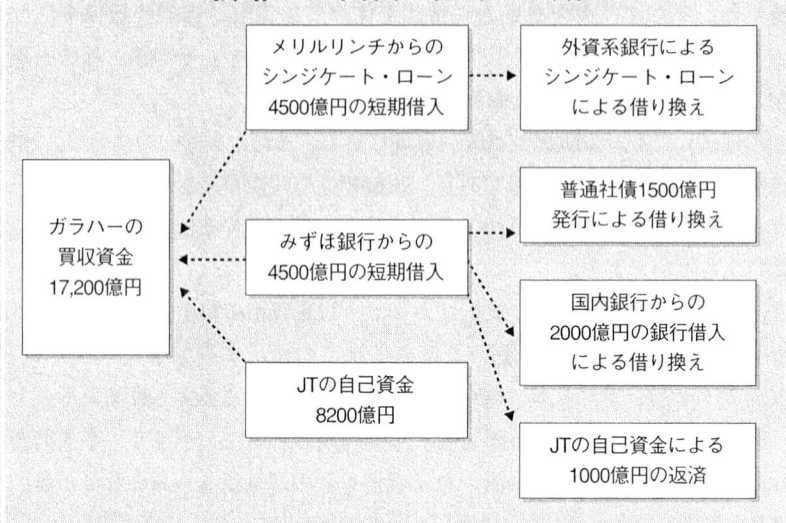

```
                    ┌──────────────────┐      ┌──────────────────┐
                    │ メリルリンチからの │ ───▶ │ 外資系銀行による │
                    │ シンジケート・ローン│      │ シンジケート・ローン│
                    │ 4500億円の短期借入 │      │ による借り換え    │
                    └──────────────────┘      └──────────────────┘
                              │
                              ▼
┌──────────┐      ┌──────────────────┐      ┌──────────────────┐
│ガラハーの │ ◀── │ みずほ銀行からの  │ ───▶ │ 普通社債1500億円  │
│買収資金   │      │ 4500億円の短期借入│      │ 発行による借り換え│
│17,200億円 │      └──────────────────┘      └──────────────────┘
└──────────┘                                 ┌──────────────────┐
                                              │ 国内銀行からの    │
                                              │ 2000億円の銀行借入│
                                              │ による借り換え    │
                    ┌──────────────────┐      └──────────────────┘
                    │ JTの自己資金      │      ┌──────────────────┐
                    │ 8200億円          │ ───▶ │ JTの自己資金による│
                    └──────────────────┘      │ 1000億円の返済    │
                                              └──────────────────┘
```

　JTは1989年にRJRナビスコ社からタバコ事業を買収した後，2007年4月にイギリスのタバコ会社であるガラハー（Gallaher）グループを約147億ドル（約17,200億円）で買収した。（日本のM&Aにおける買収金額で一番大きいものは2001年に住友銀行とさくら銀行が合併した際の約455億ドルの事例である。世界で一番大きな買収金額は，2000年にボーダフォンエアタッチがマンネマンスに敵対的TOBを仕掛けた約2028億ドルの事例であって，続いて2001年にAOLがタイムワーナーを買収した約1647億ドルの事例である。）

　JTはガラハーの買収資金17,200億円のうち8200億円は自己資金でまかない，残りの9,000億円をメリルリンチのシンジケート・ローン4500億円とみずほ銀行の短期借入4500億円でまかなった。これらの短期借入はつなぎ融資であり，そのうち1,000億円を自己資金で返済した。また，2007年7月に1500億円の社債を発行して低金利の長期資金に借り換えた。残りの2,000億円についても低金利の長期借り入れ資金に借り換えている。

　2007年は大型の社債の発行が多かったが，低金利の長期資金を調達するという目的の他に，JTのように買収資金を短期の資金から借り換える事例も見られた。

参考資料：「JT，社債1500億円発行」日本経済新聞2007年7月7日

る。調達された負債には，被買収会社の資産が担保となっていることも多い。かつては，ハイリスク・ハイリターンの性格をもったジャンク・ボンドと呼ばれる社債で負債資金が調達されることが多かったが，最近は高金利の銀行借入によって調達されている。

　LBOで最も有名な事例は，1989年にアメリカのファンドであるコールバーグ・クラビス・ロバーツ（KKR）がRJRナビスコ社を約306億ドルで買収した事例である。RJRナビスコ社はWinstonやCamelを代表とするタバコ事業とオレオやリッツ，デルモンテを代表とする食品事業を営む会社であった。KKRはRJRナビスコの株式を1株当たり109ドル，内訳は現金で81ドル，残りはジャンク・ボンドで買収した。KKRは翌年から負債の元利金の支払のためにRJR社の資産を売却しはじめた。1989年に，デルモンテのトロピカル・フルーツ事業や缶詰事業，タバコ事業を売却した。タバコ事業を購入したのは日本のJTであり，買収金額は約78億ドルであった。2005年時点のデータではWinstonとCamelのブランドは世界第4位と5位の売り上げであり，Mild Sevenの第2位とあわせてJTは世界第3位のタバコ会社となっている。

　日本に目を向けると，LBOの事例はソフトバンク社による英ボーダフォン社の買収の事例くらいであり，大規模な事例はない。

【13章の課題】

(1) 友好的M＆Aと敵対的なM＆Aの違いを指摘しなさい。
(2) TOB，MBO，LBOとは何か。
(3) M＆Aが行われる理由について説明しなさい。

14章

付加価値創造経営とEVA, MVA

　本章では経済付加価値（EVA）を指標とした付加価値創造経営について学ぶ。この経営方法では利益が出ている事業であってもEVAがマイナスであるときには付加価値を生み出しておらず，撤退する戦略が採られることになる。まず，付加価値創造経営とは何かについて説明する。続いてEVAの算出方法について解説し，最後に実際にEVAを使って付加価値創造経営を行っている会社の実例を紹介する。

1　付加価値創造経営とキャッシュフロー創造経営

　付加価値創造経営とは，企業の事業価値や株主価値を新たにつくり出すことを目的にして行われる経営のことをいう。2000年3月期以降，上場企業には連結キャッシュフロー計算書の作成と公表が義務づけられたが，これを契機にして日本企業にもアメリカ企業のように付加価値創造経営が導入されるようになった。

　付加価値創造経営の導入によって経営分析に利用される経営指標にも変化が見られた。従来，日本企業の経営分析には経常利益や営業利益等の大きさと対売上高比率などの指標が利用されてきた。付加価値創造経営を導入した企業では新たにEVA（Economic Value Added）やMVA（Market Value Added）という経営指標が利用されるようになっている。

　キャッシュフロー創造経営とは，企業の経営者が投資家から委託された資金を事業に投資し，多種多様な価値創造活動を通してそれを増加させるような経

営のことを意味する。後述するように，EVAやMVAは企業が生み出すキャッシュフローを基にして算出される。このために，キャッシュフローを創造する経営は付加価値を創造する経営でもある。つまり，付加価値創造経営とキャッシュフロー創造経営は同じことをめざしている。

新たな価値を創造する経営活動はリスクを伴っている。このために使われる資金もリスクの引受を前提とした資金でなければならない。このような資金を提供するのは株式を購入する投資家である。この観点からも株主の価値を重視した経営は重要であるといえる。このような経営を株主価値創造経営ということもある。株主は残余利益を分配請求する権利を持つので，株主価値を創造するような経営は株主以外の利害関係者にとっても価値を創造する。したがって，株主価値創造経営と付加価値創造経営は同じことをめざしている。具体的には，企業は株主の富の最大化を目標として，資本コストを上回る利益率をもたらすような事業あるいは投資案件を選択し，これに投資することで付加価値，キャッシュフロー，株主価値を創造していかなければならない。

2 新しい経営指標としてのEVA

2-1 EVAとは何か

EVAはスターンスチュワート社（SS社）が考案した新しい経営指標であり，付加価値創造経営を導入した企業が経営状態を測定するために利用される。日本語では経済付加価値と訳されている。

EVAは経済的利益であるともいわれる。経済的利益とは経済的な見地から捉えた利益のことである。経済的な見地とは，「費用を認識する際に，収益を生み出すために利用したすべてのものに対する実質的な対価を考慮すること」を意味する。つまり，経済的な利益ではすべての資本に係るコストを費用として認識することになる。このときの費用は機会費用のことである。

EVAは企業が設備投資によって獲得した収益から資本費用を差し引いて算出される。収益としては事業利益（NOPAT：Net Operating Profit After Tax）が使われる。NOPATは売上高から事業活動に係る費用，例えば原材料費や人件費，減価償却費等が差し引かれ，さらに事業活動に係る税金が差し引かれて計

図表14−1　EVAの概念図

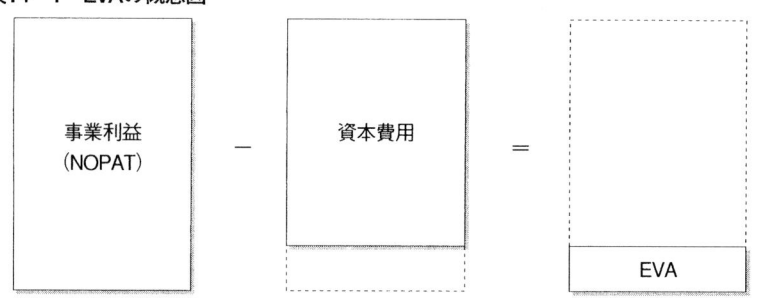

事業利益（NOPAT） − 資本費用 ＝ EVA

算される。ここには支払利子やそれに伴う節税効果は含まれない。これらの費用は資本費用で考慮される。

　SS社によればNOPATを計算する際には次のような調整を行うことを薦めている。第1に，広告宣伝費，研究開発費は会計的には一括費用処理されるが，NOPATの計算では減価償却のように費用を各期に配分すべきである。第2に，特別利益や特別損失のような非経常項目についてである。例えば，老朽化した設備の除去損はNOPATではなく投下資本の増加分とする。第3に，営業権は会計上は無形固定資産として毎期費用処理していくが，EVAの計算では償却しないものとして投下資本に買収時の営業権が維持される。こうすることで，当初の投資金額に対してどれだけのリターンを上げたかを見ることができるからである。第4に，会計上オフバランス化できるリース取引であっても，EVAの計算では将来のリース料の現在価値合計をリース資産及びリース負債として投下資本に含める。厳密にNOPATあるいはEVAを算出するにはこれらの調整が必要である。しかし，実務的にはこれらの調整項目は小さいという理由から，NOPATは税引後の営業利益にほぼ等しくなるとみなして，営業利益に（1−法人税率）を掛けて計算する。

　資本費用は投下資本に資本コストを掛けて計算される。投下資本は貸借対照表の右側にある有利子負債に自己資本を足して計算される。つまり，短期借入金に固定負債，自己資本を加算して計算される。この金額は貸借対照表左側にある流動資産から無利子流動負債を引き，ここに正味有形固定資産とその他の資産を足しても計算できる。流動資産から無利子流動負債を引いた金額を正味運転資本という。なぜ無利子流動負債は差し引かれるのであろうか。無利子流

動負債の良い例は買掛金である。買掛金では原材料費等が現金取引のときよりも高めに代金設定されていると考えられる。したがって，買掛金にかかる費用はNOPATにおいて計算されており，費用の二重計算を避けるために流動資産から無利子流動負債を引いて投下資本には含めないのである。正味有形固定資産とは，有形固定資産の金額から減価償却累計額を差し引いた金額である。減価償却費はNOPATの計算時に費用として考慮されているため，ここでも費用の二重計算を避けるために差し引かれるのである。その他の資産には無形固定資産があげられる。

ここまでを計算式で表すと，

EVA ＝ NOPAT－資本費用
　　　＝ 税引後営業利益－投下資本×加重平均資本コスト
　　　＝ 営業利益×（１－法人税率）
　　　　　－（短期借入金＋固定負債＋自己資本）×加重平均資本コスト

となる。EVAがプラスのときには，資金提供者である株主と債権者が企業に対して要求した利益水準である加重平均資本コストを上回る税引後営業利益をあげて，付加価値を創造したことになる。

2-2　数値例

　製造業を営むA社がある。A社の損益計算書，貸借対照表は図表14－２に示した通りである。法人税等の税率を年40％，A社の投下資本額の資本コストを年５％とするとき，A社のNOPAT，投下資本額，EVAを算出してみよう。買掛金は20,000であるとする。

　NOPATの算出の際には支払利息は含めないことに注意しながら計算すると，調整後税引前当期純利益は30,000になる。事業活動にかかる税金はこの40％であるから12,000となり，NOPATは18,000と算出される。次に投下資本を計算する。正味運転資本は60000（＝80000－20000），正味有形固定資産は90,000，その他の資産はないので投下資本は150,000となる。したがって，A社のEVAは18000－150000×５％＝10500となる。

図表14−2　A社の損益計算書，貸借対照表

A社の損益計算書	
売上高	300,000
売上原価	250,000
販売管理費	19,000
営業利益	31,000
受取利息	1,000
支払利息	3,000
税引前当期純利益	29,000
法人税等	11,600
税引後当期純利益	17,400

A社の貸借対照表	
現預金	1,000
売掛金	42,000
棚卸資産	37,000
流動資産	80,000
有形固定資産	120,000
減価償却累計額	−30,000
固定資産	90,000
総資産	170,000
…	
買掛金	20,000
…	
負債・純資産合計	170,000

> **コラム**
>
> ## EVAをはじめて採用したコカコーラ社
>
> 　EVAを導入した最初の会社はコカコーラ社であった。同社はEVAを導入するまでは投下資本利益率（ROI）という経営指標を使用していた。このために，投下資本利益率を引き下げるような新しい事業は行えない状態にあった。
> 　コカコーラというブランドの投下資本利益率は非常に高かったが，ダイエット・コークやチェリー・コーク等のブランドの投下資本利益率は資本コストを上回っていたが，コカコーラの投下資本利益率よりも低かった。このために，ダイエット・コーク等の新たなブランドを事業に加えることは全社的な投下資本利益率を低下させてしまうことが予想された。投下資本利益率を経営指標として利用している限り，新ブランドを事業に加えることはできなかった。
> 　そこで当時の最高経営責任者であったゴイズエッタ氏は新たにEVAという経営指標を導入し，投下資本利益率を低下させてしまっても資本コストを上回るリターンを稼ぎ出せば事業に加えるという積極的な経営判断を行うことにした。
> 資料：スターンスチュワート社『EVAによる価値創造経営』ダイヤモンド社，
> 　　　2001年，8ページ

2-3 EVAと経営戦略

EVAがプラスであるときには企業は付加価値を創造していると簡単に判断できるために，日本でも実際にこれを経営に使っている企業が多い。どのような経営上の判断を行うときに使われるのであろうか。

第1に目標を設定し，計画を策定する際に利用される。EVAを使って目標設定等を行うときには社長の決断や社内の駆け引きによってこれらを決定する必要はなく，株式市場から与えられるという特徴がある。既存事業を改善するためには，既存事業のEVAを向上させればよいことになる。EVAの計算式を変形すると，

$$EVA = [(NOPAT/投下資本) - 資本コスト] \times 投下資本$$
$$= [(NOPAT/売上高) \times (売上高/投下資本) - 資本コスト] \times 投下資本$$

となる。ここで（NOPAT/投下資本）を投下資本利益率という。投下資本利益率はさらに（NOPAT/売上高）×（売上高/投下資本）に分解される。まず，投下資本利益率＜資本コストである既存事業からはすぐにでも撤退すべきである。また，NOPAT＜投下資本である事業の資産を売却すべきである。さらに，（NOPAT/売上高）が低い既存事業から撤退するという戦略も1つの選択肢となる。新規投資に関しては投下資本利益率＞資本コストである投資のみを実行すべきである。

事業部や子会社の管理にもEVAを用いることができる。この場合には，事業部門等すべてにEVAをプラスにすることを求めるよりも，EVAがプラスである事業部門等にはさらなるEVAの向上を求め，マイナスである部門等にはいつまでにプラス転換するようにと目標を与える方法がある。

第2に，EVAをモチベーション（動機付け）に使うことである。例えば，従業員のボーナスの一部をEVAに連動する方法がある。この場合には，損益計算書や貸借対照表における会計項目がどれくらいEVAに貢献するかを明示したような損益計算書等を作成することが考えられる。

2-4 EVAと投資効率性

投下資本利益率の観点から投資効率性を向上させようとすると，投下資本額が減少してEVAも減ってしまう可能性がある。EVAを導入する前のコカコーラ

図表14-3　X社のEVA，ROI，ROA

	投下資本	NOPAT	資本費用	EVA	ROI，ROA
事業部門A	100億円	25億円	3億円	22億円	25.0%
事業部門B	100億円	20億円	3億円	17億円	20.0%
事業部門C	100億円	12億円	3億円	9億円	12.0%
事業部門D	100億円	10億円	3億円	7億円	10.0%
事業部門E	100億円	5億円	3億円	2億円	5.0%
X社全体	500億円	72億円	15億円	57億円	14.4%

図表14-4　事業撤退後のX社のEVA，ROI，ROA

	投下資本	NOPAT	資本費用	EVA	ROI，ROA
事業部門A	100億円	25億円	3億円	22億円	25.0%
事業部門B	100億円	20億円	3億円	17億円	20.0%
X社全体	200億円	45億円	6億円	39億円	22.5%

社はこの落とし穴にはまってしまったのである。次のような計算例を使ってこの落とし穴を説明しよう。

　X社は5つの事業部門を持つとする。それぞれの事業部門に投下されている資本額とそこから発生すると予測されているNOPAT，資本費用は図表14-3の通りであるとする。X社の加重平均資本コストを年3％とする。他の数値もすべて年当たりのものとする。このとき，各事業部門のEVAとX社全体のEVA，各部門の投下資本利益率（ROI：Return on Investment）と会社全体の投下資本利益率（ROA：Return on Assets）を計算してみよう。

　事業部門Aの投下資本は100億円，NOPATは25億円，資本費用は3億円である。このときに，事業部門AのEVAを計算すると22（＝25－3）億円であり，ROIは25.0％（＝100％×25/100）となる。同様に，各事業部門のEVAとROIを計算すると図表14-3の通りとなる。X社全体の投下資本，NOPAT，EVAは各事業部門のそれらを合計した金額になる。ROAは14.4％（＝100％×72/500）となる。

　ここで，X社はROA22.5％を下げる事業から撤退し，ROAを向上させる戦略を採ったとしよう（図表14-4参照）。その場合，X社の事業部門は事業部門Aと事業部門Bだけが残り，他の事業部門は廃止されることになる。この結果，

X社のROAは22.5％（＝100％×45/200）に上昇するが，NOPATが45億円に低下し，EVAも39億円に低下してしまう。これは，投資効率性を追求するあまり，プラスのEVAをもたらす事業部門からも撤退してしまった結果なのである。EVAは，投下資本額という規模と投下資本利益率という効率性がかみ合わないと増加しない特徴をもっている。

> **コラム**
>
> ### 東北電力におけるEVAの利用
>
> 　2003年末に，秋田市にある東北電力火力発電所第1号機が33年間にわたる稼働を止めた。会計上は赤字ではなかったが，EVAがマイナスであるというのが稼働を止めた理由であった。
> 　東北電力がEVAを経営指標として導入したのは2000年のことである。電力会社は安定的な電力供給を義務づけられている代わりに，地域的な独占が保証されていたためにこれまではコスト意識が薄い経営を行っていた。しかし，電力事業にも規制緩和の波が押し寄せ，東京電力などが東北進出を宣言するなど，一気に競争激化が予想されるに及び，経営の効率化のために選ばれたのがEVAを経営指標とした付加価値創造経営であった。
> 　　　資料：「新資本政策4　市場と向き合う」日本経済新聞2004年2月28日

3　新しい経営指標としてのMVA

3-1　MVAとは

　MVAとは市場付加価値と訳され，企業の事業価値から投下資本を差し引いた金額と定義される。企業の事業価値は（株式の価値＋負債の価値）で計算されるが，これは企業が将来生み出すフリー・キャッシュフロー（FCF）の現在価値に等しくなる。投下資本は（株主資本の簿価＋負債の簿価）で計算される。FCFの現在価値から投下資本を差し引いたものはFCFの正味現在価値であ

る。つまり，

　　MVA＝企業の事業価値－投下資本
　　　　＝（株式の価値＋負債の価値）－（株主資本の簿価＋負債の簿価）
　　　　＝企業のFCFの現在価値－投下資本
　　　　＝企業のFCFの正味現在価値

という計算式が成り立つ。

　EVAとMVAにはどのような関係があるかを考えてみよう。企業が事業の拡大をしないときには減価償却費は投資（＝設備投資額＋正味運転資本額）となり，また将来のNOPATの期待値を一定とするときにはFCF＝NOPATとなる。この前提の下では，

　　MVA＝（NOPAT/加重平均資本コスト）－投下資本
　　　　＝（NOPAT－投下資本×加重平均資本コスト）/加重平均資本コスト
　　　　＝EVA/加重平均資本コスト
　　　　＝将来のすべてのEVA期待値の現在価値

となる。上の式から，MVAは将来のすべてのEVAを加重平均資本コストで割り引いた現在価値に等しいことがわかる。将来のEVAを高めることはMVAを大きくすることにつながる。ゆえに，経営者がEVAを経営指標としてEVAを基にした付加価値創造経営を行うことは，株主や投資家あるいは株式市場から求められた経営を志向することとなる。

　MVAは証券投資にも利用できる経営指標である。上の式から，EVAがプラスである会社はMVAもプラスになるので，株価や社債価格が上昇していくはずである。しかし，これらの価格は，特に株価は市場の需給関係によって決まるので価値通りの価格になっていないこともある。もしも株価と社債価格の合計額が上の式で算定されるEVAに基づいたMVAの金額を下回っているならば，株式と社債は市場で過小評価されていることになる。このような銘柄に投資した場合，やがて株価等が上昇することでキャピタルゲインを得られることになるのである。このようにMVAは証券投資に関して割安な銘柄を選択する際に有効な情報を与えてくれる。

図表14－5　株式時価総額とMVA

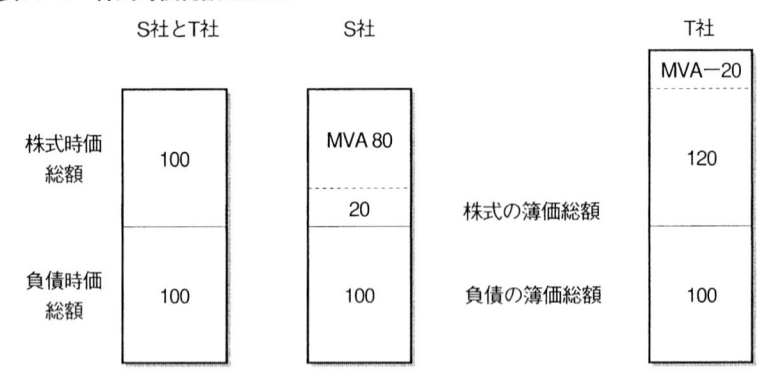

3-2　株式時価総額経営とMVA

　株式時価総額経営とは株式時価総額をより大きくすることを目標とした経営である。しかし，株式時価総額が大きい企業が必ずしも株主価値を創造しているとはいえないのである。計算例と図表14－5を使って説明しよう。

　S社とT社の株式時価総額は100億円であり，負債の時価総額＝簿価総額も100億円で同じであるとする。ただし，S社の株式簿価総額は20億円であり，T社の株式簿価総額は120億円であるとする。このとき，S社のMVAは80億円である。しかし，T社のMVAは－20億円である。このように，株式時価総額が同じ企業でもMVAが同じであるとは限らないのである。また，時価総額を大きくすることだけを志向した経営の結果，MVAがマイナスになってしまう危険もあるのである。

【14章の課題】

(1) EVAが付加価値創造経営の経営指標となることを説明しなさい。
(2) 投資効率性の過度な追求がEVAを減少させてしまう可能性があることを示しなさい。
(3) MVAが意味することを説明しなさい。
(4) 株式時価総額経営が必ずしもEVAやMVAをプラスにしないことを示しなさい。

15章 オプション取引と財務政策

　本章ではオプション取引の基本的な仕組みを学習し，その取引の仕組みを利用していくつかの**財務政策**を説明することを目的としている。まず，コール・オプションとプット・オプションを売買したときの損益について学ぶ。コール・オプションを評価する際，従来はブラック＆ショールズ・モデルという**複雑な数式**を使っていたのであるが，これをエクセルで計算する方法について解説する。**最後に，株式会社の仕組みはオプション取引そのものであること，設備投資決定はオプション取引であること**を説明する。

1　オプション取引の基礎

1-1　オプションとは何か

　オプション（option）とは，「ある所与の日付にあるいはそれ以前に，あらかじめ決められた価格で，ある資産を売買する権利を所有者に与える契約のこと」である。あらかじめ決められた価格を行使価格，所与の日付を満期日，売買が可能な期間を行使期間という。オプションが売買の対象とする資産を原資産という。オプションには，満期日にしか権利を行使できないタイプのものと，それ以前にも権利を行使できるタイプのものとがある。前者をヨーロピアン・オプションといい，後者をアメリカン・オプションという。

　オプションには，所有者に原資産を買う権利を与えるタイプと，原資産を売る権利を与えるタイプがある。前者をコール・オプション（call option）といい，後者をプット・オプション（put option）という。

原資産の違いによってオプションの取引の機会は無限に広がるが，ここでは会社がすでに発行した普通株を原資産としたオプション取引について取り上げよう。原資産である発行済みの普通株を基本証券といい，これに対して発行されるオプションのような証券を派生証券とかデリバティブ（derivative）という。

1-2　コール・オプションの損益図

　満期日におけるコール・オプションの価値は満期日の普通株の市場価値に依存する。コール・オプションを買った投資家は普通株の市場価値が行使価格を上回っているときに権利を行使するであろう。なぜならば，権利を行使することで利益を得るからである。反対に，普通株の市場価値が行使価格を下回っているときには権利を行使しないであろう。権利を行使しないことで損失をゼロに限定できるからである。

　オプションの所有者の損益を表す図を損益図とかペイオフ・ダイヤグラムという。図表15－1は行使価格800円のコール・オプションを買った投資家の損益図を示している。基本証券の価格，ここでは株価が800円よりも小さいとき

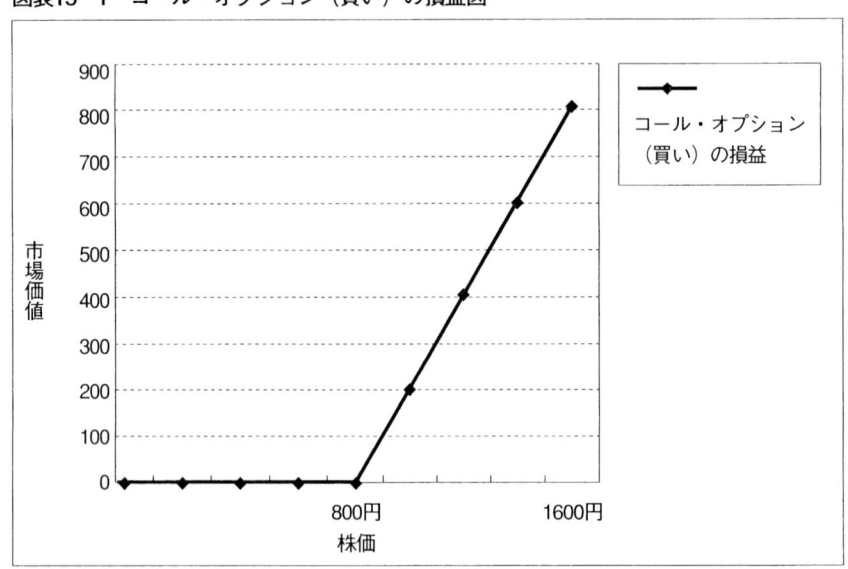

図表15−1　コール・オプション（買い）の損益図

図表15−2　コール・オプション（売り）の損益図

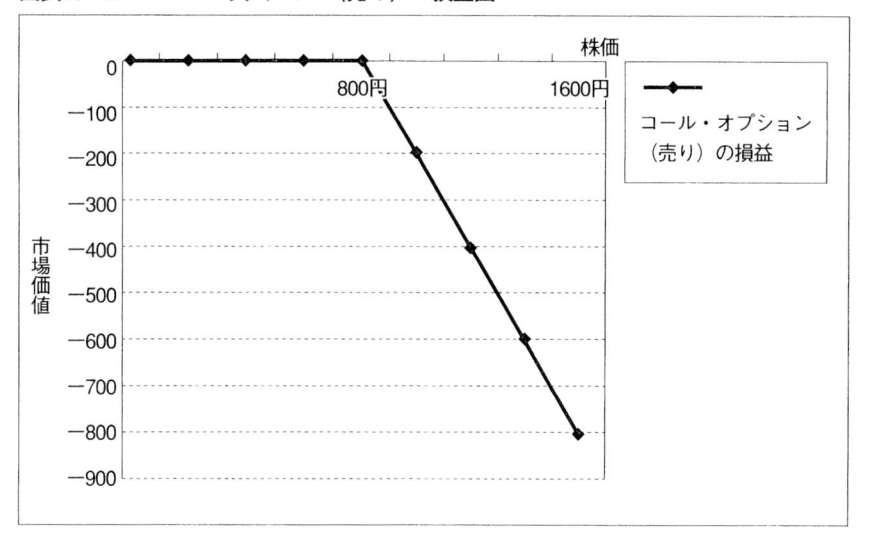

には株式を800円で買う権利は行使されない。なぜならば，株式市場で基本証券である株式を購入した方が安価であるからである。株価が800円を超えるときに権利は行使される。税金や手数料を考えないときには，株価が1600円のときには損益は800円となる。

　図表15−2は行使価格800円のコール・オプションを売った投資家の損益図を示している。株価が800円よりも小さいときにはコール・オプションを買った投資家の権利行使はないので損失は発生しない。株価が800円を超えるときに権利は行使されるようになる。

　コール・オプションの売り手には権利の行使に対して行使価格800円で株式を売る義務が発生する。したがって，株価が1600円のときには損益は−800円となる。

　コール・オプションそれ自体にも価格があり，買い手と売り手の間で取引される。例えば，この価格が100円の場合，図表15−1の損益図は下方向に100円分平行移動し，図表15−2の損益図は上方向に100円分平行移動する。

1-3　プット・オプションの損益図

　図表15−3は行使価格800円のプット・オプションを買った投資家の損益図を

図表15-3　プット・オプション（買い）の損益図

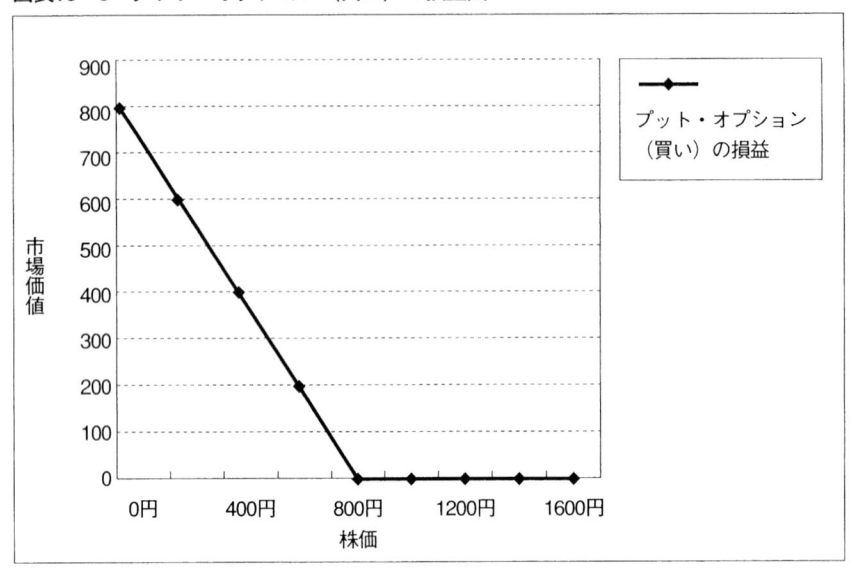

グラフ：縦軸「市場価値」0〜900、横軸「株価」0円〜1600円。プット・オプション（買い）の損益は株価0円で800、株価が上がるにつれ直線的に減少し、800円以上で0となる。

図表15-4　プット・オプション（売り）の損益図

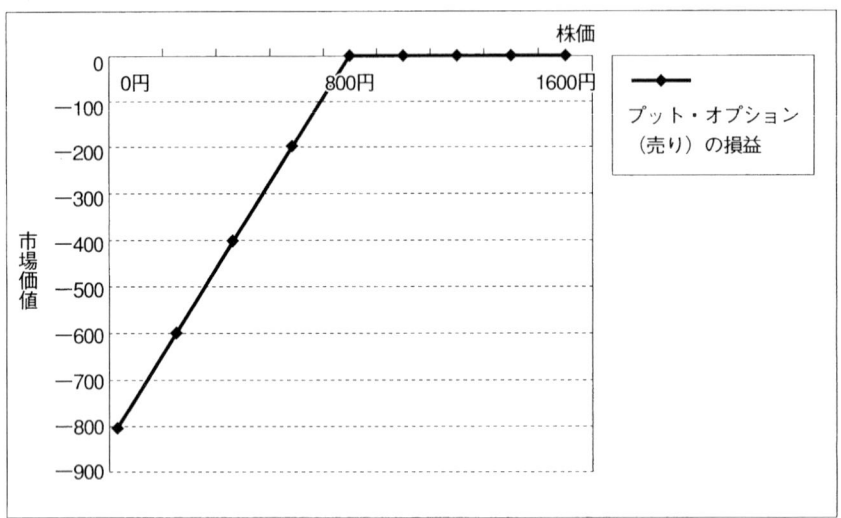

グラフ：縦軸「市場価値」0〜−900、横軸「株価」0円〜1600円。プット・オプション（売り）の損益は株価0円で−800、株価が上がるにつれ直線的に増加し、800円以上で0となる。

示している。株価が800円よりも小さいときに株式を800円で売る権利は行使される。例えば株価が０円であるときには損益は800円となる。株価が800円を超えるときに権利は行使されない。なぜならば，株式市場で売却した方がもうかるからである。

図表15－4は行使価格800円のプット・オプションを売った投資家の損益図を示している。株価が800円よりも小さいときにはプット・オプションを買った投資家は売る権利を行使するので，プット・オプションの売り手には行使価格800円で株式を買う義務が発生する。株価が０円のときには損益は－800円となる。株価が800円を超えるときに権利は行使されないので損益は発生しない。

コール・オプション同様，プット・オプションにも価格がある。例えば，この価格が100円の場合，図表15－3の損益図は下方向に100円分平行移動し，図表15－4の損益図は上方向に100円分平行移動する。

1-4　ブラック&ショールズ・モデル

オプションの市場価値を正確に評価する方法としてはブラック&ショールズ（F.Black and M.Scholes）のモデル（以下BSモデル）が有名である。BSモデルの鍵となるアイデアは，オプションの市場価値はこれを購入するためのネット・コストに等しくならなければならないということである。

現在の普通株の市場価値をP，オプションの行使価格をE，無リスク金利rでEを割り引いた値をPV(E)，満期日までの行使期間をt，期間当たりの普通株のリターン率の標準偏差をσで表すとき，BSモデルではコール・オプションの市場価値Cが次のように定式化される。

$$C = N(d_1) \times P - N(d_2) \times PV(E) \tag{1}$$

ここで
$$d_1 = \log[P/PV(E)] / \sigma\sqrt{t} + \sigma\sqrt{t}/2 \tag{2}$$

$$d_2 = d_1 - \sigma\sqrt{t} \tag{3}$$

$$PV(E) = Ee^{-rt}$$

(1)式がBSモデルにおけるコール・オプションの評価式である。ここで，N(d)は標準正規分布の累積確率密度関数であり，正規分布する確率変数がdよりも小さいか等しい確率を表している。BSモデルによれば，コール・オプショ

ンの市場価値は，PとPV(E)，$\sigma\sqrt{t}$に依存して決まり，PV(E) は金利水準 r と満期日までの行使期間 t に依存していることがわかる。

　実際に，(1)式を利用してコール・オプションの市場価値を計算する際にはコンピュータ・プログラムが利用される。便利なことにエクセルで計算できる。次のような数値例を考えてみよう。ある会社の株価が1,000円であるとき30日後に満期を迎える行使価格1100円のコール・オプションの価格はいくらになるであろうか。無リスク金利を年5％，株式の標準偏差を20％とする。まず(2)式をエクセルでは次のように入力する。

$$= (\text{LN}(1000/1100) + (0.05 + 0.2*0.2/2)*(30/365))/(0.2*\text{SQRT}(30/365))$$

$d_1 = -1.56190$ と計算される。(3)式を次のように入力する。

$$= -1.5619 - 0.2*\text{SQRT}(30/365)$$

$d_2 = -1.61924$ と計算される。標準正規分布の累積確率密度関数 $N(d)$ はエクセルではNORMSDISTと入力すればよい。ゆえに，(1)式中の $N(d_1)$ と $N(d_2)$ に関しては，

$$= \text{NORMSDIST}(-1.56190)$$
$$= \text{NORMSDIST}(-1.61924)$$

と入力する。それぞれ，0.059155，0.052698と計算される。最後に，(1)式を，

$$= 0.059155*1000 - 0.052698*1100*\text{EXP}(-0.05*30/365)$$

と入力し，C＝1.4257円と計算される。

2　オプションと財務政策

2-1　株式会社とオプション

　株主と債券保有者の損益図を作成することで株式会社の仕組みをオプションの観点から分析してみよう。井手・高橋（2003）の数値例を参考にして考えてみよう。

図表15-5　株主と債券保有者のキャッシュフローの分配分

期待キャッシュフロー	0億円	400億円	800億円	1200億円	1600億円
株主への分配分	0	0	0	400	800
債券保有者への分配分	0	400	800	800	800
会社の保有時の分配分①	0	400	800	1200	1600
コール・オプションの売り②	0	0	0	−400	−800
①と②の合成	0	400	800	800	800

　A社は1年後に迫った万国博を事業としている。万国博が大成功したときには最高で1600億円のキャッシュフローが入るとする。失敗したときはまったくキャッシュフローは入らないとする。この事業に対する投資資金のうち800億円は普通社債の発行で，100億円は株式の発行で資金調達されたとしよう。この普通社債はちょうど1年後に満期日を迎えるとする。したがって，A社は満期日に元利金あわせて800億円のキャッシュフローを債券の保有者に支払わなければならない。

　この例において株主と債券保有者がそれぞれ分配されるキャッシュフローの変化を表したものが図表15-5である。債券保有者は事業の期待キャッシュフローが800億円以下であるときにはそれをすべて分配される。株主への分配はない。800億円を超えた場合には債券保有者のキャッシュフローの分配分は800億円で固定されているが，株主は残余利益をすべて分配されるので1200億円のときには400億円を，1600億円のときには800億円となる。

　図表15-6は株主のキャッシュフローの分配分を図示したものである。これはちょうど800億円を行使価格としたコール・オプションの買いの損益図に等しくなっている。つまり，株式会社における株主のポジションは800億円を行使価格として万国博事業の所有権を買うコール・オプションを保有していると考えられる。

　また，図表15-7はA社を100％所有している場合のキャッシュフローの分配分と行使価格800億円のコール・オプションの売りの損益図，そしてそれら2つを合成した場合の損益図を示している。これらを合成したときのキャッシュフローの分配分は図表15-5からちょうど債券保有者のキャッシュフローの分配分に等しくなることがわかる。つまり，株式会社における債券者のポジショ

図表15−6 株主のキャッシュフローの分配分

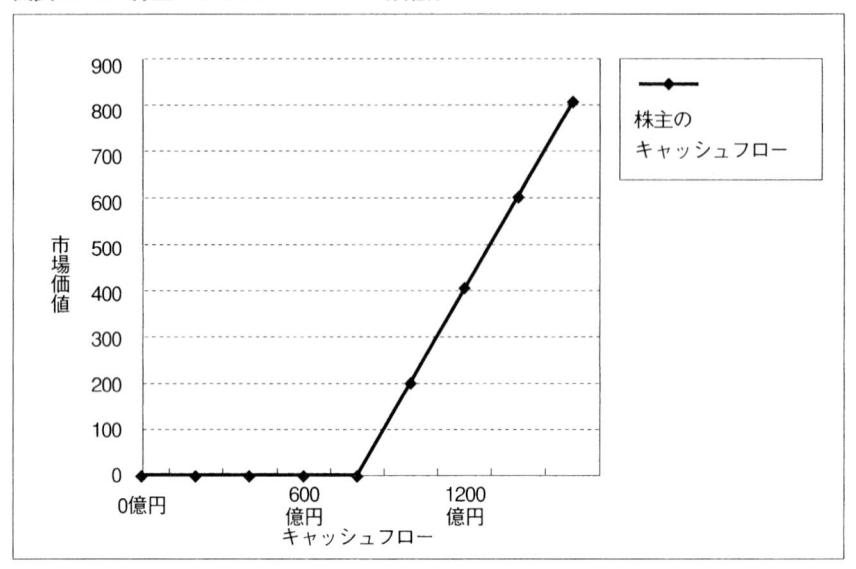

図表15−7 債券保有者のキャッシュフローの分配分

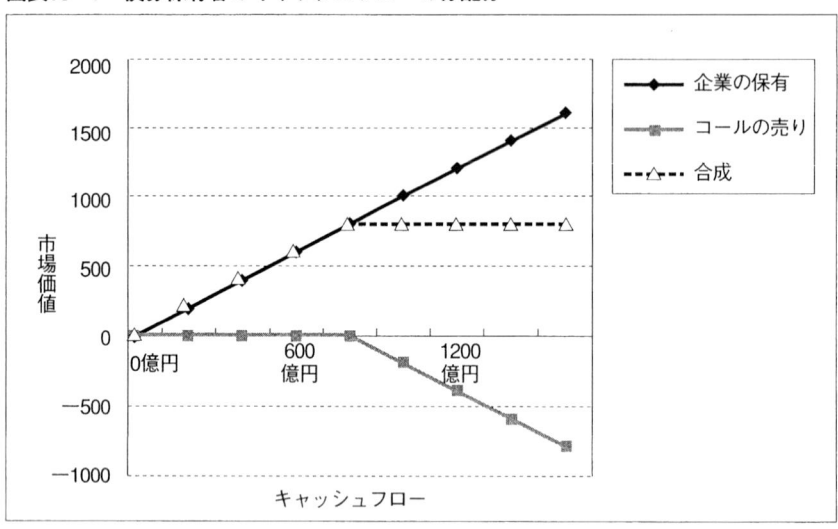

ンは，万国博事業を所有し，株主に対して行使価格800億円のコール・オプションを売却しているとみなせるのである。

2-2　設備投資決定理論とオプション

　財務管理者が設備投資決定を行うときには，将来の決定が最適であると仮定して投資案を評価する。しかし，多くの情報が予想された段階であるので，本当に将来の決定が最適であるか否かはわからない。そこで，情報が明らかとなるまで，会社が投資決定を遅らせることは１つの選択肢である。次の例を考えてみよう。

　B社は石油会社であり，石油の採掘と精製を事業として営む。今，B社は石油の埋蔵が確認された土地を１万ドルで購入する機会に直面している。ここから石油を１万ドルで採掘するためには50万ドルの初期投資コスト（固定費用）を必要とする。もしも採掘を開始したならば，１年間に１万バーレルの石油が何十年もの間採掘できると予想されている。また，１バーレル当たりの石油採掘コスト（変動費用）は16ドルであり，１バーレル当たりの現在の石油価格は20ドルであるとする。将来の石油価格についての情報には２つある。１つは，OPECが長期の取り決めを行い，石油価格が１バーレル当たり35ドルに維持されるというものであり，もう１つは有力な自動車会社がまったくガソリンを利用しないで動く車を研究開発中であり，これが成功したときには石油価格は１バーレル当たり５ドルになるというものである。割引率を10％とするとき，B社はこの設備投資を行うべきであろうか。

　石油価格が20ドルであるときには，１バーレル当たりのB社の純利益は４ドルとなる。このときの正味現在価値を計算すると，−11万ドル（＝４ドル×１万バーレル/0.1−51万ドル）となる。したがって，この投資案は否決されることになる。石油価格が５ドルになったときにはB社には純損失が発生するので，この投資案は否決される。石油価格が35ドルになったときの正味現在価値は，139万ドル（＝19ドル×１万バーレル/0.1−51万ドル）となり，この投資案は採用されることになる。

　このようなケースにおける投資決定の際には，コール・オプションの考え方を利用することができる。B社は，はじめに石油の埋蔵が確認された土地を１万ドルで購入しておき，石油価格が明らかとなった後に，石油を採掘するため

の50万ドルを投資するか否かを決定すればよいのである。これは，B社が行使価格50万ドルのコール・オプションを1万ドルで購入したとみなせばよいのである。

2-3 リアル・オプション－経営戦略への応用－

リアル・オプション（Real Option；以下ROP）とは，金融オプション取引の理論を経営戦略問題に応用した考え方のことである。ROPを導入することで経営戦略の問題を数値化でき，この問題を解くことで経営戦略が生来持つ曖昧さを排除することができる。例えば，戦略的な実物投資決定，研究開発や競争分析等から得た情報を基にした経営学的な意思決定，経営環境の変化に対応した事業内容や事業化のタイミングの最適化などの問題が数値化できる。ここでは，戦略的な実物投資決定の問題を取り上げてみる。

企業は経営環境に対応して事業を拡大あるいは縮小することを決定する。このように，経営上の意思決定には伸縮性がある。しかし，伝統的なNPV法による実物投資決定ではこの伸縮性をうまく考慮できないのである。

NPV法では，実物投資によって発生するキャッシュフローには最も起こりそうな見通しを立てて予想されたものや，複数のシナリオ毎に予想されたキャッシュフローをそれぞれの確率で平均して算出された加重平均されたものが利用される。このような場合，経営者はその後，経営環境が変化したとしても当初の実物投資決定通りに戦略を実行しなければならない。この意味において，NPV法では経営者は受け身的に行動するという前提が置かれているのである。

しかし，実際には経営者の行動はもっと能動的，積極的である。例えば，経営環境が変化して当初の予想よりも需要予想が大きくなったときには，経営者は事業の拡大を行うであろう。また，NPVが正である投資案を先延ばしすることが有利なときもある。例えば，テストマーケティングした後で新製品を販売する場合がそうである。このように経営者は経営上の意思決定に際してはいくつかの選択肢に直面しているのであるが，NPV法ではこのような経営上の意思決定の伸縮性や経営者の能動的な行動をうまく取り扱うことができないのである。

ROPではこのような伸縮性をオプションとしてとらえ，伸縮性がもたらすオプション価値をNPV法に追加して考慮する。これを拡大NPVという。拡大NPV

は，

　　拡大NPV＝通常のNPV＋伸縮性のオプション価値

という式で表現できる。

　オプション価値は将来の不確実性が大きく，原資産のボラティリティが大きいほど高くなる。これは，経営環境が改善されれば事業を拡大してキャッシュフローを増やし，悪化すれば事業の縮小や撤退によってその減少を防げることを考えれば現実にも応用可能であると理解できよう。ただし，将来の不確実性が大きくなったときには，現在価値を計算する際に利用される割引率が大きくなり，これに伴って通常のNPVが小さくなることで拡大NPVも小さくなるかもしれない。

　上の拡大NPVの計算式によって，比較的新しい産業に属する企業の株価やベンチャー企業あるいは成長企業の株価の動きを次のように説明できる。例えば，創薬企業やバイオベンチャー企業などの株価が急騰した後に，急落することがある。このような企業では事業の伸縮性が大きく，事業価値のボラティリティも大きいという特徴が見られる。また，比較可能な他社がないことが多く，企業価値のうち伸縮性のオプション価値が占める割合が大きいと考えることが妥当性を持つ。したがって，このような企業の株式に投資したときには，オプションを購入したとみなすことが合理的となる。

【15章の課題】

(1) オプション取引の意義について述べなさい。
(2) コール・オプションとプット・オプションの相違を示しなさい。
(3) 株式会社の仕組みをオプションの観点から説明しなさい。

〈参考文献〉

S.Z.Benninga and O.H.Sarig (1997) *Corporate Finance*, McGraw-Hill.

F.Black and M.Scholes (1973) "The Pricing of Options and Corporate Liabilities", *Journal of Political Economy* 81.

R.A.Brealey and S.C.Myers (1996) *Principles of Corporate Finance*, McGraw-Hill.

R.A.Brealey, S.C.Myers and A.J.Marcus (1999) *Fundamentals of Corporate Finance*, Irwin McGraw-Hill.

E.F.Brigham and L.C.Gapenski (1994) *Financial Management*, The Dayden Press.

O.L.Carey and M.M.H.Essayyad (1998) *The Essentials of Financial Management*, Research and Education Association.

T.Copeland, T.Koller and J.Murrin (1996) *Valuation*, MaKinsey & Company.

A.Damodaran (1996) *Investment Valuation*, John Wiley & Sons.

A.Damodaran (1999) *Applied Corporate Finance*, John Wiley & Sons.

M.Harris and A. Raviv (1991) "The Theory of Capital Structure", *Journal of Finance* 66 (1).

L.J.Gitman (1998) *Principles of Managerial Finance*, Addison-Wesley.

M.J.Gordon (1963) "Optimal Investment and Financing Policy", *Journal of Finance* 17.

A.A.Gropelli and E.Nikbakht (1995) *Finance*, Barron's Educational Series.

M.C.Jensen and W.Meckling (1976) "Theory of the Firm : Manegerial Behavior, Agency Costs, and Capital Structure", *Journal of Financial Economics* 3.

M.H.Miller and F.Modigliani (1961) "Dividend Policy, Growth, and the Valuation of Shares", *Journal of Business* 34.

F.Modigliani and M.H.Miller (1958) "The Cost of Capital, Corporation Finance, and the Theory of Investment", *American Economic Review* 48.

F.Modigliani and M.H.Miller (1963) "Corporate Income Taxes and the Cost of Capital : A Correction", *American Economic Review* 53.

M.H.Miller (1977) "Debt and Taxes", *Journal of Finance* 32.

S.C.Myers and S.M.Majluf (1984) "Corporate Financing and Investment Decisions When Firms Have Information that Investers Do Not Have", *Journal of Financial Economics* 13.

C.S.Patterson (1995) *The Cost of Capital*, Quorum Books.

S.P.Pratt (1998) *Cost of Capital*, John Wiley & Sons.

S.A.Ross and R.W.Westerfield, J.Jaffe (1996) *Corporate Finance*, Fourth Edition, Irwin.

J.K.Shim and J.G.Siegal（1988）*Handbook of Financial Analysis, Forecasting & Modeling*, Prentice-Hall.

J.G.Siegal and J.K.Shim（1991）*Finance*, Barron's.

J.G.Siegal and J.K.Shim（1991）*Financial Management*, Barron's.

J.Walmsley（1998）*New Financial Instruments*, John Wiley & Sons.

赤石雅弘・小嶋博・榊原茂樹・田中祥子編『財務管理』有斐閣ブックス，1993年。

安達哲雄『実践ガイド企業金融』東洋経済新報社，1990年。

飯野利夫『財務会計論』同文舘，1993年。

石田定夫『日本経済の資金循環』東洋経済新報社，1993年。

市村昭三・森昭夫編『財務管理の基礎理論』同文舘，1986年。

井手正介・高橋文郎『経営財務入門』日本経済新聞社，2000年，2003年，2006年。

大月博司・藤田誠・奥村哲司『組織のイメージと理論』創成社，2001年。

刈屋武昭・佃良彦編著『金融・証券数量分析入門』東洋経済新報社，1991年。

北島忠男『現代の証券市場』白桃書房，1993年。

北島忠男・中村竜哉『企業財務ファンダメンタルズ』白桃書房，2000年。

佐山展生「会社の価値を高める」，日本経済新聞2006年7月20日。

佐山展生「有形資産の有効活用が企業価値を左右する」，日経不動産ファイナンスフェア2007配付資料。

篠崎恒夫『個人と組織の経営学』同文舘，2000年。

嶋和重『戦後日本の会計制度形成と展開』同文舘，2007年。

嶋和重・鈴木昭一・金子輝雄『基本財務会計論』同文舘，2007年。

スターンスチュワート社『EVAによる価値創造経営』ダイヤモンド社，2001年。

藤田勉「新会社法時代のM&Aとコーポレートガバナンス」，証券アナリスト協会2006年6月12日配付資料。

古川浩一『財務管理』放送大学教材，1996年。

細井卓『経営財務原論』丸善，1975年。

堀彰三『最適資本構成の理論 第2版』中央経済社，1991年。

三浦信義「我が国食品企業の生き抜く戦略」，証券アナリスト協会2007年7月11日配付資料。

三代川正秀『辺境会計への史的展開』税務経理協会，2006年。

村松司叙『財務管理入門』同文舘，1999年。

諸井勝之助『経営財務講義 第2版』東京大学出版会，1989年。

諸井勝之助・後藤幸男編著『財務・金融小辞典』中央経済社，1992年。

若杉敬明『企業財務』東京大学出版会，1990年。

【索引】

•あ行•

- アクティビスト・ファンド……………201
- アセット・バック証券（ABS）………105
- アンダーライター業務………………81
- 板寄せ方式……………………………69
- 委任状争奪戦…………………………198
- インサイダー取引……………………206
- インパクトローン……………………112
- 受取手形割引…………………………76
- 売掛債権担保融資保証制度…………115
- 売掛債権の証券化……………………107
- 売出……………………………………102
- 売出業務………………………………82
- 営業キャッシュフロー………………42
- 営業権…………………………………54
- 営業債務………………………………75
- エージェンシー・コスト……………170
- エクイティ・ファイナンス…………102
- 黄金株式………………………………84
- 大型株…………………………………70
- オークション方式……………………69
- オーバー・アロットメント業務……82
- オプション……………………………221
- オペレーティング・リース…………121
- 親会社説………………………………18

•か行•

- 会計参与………………………………14
- 回収期間法……………………………144
- 外部資金調達手段……………………75
- 価格優先の原則………………………69
- 格付け…………………………………99
- 額面株式………………………………86
- 額面発行増資…………………………88
- 加重平均資本コスト…………………141
- 過小投資………………………………172
- 合併対価の柔軟化……………………194
- 株価収益率（PER）…………………129
- 株価純資産倍率（PBR）……………201
- 株券……………………………………79
- 株式………………………………9, 79
- 株式価値………………………………51
- 株式公開………………………………82
- 株式時価総額…………………………51
- 株式の無償交付………………………182
- 株式配当…………………………88, 182
- 株式分割………………………………182
- 株主………………………………10, 79
- 株主資本配当率（DOE）……………179
- 株主割当増資…………………………87
- 為替業務………………………………67
- 為替差益………………………………38
- 簡易合併………………………………13
- 簡易組織再編行為……………………196
- 間接金融………………………………65
- 間接証券………………………………65
- 間接発行形態…………………………101
- 完全資本市場…………………………125
- 元本償還請求権………………………95
- 監理ポスト銘柄………………………68

議案承認権付き株式	84
企業価値	51
企業間信用	75
企業再生ファンド	57
議決権	79
議決権制限株式	84
希薄化	87
キャッシュフロー計算書	41
キャッシュフロー創造経営	211
共益権	81
狭義の財務機能	2
協調融資	116
金庫株	186
金融機関引受私募債	104
グリーンメーラー	202
経営リスク	157
経済的単一説	18
経済付加価値（EVA）	54
傾斜配分方式	101
決済業務	67
減価償却	76
現金同等物	41
現在価値	124
更新値幅制限	70
公的信用保証制度	114
購買機能	2
公募	81
公募増資	87
公募発行	101
効率的市場	125
コール・オプション	221
顧客効果	185
個人保証	112
固定性配列法	20
個別財務諸表	17

・さ行・

裁定取引	160
財務管理者	4
財務キャッシュフロー	46
財務制限条項	99
財務的困難に伴うコスト	170
財務リスク	157
財務レバレッジ効果	155
指値注文	69
ザラバ方式	69
三角合併	194
残余財産分配請求権	81
残余配当政策	185
自益権	81
時価純資産方式	53
自家製の配当	181
時価発行増資	88
時間的な矛盾	9
時間優先の原則	69
事業価値	51
資金の金融的流通	63
資金の細分化	9
資金の産業的流通	63
資金の証券化	9
シグナリング効果	185
自己株式	30
自己資金	76
資産担保証券	104
資産評価方式	53
自社株買い	186
自社株式	30
市場型間接金融	67
市場金利連動型融資	117
事前警告型	198

支配力基準	18
支払承諾	112
私募	81
私募発行	101
資本コスト	134
社債	9
社債管理会社	101
社債権者集会	102
社債担保証券	104
収益評価方式	53
自由譲渡性	9
従属投資案	143
受信業務	65
手中の鳥理論	183
取得条項付き株式	84
取得請求権付き株式	84
種類株式	82
証券化	104
証券制度	9
証券取引所	68
上場制度	68
上場銘柄	68
証書借入	111
譲渡制限株式	84
少人数私募債	104
正味現在価値法（NPV法）	146
将来価値	123
書面決議	12
新株	87
新株購入権	87
新株引受権付社債	96
新株予約権	31, 88, 95
新株予約権付きローン	90, 117
シンジケートローン	116
信用	64

信用保証協会	112
ステークホルダー	14
ストック・オプション	31
制限値幅	70
生産機能	2
正常営業循環基準	19
政府系ファンド（SWF）	59
整理ポスト銘柄	68
セグメント情報	19
節税効果	138
セリング業務	82
全部純資産直入法	27
総額主義の原則	36
総配分性向	179

・た行・

第三者割当増資	87
退職給付	29
短期借入	75
単元株	80
単元未満株	80
担保付き原則	99
知	3
中間発行増資	88
長期借入	75
直接金融	65
直接発行形態	101
定款	12
定率方式	100
手形借入	111
手形割引	111
適債基準	98
デット・エクイティ・スワップ	59
デフォルトリスク	99

デュー・デリジェンス 58
デリバティブ 222
転換権 95
転換社債 96
動産担保融資 115
投資キャッシュフロー 45
投資ファンド 55
特別目的会社（SPC） 105
独立投資案 143
トラッキングストック 83
取締役・監査役選任権付き株式 86
取引所集中義務 68

•な行•

内部資金調達手段 75
内部成長率 127
内部利益率（IRR） 149
内部留保 76
成行注文 69
日経平均株価 70
値がさ株 70
ネットデット 51
のれん価値 50

•は行•

買収ファンド 55
排他的投資案 143
配当性向 178
配当政策 177
配当のパズル 178
配当割引モデル（DDM） 125
バスケット取引 68
発行可能株式総数 81

発行限度規制 97
販売機能 2
引受業務 81
非公開会社 12
費用収益対応表示の原則 36
ファイナンス・リース 120
付加価値創造経営 211
負債資金 76
普通社債 95
ブックビルディング方式 82
プット・オプション 221
部分純資産直入法 27
プライベート・エクイティファンド 55
ブラック＆ショールズ・モデル 225
ブランド価値 50
平均投資利益率法 146
ベータ（β） 130
ヘッジファンド 56
ポイズンピル 198
ポートフォリオ 130
補完的投資案 143
募集 102
募集業務 82
本源的証券 65

•ま行•

マーケット・メイク方式 69
マーケット・リスク 130
ミラーモデル 169
無議決権優先株式 86
無限責任 6
無限責任社員 6
無償交付 88
無償増資 87

モーゲージ証券（MBS） 105
持株基準 18

・や行・

有限責任 6
有限責任社員 6
有償増資 87
融資枠（コミットメントライン） 117
優先株式 82
与信業務 65
預託証券（DR） 92

・ら行・

ライツプラン型 198
リアル・オプション 230
利益還元政策 177
利益配当分配請求権 81
リキャップCB 98
利子支払請求権 95
リスクプレミアム 136
略式組織再編行為 196
流動性配列法 20
量的な矛盾 9
劣後株式 83
レバレッジ 155
連結財務諸表 17
ローン担保証券（CLO） 107

・わ行・

割引キャッシュフロー（DCF） 54

・英数字・

1年基準 19
CAPM 129
EBIT 54
EBITDA 54
EPS 129
ETF 72
EVA 211
IR（Investor Relations）活動 4
LBO 203
M&A 191
MBO 198, 205
MMの配当無関連命題 179
MMの無関連命題 160
MVA 211
NPV曲線 149
NT倍率 72
TOB 197
TOPIX 70
ToSTNet 68
VWAP 69

● 著者略歴

中村竜哉（なかむらたつや）
1964年　東京都生まれ
1987年　明治大学商学部商学科卒業
1992年　明治大学商学研究科博士後期課程単位習得退学
小樽商科大学商学部講師，助教授，教授を経て，現在，拓殖大学商学部教授。
証券アナリスト（検定会員），中小企業診断士，ＦＰの資格を有する。

〈代表的な著書・論文〉
『現代経営財務政策の新展開』（日本経営財務研究学会編，第4章担当）
　中央経済社，1993年
『企業財務ファンダメンタルズ』（共著）白桃書房，2000年
『プレステップ会計学』（共著）弘文堂，2008年（近刊）
「上海とシンセンのＡ株式，Ｂ株式市場の株価乖離に関する一考察」
　証券アナリストジャーナル40(2)，2002年

■ コーポレート・ファイナンス―理論と現実―　〈検印省略〉

■ 発行日――2008年7月26日　初版発行
　　　　　　2021年4月16日　初版2刷発行

■ 著　者――中村　竜哉

■ 発行者――大矢栄一郎

■ 発行所――株式会社 白桃書房
　〒101-0021　東京都千代田区外神田5-1-15
　☎03-3836-4781　📠03-3836-9370　振替00100-4-20192
　http://www.hakutou.co.jp/

■ 印刷・製本――デジタルパブリッシングサービス

Ⓒ T.Nakamura　2008　Printed in Japan　ISBN 978-4-561-95115-5 C3033

JCOPY　〈出版者著作権管理機構 委託出版物〉

本書の無断複製は著作権法上での例外を除き禁じられています。複製される場合は，そのつど事前に，出版者著作権管理機構（電話 03-5244-5088, FAX 03-5244-5089, e-mail: info@jcopy. or. jp）の許諾を得てください。
落丁本・乱丁本はおとりかえいたします。